suhrkamp taschenbuch 1970

Hermann Hesse, am 2. Juli 1877 in Calw/Württemberg als Sohn eines baltendeutschen Missionars und einer württembergischen Missionarstochter geboren, 1946 ausgezeichnet mit dem Nobelpreis für Literatur, starb am 9. August 1962 in Montagnola bei Lugano.
Seine Bücher, Romane, Erzählungen, Betrachtungen, Gedichte, politischen, literatur- und kulturkritischen Schriften sind mittlerweile in einer Auflage von mehr als 80 Millionen Exemplaren in aller Welt verbreitet und haben ihn zum meistgelesenen europäischen Autor des 20. Jahrhunderts in den USA und in Japan gemacht.
Mehr als sechzig Jahre seines Lebens hat Hermann Hesse in der Schweiz verbracht. Eine Vorliebe für grenzüberschreitende Gemeinsamkeiten wie auch für lokale Prägung, also die unverwechselbaren Eigenheiten der verschiedenen Kantone, Landschaften, Sprachen und Mentalitäten, spricht aus all den nahezu fünfzig Texten dieses Bandes. Meist sind es Reiseberichte, Impressionen von Landschaften und Menschen, Erinnerungen an wichtige, in der Schweiz erlebte Begebenheiten, Schilderungen und Würdigungen von Hesses Schweizer Freunden und Künstlerkollegen. Diese Texte reichen von der Jahrhundertwende bis in die fünfziger Jahre und erfassen die Poesie und Eigenart der schweizerischen Landschaften mit erstaunlicher Intimität.

Hermann Hesse
Beschreibung einer Landschaft

Schweizer Miniaturen

Herausgegeben
und mit einem Vorwort versehen
von Siegfried Unseld

Suhrkamp

Umschlagbild: Tessiner Berglandschaft. Aquarellierte Federzeichnung von Hermann Hesse

suhrkamp taschenbuch 1970
Erste Auflage 1992

Druck: Ebner Ulm
Printed in Germany
Umschlag nach Entwürfen von Willy Fleckhaus und Rolf Staudt

1 2 3 4 5 6 – 97 96 95 94 93 92

Beschreibung einer Landschaft

Schweizer Miniaturen

Inhalt

Schweizer Freunde und Künstlerkollegen

Hermann Hesse und die Schweiz

von Siegfried Unseld

War Hermann Hesse, als russischer Staatsbürger im schwäbischen Calw geboren, Schweizer? Diese Frage war über Jahre hinweg ein beliebtes Gesellschaftsspiel. Doch Hesse hat sie selbst eindeutig beantwortet.

Am 5. Mai 1941 schrieb Hesse das bedeutsame, Josef Knecht zugedachte Gedicht »Stufen«. Gegen Ende des Jahres war sein opus magnum, das damals noch »Der Glasperlenspielmeister« hieß, fast vollendet. Höchste Zeit also, um mit seinem Verleger Peter Suhrkamp über das Manuskript und auch das Schicksal seiner anderen Bücher zu sprechen, die in Deutschland teils nicht mehr nachgedruckt werden konnten, teils auf andere Weise daran gehindert wurden, ihre Leser zu erreichen. Ihr Absatz war seit 1933 rückläufig, die immer geringeren Honorare wurden auf schwer zugänglichen Sperrkonten festgefroren, um die Überweisung in die Schweiz zu behindern. Peter Suhrkamp beantragte die Einreise in die Schweiz, und Hermann Hesse bat von Baden aus seinen Freund Martin Bodmer, er möge bei der Fremdenpolizei in Bern Suhrkamps Einreisegesuch befürworten: »Für mich ist wie für Suhrkamp die Ermöglichung einer ausgiebigen Besprechung der Lage lebenswichtig.« Am 10. Dezember fand dieser Besuch in Baden statt. Beide wollten trotz der fast aussichtslosen Lage den Versuch unternehmen, »Das Glasperlenspiel« in Deutschland zu veröffentlichen. Doch der Versuch scheiterte am Veto der Reichschrifttumskammer; genau ein Jahr später, im November 1942, mußte Suhrkamp ebenfalls in Baden das Manuskript an Hesse zurückgeben. Die Veröffentlichung erfolgte dann im Zürcher Verlag Fretz & Wasmuth. Doch dem Versuch, »Das Glasperlenspiel« in Deutschland zu publizieren, verdanken wir einen Brief Hesses an Suhrkamp vom 17. 12. 1941, in welchem der

Dichter zur Frage seiner Staatsangehörigkeit unmißverständlich Stellung nimmt.
Die Eltern seines Vaters waren beide russische Staatsbürger, nach Herkunft und Sprache deutsche Balten. Der Vater der Mutter war Württemberger, seine Frau Schweizerin, aus dem Westschweizer Kanton Neuchâtel. Sein Vater Johannes war im baltischen Weißenstein in Estland geboren. Von seinem 22. bis 26. Lebensjahr missionierte er im Auftrag der Baseler Mission in Indien. Bald darauf wurde er nach Calw versetzt, um dort Dr. Hermann Gundert, dem Missionar und Redakteur der Calwer Missionsblätter, zu assistieren. Er heiratete 1874 die Tochter seines Vorgesetzten, Marie Gundert, verwitwete Isenberg, die Mutter Hermann Hesses. Sie war 1842 in Talatscheri/Westindien geboren. Als Hesse am 2. Juli 1877 zur Welt kam, war er wie sein Vater russischer Staatsbürger. Johannes Hesse war 1881 von der Mission nach Basel berufen worden, wo er bis 1886 als Herausgeber des Missionsmagazins tätig gewesen ist und einen Lehrauftrag für Missionsgeschichte erhielt. Schweizer Urkunden hatten ihn als »aus Rußland stammend« bzw. »heimatlos« bezeichnet. Er beantragte daher die Aufnahme ins Baseler Bürgerrecht, das ihm am 15. 5. 1883 gewährt wurde. Von diesem Tag an war nun auch Hermann Hesse wie seine anderen Geschwister Schweizer Staatsbürger. Der Tradition der Familie folgend, sollte er ein württembergisches theologisches Seminar besuchen und Geistlicher werden. Eine kostenlose Ausbildung war jedoch nur Württembergern möglich, außerdem galt es, vierzehnjährig das berüchtigte Württemberger Landexamen zu bestehen. Deshalb wurde Hesse, »ohne viel gefragt zu werden«, als Württemberger naturalisiert. Die Staatsangehörigkeitsurkunde des ehemaligen Königreichs Württemberg stammt vom 16. 10. 1895. Warum sein Vater noch drei Jahre später um die Entlassung des Sohnes aus dem Baseler Bürgerrecht bat, ist unklar, denn diese Entlassung wäre nicht mehr nötig gewesen, weil Hesse nur sieben Monate »unterm Rad« im Maulbronner Seminar

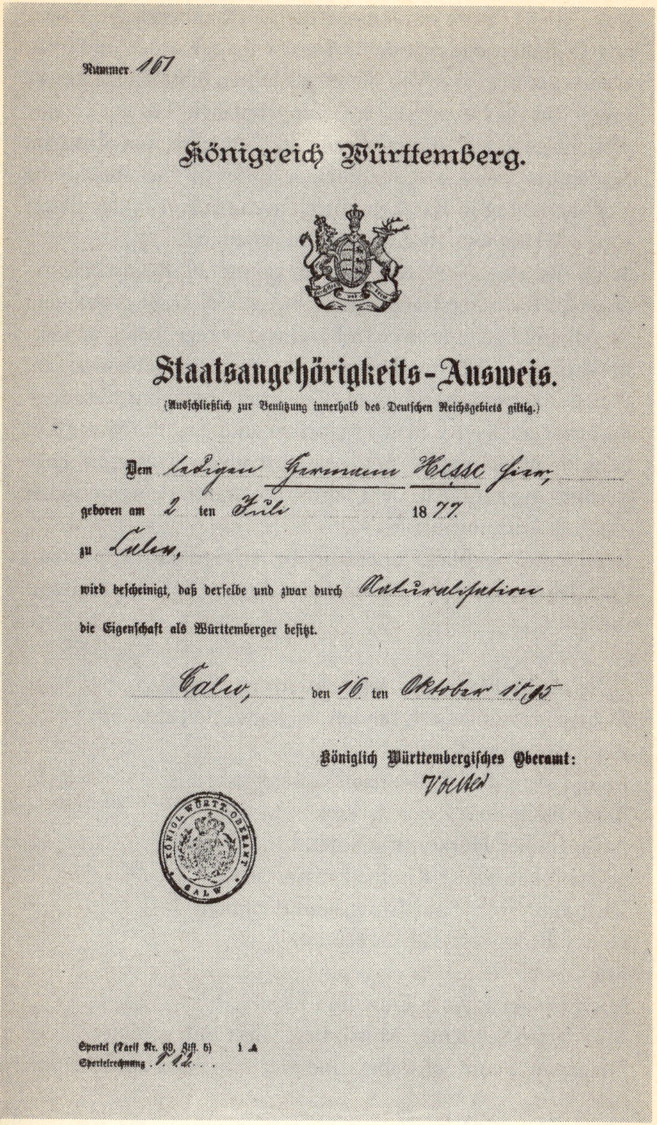

Nummer 167

Königreich Württemberg.

Staatsangehörigkeits-Ausweis.

(Ausschließlich zur Benützung innerhalb des Deutschen Reichsgebiets giltig.)

Dem ledigen Hermann Hesse jun.,

geboren am 2 ten Juli 1877

zu Calw,

wird bescheinigt, daß derselbe und zwar durch Naturalisation

die Eigenschaft als Württemberger besitzt.

Calw, den 16 ten Oktober 1895

Königlich Württembergisches Oberamt:

Voelter

KÖNIGL. WÜRTT. OBERAMT CALW

Sportel (Tarif Nr. 69, Ziff. 5) 1 M

Sportelrechnung

Hermann Hesses erste Staatsangehörigkeitsurkunde vom 16. 10. 1895.

war. Aber er hatte nun einmal die württembergische Staatsangehörigkeit und war damit Deutscher geworden und blieb Deutscher bis 1924. Von diesen 34 Jahren lebte Hesse nur 18 Jahre lang in Deutschland. Neunzehnjährig begann er eine vierjährige Buchhändlerlehrzeit in Tübingen, um dann im September 1899 als Sortimentsgehilfe in die Reich'sche Buchhandlung in Basel einzutreten und später in der Basler Firma Wattenwyl als Antiquar zu arbeiten.
Seine Baseler Adressen sind bekannt: Holbeinstraße 21 (1900), Mostackerstraße (1901), Burgfelderstraße (1902) und St. Albanvorstadt (1903). In Basel war er regelmäßig zu Gast im »Hinteren Württemberger Hof«, im Brunngäßlein 11, ein Haus, das von berühmten Gelehrten bewohnt wurde – darunter auch von dem Historiker und Staatsarchivar Dr. Rudolf Wackernagel, mit dessen Familie Hesse in enge Verbindung kam. Aus dem Jahre 1901 stammt ein poetisches Zeugnis »Brunngäßlein 11«.
In einem »Rückblick« überschriebenen Gedichtfragment aus dem Jahre 1937 faßte Hesse seine Zugehörigkeit so zusammen:

»Wie meine Eltern aus weit entfernten Gebieten
Deutscher Zunge sich fanden, er Balte, sie Schwäbin,
Beide aber, im Blute
Fremd sich, dem Geist nach Geschwister,
Beide mehr dem Reich Gottes
Als irdischer Herkunft gehörend,
So auch hat meine Kindheit, damit ich
Fremdling werde auf Erden und dennoch
Dieser Erde werbend Liebender,
Mich zwei Heimaten eingepflanzt,
Mich zweier Länder Duft und zweier
Mundarten schlichter Musik beschenkt und gebildet.
Heimat war mir Schwaben und war mir Basel am Rheine.«

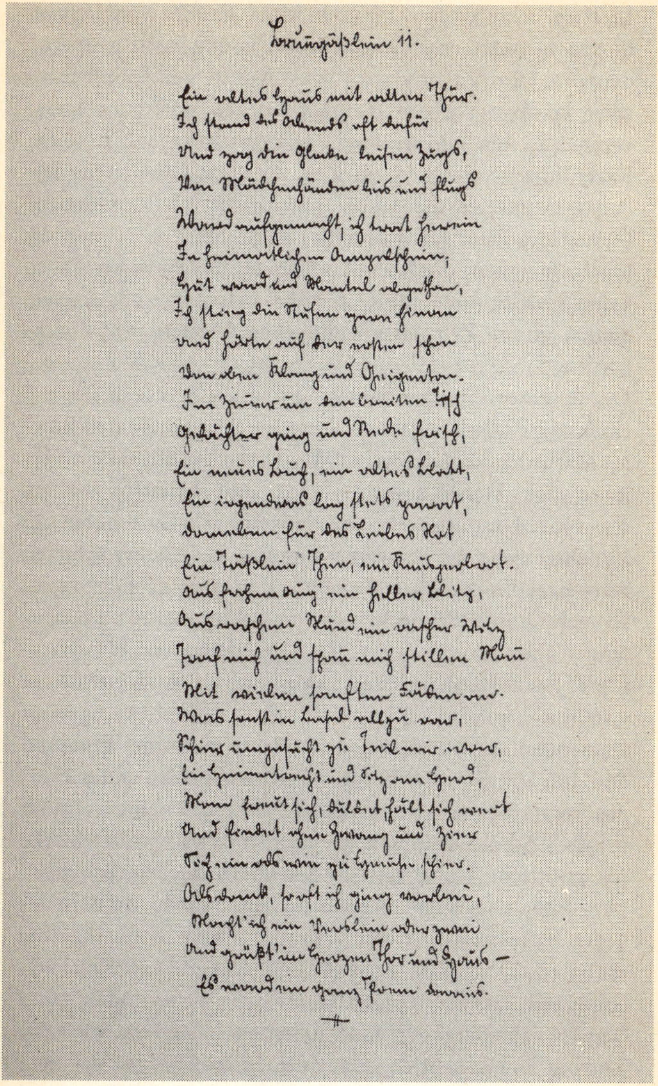

Originalhandschrift des Gedichtes »Brunngäßlein II« aus dem Manuskript »Basler Verse«, 1901, geschrieben für Dr. Rudolf Wackernagel und seine Frau Elisabeth.

In Basel lebte er nun inmitten eines Kreises von Leuten, dessen Denkart und Geschichtsauffassung noch ganz von dem drei Jahre zuvor verstorbenen Kunst- und Kulturhistoriker Jakob Burckhardt geprägt worden war; auch Hesse verdankte ihm unvergeßliche Leseerfahrungen. In einer Rezension, geschrieben zur Zeit, als »Das Glasperlenspiel« entstand und er die Jakob Burckhardt nachempfundene Gestalt des Pater Jakobus entwickelte, heißt es: »Wenn die Unabhängigkeit, die Nichtkäuflichkeit des Gewissens auch heute noch gültige Ideale für die Leistung sind, so verdankte unsere Zeit das vorbildlichen Geistern wie Burckhardt.«
Durch seinen Vater lernte Hesse Friedrich Bernoulli kennen, einen musikalisch begabten Notar aus dem berühmten Baseler Mathematikergeschlecht. Mit dessen Tochter Maria verlobte sich Hesse am 31.5.1903 und heiratete sie am 2.8.1904. Die Jungvermählten zogen nach Gaienhofen am Bodensee nahe der Schweizer Grenze. Viele seiner späteren Schweizer Freunde hat Hesse am Bodensee kennengelernt, so auch Othmar Schoeck, einen der nach Hugo Wolf bedeutenden Liederkomponisten, der 23 Gedichte von Hesse vertonte. Auch Hermann Hesses Musikerroman »Gertrud« ist von ihm inspiriert.
Im September 1912 übersiedelte Hesse mit seiner Frau und den drei Söhnen nach Bern, wo er bis April 1919 das Haus des verstorbenen Malers Albert Welti bewohnte: »Außer privaten Sorgen empfand ich auch mit wachsender Stärke das politische Unbehagen in der überheblichen, protzigen Gesellschaft des wilhelminischen Deutschland.« Zu Bern dagegen hatte er instinktives Vertrauen: Bern sei für ihn »die schönste alte Stadt der Schweiz und ein Land voll Kraft und Schönheit, rassiger üppiger Baumwuchs, tiefer Boden, gutes Wasser, nahe Berge ...« Und außerdem habe Bern, wie er an Ludwig Thoma schrieb, ja auch einen Bahnhof, so daß man immer mal fortreisen könne. Er war sicher, sich dort wohl zu fühlen, freilich: »Für mich selbst wird ein wenig Vaga-

bundentum immer dazugehören.« Doch weiträumig vagabundierte er nicht. Seine berühmte Indienreise war ein Fehlschlag. Von 1901 bis 1914 reiste er zwar immer wieder in Italien, doch die anderen Reiseziele waren vorwiegend schweizerische. Er hat häufig betont, er werde in der Schweiz bleiben, denn seine Kinder seien hier aufgewachsen, zur Schule gegangen und sprächen die Berner Mundart, weshalb auch er wiederholt an seine Rückeinbürgerung gedacht habe. Er hätte sie auch längst beantragt, wenn nicht der Weltkrieg gewesen wäre. In dieser Zeit »wäre ein Verzicht auf die deutsche Staatsangehörigkeit mir als unanständig erschienen«. (Hesse hatte den Krieg als politisches Mittel abgelehnt. In seinem berühmten Aufruf »O Freunde, nicht diese Töne« attackierte er schon 1914 den Chauvinismus der Kriegsbegeisterung, was ihm heftige Angriffe aus Deutschland einbrachte, so daß Theodor Heuss den angeblichen »Vaterlandsverräter« verteidigen mußte.) Von 1916 bis 1919 arbeitete er im Auftrag des Deutschen Konsulats in Bern für die Kriegsgefangenenfürsorge.

Die Betrachtungen unter dem Titel »Wanderungen« beschreiben Hesses Weg in den Süden der Schweiz. Am 11. Mai 1919 bezog er vier kleine Zimmer der Casa Camuzzi in Montagnola, einem Dorf oberhalb von Lugano. Nach der Scheidung von seiner ersten Frau bemühte sich Hesse um seine Rückeinbürgerung. An das Schweizer Politische Departement schrieb er am 26. 7. 1923: »Daß ich so spät um meine Wiedereinbürgerung nachsuche, hat zweierlei Gründe: Erstens sehe ich jetzt deutlicher als früher, daß meine in der Schweiz aufgewachsenen Söhne völlig hier Wurzeln geschlagen haben und keinerlei Beziehung nach Deutschland nun für sie in Betracht kommt. Zweitens konnte ich, obwohl ich nur eine Art Muß-Deutscher war, während der Kriegszeit und während der ersten Nachkriegsjahre mich nicht dazu entschließen, jenes Wahlvaterland, gewissermaßen fahnenflüchtig, zu verlassen. Heute sind diese Überlegungen mir nicht mehr aktuell.« Aus unerfindlichen

Der Große Rat

des Kantons Bern

beurkundet hiemit, daß er

Herrn **Hermann Hesse**, von Calw, Württemberg, geb. den 2. Juli 1877, Schriftsteller in Montagnola, Tessin,

welchem die Einwohnergemeinde Bern das Gemeindebürgerrecht zugesichert hat, das

bernische Kantonsbürgerrecht

und das Gemeindebürgerrecht von **Bern** erteilt hat.

Kraft dessen werden sowohl Herr Hesse, als seine Ehefrau Ruth geb. Wenger, geb. 1897,

aller Rechte und Vorteile teilhaftig erklärt, welche die Verfassung und Gesetze den bernischen Kantonsbürgern zusichern.

Bern, den 26. November 1924.

Im Namen des Großen Rates:

Der Präsident: Der Staatsschreiber:

KANTON BERN GROSSER RAT

Urkunde über Hesses Bürgerrecht in der Einwohnergemeinde Bern vom 26. 11. 1924, die Hesse zum Schweizer Staatsbürger machte.

Gründen wurde seinem Gesuch nicht entsprochen – vielleicht, weil Hesse den Strafregisterauszug von Calw nicht erbringen konnte; er entschuldigte sich dafür und beteuerte, er habe in Calw einen guten Leumund, die Stadt habe sogar einen Brunnen nach ihm benannt:

Am 11. Januar 1924 heiratete Hesse in Basel die Schweizer Sängerin Ruth Wenger, Tochter der Schriftstellerin Lisa Wenger, und richtete nun am 24. 1. 1924 ein zweites Gesuch an den Regierungsrat des Kanton Bern, in dem er sich auf das Berner Bürgerrecht seiner zweiten Frau berief. Der Stadtrat von Bern entsprach dem Gesuch am 9. 5. 1924, der Große Rat des Kanton Bern am 26. 11. 1924. Damit war Hesses Rückkehr in das Schweizer Bürgerrecht endlich vollzogen. Während der zwei Jahre dauernden Ehe mit Ruth Wenger lebte er zeitweise in Basel und immer wieder im Tessin. Seit 1923 jedoch, »nachdem ich in Montagnola vier bittere Hungerwinter durchfroren hatte«, verbrachte er die kalte Jahreszeit jeweils in Basel und Zürich.

Im August 1931 bezog Hesse mit seiner dritten Frau Ninon das Haus, das Hans C. Bodmer für ihn erbaut hatte. Für die »ganze Liegenschaft« erhielt er »ein unentgeltliches und lebenslängliches Wohnrecht im Sinne von Artikel 776/777 des Schweizer Zivilgesetzbuches als Anerkennung seines dichterischen Werkes«. Für 43 Jahre wurde das Haus in Montagnola sein Wohn- und Arbeitsort – nur unterbrochen von Kuraufenthalten in Baden und Sommerwochen im Engadin (von 1949 bis 1961 wohnte Hesse fast jeden Sommer einige Wochen im Hotel Waldhaus in Sils-Maria). 1947 erhielt er den Ehrendoktor der Universität Bern, und zu seinem 85. Geburtstag – eher etwas spät – verlieh ihm die Gemeinde Montagnola das Ehrenbürgerrecht. Hesse dankte mit einer Rede in italienischer Sprache.

Spätestens 1946 jedoch mußte jedem klar werden, daß Hesse Schweizer war. Denn weder Schweizer noch Deutsche verkündeten seine Staatsangehörigkeit, sondern das schwedische Komitee, das ihm 1946 den Nobelpreis verlieh. Der

Preis wurde Hesse in der Nachfolge Carl Spittelers eindeutig als einem Schweizer verliehen. Max Frisch hat den damals wieder aufflammenden Streit, ob Hesse nun ein Schweizer sei oder nicht, in seiner Weise entschieden: »Nennen wir ihn einen Europäer.«

Staatsrechtlich war Hesse Schweizer, aber ein Schweizer besonderer und eigener Art. Er bekannte sich nie in einem nationalen Sinn zu seinem Schweizertum. 1936 gab er dem Feuilleton-Redakteur der »Neuen Zürcher Zeitung« Eduard Korrodi zu bedenken, er wisse doch, »wie gern man im Lande die Eingekauften hat, die jeden Satz mit ›Wir Schweizer‹ beginnen«. 1939 lehnte er deshalb auch ab, mit Rudolf Jakob Humm zusammen eine nationale schweizerische Zeitung herauszugeben; »dazu tauge ich als ein so hergelaufener Halb- und Halbschweizer nicht, dem jeder bei jedem Anlaß auf die Schulter klopfen und seinen Mangel an Echtheit vorhalten kann.« Weder Deutschtum noch Schweizertum waren ihm wichtig, noch andere begrenzende Nationalismen. Schon 1919 hatte er sein »Alemannisches Bekenntnis« abgelegt und sich darin zu jenem »Lebens- und Kulturkreis« bekannt, »der von Bern bis zum nördlichen Schwarzwald, von Zürich und dem Bodensee bis an die Vogesen reicht ... Dieses südwestdeutsch/schweizerische Gebiet ist mir Heimat«, und das bedeute ihm mehr als Nation. Alles, was alemannisch sei, habe »Heimatgeruch« für ihn. Trotz der Begrenztheit der Verhältnisse habe doch »jedes alemannische Tal, auch das engste, seine Öffnung nach der Welt, und alle diese Öffnungen und Ausgänge zielen nach dem großen Strom, dem Rhein, in den alles alemannische Wasser rinnt. Und durch den Rhein hängt es von alters her mit der großen Welt zusammen.«

»Heimat war mir Schwaben und war mir Basel am Rheine.« Immer wieder hat Hesse seine Basler Erlebnisse beschrieben, das Kapitel »Meine Kindheit« und das ganze übrige Buch »Hermann Lauscher« entstand in Basel, wie sein erster Roman mit dem urschweizerischen Namen »Peter Camenzind«, dessen erste Studien am Vierwaldstätter See in Vitznau geschrieben wurden. »Unterm Rad« ist in Calw, die vielen nachfolgenden Romane und Erzählungen sind in Gaienhofen und Bern entstanden. In den beiden Bänden »Kindheit und Jugend vor Neunzehnhundert« sind seine Lebenszeugnisse aus schwäbischer und Basler Umwelt dokumentiert.

In Hesses zweiter Lebenshälfte seit 1919 ist jedoch der Tessin, den er zum erstenmal 1907 gründlicher kennengelernt hatte, zum »ersehnten Asyl« und zu seiner »Wahlheimat«, zu seiner »vorbestimmten Heimat« geworden. Diesen Weg nach Süden hat er, wie erwähnt, in der »Wanderung« beschrieben. Das Buch sei »nichts anderes als ein Lobgesang auf die Tessiner Landschaft«. In den Städten könne er nicht mehr wohnen, er brauche eine »weite Landschaft« vor seinem Fenster. Hier im Tessin hatte er sie gefunden. In vielen seiner Dichtungen, auf seinen Zeichnungen und Aquarellen sowie in unzähligen Betrachtungen und Reisebeschreibungen hat er sie dargestellt. Dabei waren ihm neben der »großen Landschaft« vor allem auch die vielen kleinen Besonderheiten der Tessiner Natur und Kultur wichtig: Bäume und Seen, Brot und Nostrano, Kapellen und Grotti: »Der nackte steinerne Tisch bei der steinernen Bank unterm Kirschlorbeer oder Buchsbaum, der Krug und die tönerne Schale voll Rotwein, das Brot und der Ziegenkäse dazu – das alles war zur Zeit des Horaz auch nicht anders.«

Zu Hesses Freunden zählten viele Schweizer Musiker, Maler und Schriftsteller. Unter den Komponisten ist an erster Stelle Othmar Schoeck zu nennen, dann Fritz Brun, Volkmar Andreae und die Sängerin Ilona Durigo. Bei den Malern war es Louis Moilliet. Mit Hans Sturzenegger unternahm Hesse 1911 seine Indienreise. Für Kataloge zu Bilderausstellungen von Cuno Amiet und Ernst Morgenthaler schrieb Hesse Einführungstexte. Der expressionistische Maler Amiet war es, der sich als Lehrer und Erzieher von Hesses ältestem Sohn Bruno annahm. Hans Sturzenegger, Cuno Amiet und

Ernst Morgenthaler haben Hesse häufig porträtiert und gezeichnet, die Schweizer Bildhauer Hermann Hubacher und Otto Bänninger Büsten von ihm angefertigt. Dem aus Dresden emigrierten Gunter Böhmer und dem damals als Maler beginnenden Peter Weiss half Hesse und verschaffte ihnen erste Malerateliers in der Montagnoleser Casa Camuzzi.
Aber auch zahlreiche Schriftsteller der Schweiz standen mit Hesse in persönlicher und schriftlicher Verbindung. Jakob Schaffner, Robert Walser, Albert Steffen, Ernst Zahn, Josef Viktor Widmann, Carl Seelig, Hans Reinhart, Hans Morgenthaler, Lisa Wenger, Otto Waser, Rudolf Jakob Humm, Monique Saint-Hélier und viele andere. Mit den meisten war er befreundet, wie Freundschaft überhaupt ein herausragendes Element seines Wesens war. Auch in Buchbesprechungen hat er sich für Schweizer Autoren der Vergangenheit und Gegenwart eingesetzt, immer wieder für Gottfried Keller und C. F. Meyer, aber auch für viele Zeitgenossen. Als einer der ersten bekannte er sich 1954 zu Max Frischs Roman »Stiller«: »Aber nicht nur die geistvolle und auf schöne Art spielerische Kunst im Darstellen und Erzählen ist es, die den einsamen Kauz ›Stiller‹ uns wichtig macht, sondern wir empfinden seine Nöte und seine beinah tödliche Problematik auch als über-individuell, als typisch, als stellvertretend für Zahllose. Gerade, daß er seine schwere Malaise nicht nach einem existenzialistischen Schema darstellt, sondern ganz und gar individuell, gibt ihm diesen Mehrwert über das Literarische hinaus.« Hesse hat sich, wie nur wenige, auch mit Carl Spitteler, seinem Nobelpreis-Kollegen, beschäftigt, dessen politische Rede »Unser Schweizer Standpunkt« von 1914 er als »plausibel und richtig« beurteilte; als Dichter fand er Spitteler »oft ganz großartig, doch sonst von einer koketten Verliebtheit in sich selber, daß er trotz seiner hohen Intelligenz doch wieder klein wird«.
Im Robert Walser-Kapitel meines Buches »Der Autor und sein Verleger« habe ich die Beziehung zwischen Hesse und Robert Walser dargestellt. Hesse war einer der wenigen, die

unermüdlich Robert Walsers Meisterschaft reklamiert haben. Es ist erstaunlich, mit welchem Sensorium Hesse die Nuancen des Schweizerdeutschen in der Sprache Robert Walsers aufspürte. Er hat sich ein Leben lang für diesen an seiner Erfolglosigkeit scheiternden Autor eingesetzt, hat sein Werk auch Peter Suhrkamp empfohlen, der aber in der Anfangsphase seines Neubeginns solch eine risikoreiche Edition nicht wagen konnte. Auch mich hat Hesse gedrängt, Robert Walser herauszugeben, und mich mehrfach mit Walsers Nachlaßverwalter Carl Seelig zusammengeführt. Es geht also letztlich auf Hesse zurück, daß wir Walsers Werk übernehmen und ihm, hoffentlich für immer, die verdiente Wirkung sichern konnten.
Viele Schweizer Freunde wurden ihm im Lauf der Jahre zu Mäzenen, die ihm in schwierigen Zeiten halfen. Hans C. Bodmer baute ihm das Haus in Montagnola. Dr. Friedrich Emil Welti setzte ihm eine Rente von jährlich 1000 Franken aus. Zu den Thermalkuren in Baden wurde Hesse von den Brüdern Markwalder eingeladen. Max Wassmer aus Bremgarten war ihm ein treuer Freund und hilfreich auf vielen Gebieten, besonders als Organisator von Festen. Georg Reinhart aus Winterthur, von Hesse »Schwarzer König« genannt, half ihm über die Inflationszeit und immer dann, wenn ihn Hesse für Kollegen und Freunde um Unterstützung bat. Durch Hermann Hesse ist die Familie Reinhart Gesellschafter des Suhrkamp Verlages geworden und der Suhrkamp Verlag dadurch gesellschaftsrechtlich zur Hälfte ein Schweizer Verlag.
Persönlich bin ich Hermann Hesse zum erstenmal im Sommer 1951 begegnet. Daß Bern, genauer Max Wassmers Schloß in Bremgarten, der Ort der Begegnung sein sollte, schien zufällig. Hinter mir lag meine Dissertation über Hesses Werk und seine Einladung, ihn zu besuchen. Max Wassmer empfing mich am Schloßtor und führte mich zu Hesse und seiner Frau Ninon. Später spazierten wir durch das Haus und den Park, für mich, den jungen Hesse-Adepten,

eine bewegende Sache. Ich »kannte« diesen Ort zwar nicht aus eigener Anschauung, wohl aber aus meinen »kastalischen« Studien: Die Morgenlandfahrer hielten hier ihre Bundesfeier ab, im Park hatte einst Pablo, mit Rosen bekränzt, seine Rohrflöte geblasen, am Brunnen Don Quichotte seine erste Nachtwache gehalten. Ich hörte durch den Park die Aare rauschen, deren Wasser einst den Morgenlandfahrer H. H. hinab in die kühle Kristallwelt gezogen haben. Auch der Saal des Schlosses mit der berühmten Sammlung Hodlerscher Gemälde war »historisch«, das feierliche Synedrion der morgenlandfahrenden Bundesoberen hatte hier stattgefunden, hier schritt Leo »sorgfältig, demütig, dienend« und verkündete den Mitfahrenden das Gesetz: »Es ist das Gesetz vom Dienen. Was lange leben will, muß dienen. Was aber herrschen will, das lebt nicht lange.« Ich glaube heute, es war jener Gang durch das Schloß und den Park zu Bremgarten, der Hesse und mich zusammenführte; er war überrascht und erfreut, daß ein junger Mann diesen Ort, den er zuvor nie gesehen hatte und der für Hesse wesentlich war, so gut kannte.

Wir betrieben scherzhaft eine Art Glasperlenspiel, indem wir gemeinsam die verschlüsselten Namen der Morgenlandfahrer entschlüsselten. Durch meinen Lehrer Eugen Zeller waren mir schon viele bekannt. So wußte ich, daß Hesses Frau Ninon, deren Lieblingsbuch »Die Morgenlandfahrt« war, dort als ›die Ausländerin‹ vorkomme, eine Anspielung auf ihren Geburtsnamen ›Ausländer‹, und daß sie auch mit der ›Prinzessin Fatme‹, jener Gestalt aus 1001 Nacht, identisch sei. Ihr galt, »ohne es zu wissen«, das ursprünglich zur Fahrt motivierende Ziel des Erzählers H. H. In der ersten Fassung hieß die »Morgenlandfahrt«: »Die Reise ins Morgenland«. Was ich an realen Vorbildern noch nicht kannte, eröffnete mir Hesse. Die Folge dieser Namen beleuchtet einmal mehr Hesses Schweizer Freundeskreis. Hinter Pistorius und Longus steht Dr. Josef Bernhard Lang, sein Psychoanalytiker, bei dem Hesse von Mai bis November 1916 in fast 60

Sitzungen versucht hatte, seiner Depressionen Herr zu werden; Gespräche und Traumanalysen dieser Zeit beschrieb Hesse im »Demian«, in dem auch die Gestalt des Pistorius erscheint. »Jup, der Magier« ist Josef Englert, erstmals in »Klingsors letzter Sommer« so benannt. Er war Ingenieur und Astrologe und erstellte Hesses Horoskop; er hatte ein Haus in St. Moritz und lud ihn immer wieder zum Skifahren ein, mehrfach traf Hesse dort auch mit Thomas Mann zusammen. Fotos zeigen ihn mit der Familie Mann und Jakob Wassermann auf der Skipiste. »Louis der Grausame« zielt auf den Maler Louis Moilliet, der ebenfalls erstmals im »Klingsor« auftaucht. Mein Lehrer Zeller hatte mir eine Postkarte Hesses vom Oktober 1948 gezeigt: »Sie fragen, wer Louis der Grausame sei. Er kommt unter diesem Namen im Klingsor vor und wird im Bremgartener Fest der Morgenlandfahrt als Louis genannt. Er heißt Louis Moilliet und ist einer der mir liebsten Schweizer Maler, wenige Jahre jünger als ich. Er gehört zu den Stammgästen von Schloß Bremgarten, hat in der uralten Bremgartener Kirche die farbigen Fenster gemalt und hatte in der Zeit, wo ich halb Maler war, Einfluß auf mich.« Im »Louis«-Kapitel des »Klingsor« hat Hesse einen Dialog überliefert, der seine Beziehung zu Moilliet darstellt. »Stoecklins Zauberkabinett« im Haus des »Schwarzen Königs« ist ein kleines Studio im Hause Georg Reinharts in Winterthur mit Bildern des Malers Nikolaus Stoecklin, der u. a. auch Hesses »Knulp« illustriert hat. ›Suon Mali‹ ist die Wohnung der Züricher Freunde Alice und Fritz Leuthold, die Hesse in den schweren Jahren zwischen 1925 und 1932 jenes Züricher Winterquartier am Schanzengraben zur Verfügung stellten, wo »Der Steppenwolf« zu Ende geschrieben wurde. Hesse hatte die Leutholds auf seiner Indienreise kennengelernt; Fritz Leuthold, der mehrere Jahre in Siam verbrachte, tritt in der »Morgenlandfahrt« auch als ›König von Siam‹ auf. Die ›Arche Noah‹ ist das Züricher Haus von H. C. Bodmer. Ein Vorfahre von ihm, Johann Jakob Bodmer, hatte das Heldengedicht »Die Noachide« verfaßt, wonach Bodmers Haus in Zürich benannt ist. ›Othmar‹ ist der Komponist Othmar Schoeck, hinter Hans Resom verbirgt sich der Schweizer Schriftsteller und Musikpädagoge Hans Albrecht Moser. Max Wassmer und seine Frau Mathilde figurieren in der »Morgenlandfahrt« als die Schloßherren ›Max und Tilly‹. Im Verhältnis zu all diesen Schweizer Protagonisten gab es nur wenige deutsche, wie z. B. ›Collofino‹, den Rauchzauberer: der Zigarrenfabrikant Josef Feinhals aus Köln, der zusammen mit Franz Schall (»Clangor«) das Motto zum »Glasperlenspiel« ins Lateinische übersetzte (»tract de cristall. spirit ed Clangor et Collof. lib. I, cap. 28«), und ›Lukas‹: der Schriftsteller Martin Lang, ein Freund Hesses aus der Gaienhofener Zeit.

»Mir ist die Schweiz in mehrfacher Beziehung zur Heimat geworden«, schrieb Hesse am 25. Juli 1937, er fühle sich »als Landsmann mitaufgenommen«. Doch im August 1950 glaubte er feststellen zu müssen: »Aber mit den Jahren habe ich doch eingesehen, daß ich auch kein Schweizer bin.« Diese widersprüchlichen Haltungen erklären sich durch den Kosmopolitismus seiner Herkunft, seine Beziehungen zum indischen und chinesischen Kulturraum. Er hat auf nationale und bürgerliche Zugehörigkeit verzichtet, die Bindung an Vaterland und Nation geringgeachtet. In west- oder gar ostdeutsche Politik hat sich Hesse nicht mehr eingeschaltet und gegenüber den ideologisch gespaltenen deutschen Kulturinstitutionen war er mehr als zurückhaltend. 1946 lehnte er ein Mitgliedsangebot der Bayrischen Akademie der Schönen Künste ab: »Man hat hier die Zeit, in der die Schweiz, zumindest die deutschsprechende, von Deutschland als ein ihm zugehörender Gau reklamiert wurde, nicht vergessen.« Auch Alfred Döblins Einladung zum Eintritt in die Berliner Akademie der Wissenschaften lehnte er ab. Selbst die herzlich vorgetragene Bitte von Theodor Heuss, als korrespondierendes Mitglied in den Orden Pour le Mérite einzutreten, schlug er aus. Nie gebärdete sich Hesse als

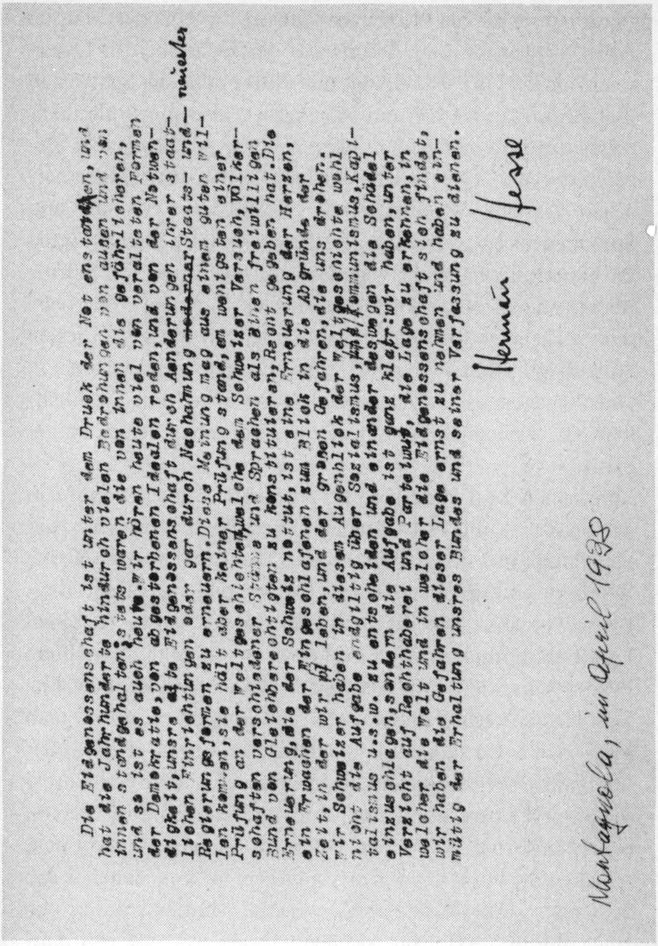

Die Eidgenossenschaft ist unter dem Druck der Not entstanden, und
hat die Jahrhunderte hindurch vielen Bedrohungen von aussen und von
innen standgehalten; stets waren die von innen die gefährlicheren,
und so ist es auch heute. Wir hören heute viel von veralteten Formen
der Demokratie, von abgestorbenen Idealen reden, und von der Notwen-
digkeit, unsre alte Eidgenossenschaft durch Aenderungen ihrer staat-
lichen Einrichtungen oder gar durch Nachahmung ~~moderner~~ neuester Staats- und-
Regierungsformen zu erneuern. Diese Meinung mag aus einem guten Wil-
len kommen, sie hält aber keiner Prüfung stand, am wenigsten einer
Prüfung an der Weltgeschichte, welche dem Schweizer Versuch, Völker-
schaften verschiedener Stämme und Sprachen als einen freiwilligen
Bund von Gleichberechtigten zu konstituieren, Recht gegeben hat. Die
Erneuerung, die der Schweiz nottut, ist eine Erneuerung der Herzen,
ein Erwachen der Eingeschlafenen zum Blick in die Abgründe der
Zeit, in der wir leben, und der grossen Gefahren, die uns drohen.
Wir Schweizer haben in diesem Augenblick der Weltgeschichte wohl
nicht die Aufgabe endgiltig über Sozialismus, Kommunismus, Kapi-
talismus u.s.w. zu entscheiden und einander deswegen die Schädel
einzuschlagen, sondern die Aufgabe ist ganz klar: wir haben, unter
Verzicht auf Rechthaberei und Parteiwut, die Lage zu erkennen, in
welcher die Welt und in welcher die Eidgenossenschaft sich findet,
wir haben die Gefahren dieser Lage ernst zu nehmen und haben ein-
mütig der Erhaltung unsres Bundes und seiner Verfassung zu dienen.

Hermann Hesse

Montagnola, im April 1938

Typoskript der ersten Fassung von Hesses Statement »Die Eidgenossenschaft« für die Zeitschrift »Civitas Nova«, Lugano, datiert von seiner Frau Ninon.

Nationalist, nie als Schweizer Patriot. Ein einziges Mal, im April 1938, nach dem Einmarsch der Deutschen in Österreich, als die Unabhängigkeit und Autonomie der Schweiz in Gefahr schien, legte er ein öffentliches, allerdings fulminantes Bekenntnis zur hergebrachten Form der Schweizer Demokratie ab: »Die Weltgeschichte ... hat dem eidgenössischen Versuch, Völkerschaften verschiedener Stämme und Sprachen als einen freiwilligen Bund von Gleichberechtigten zu konstituieren, recht gegeben, und der Bund hat Stürme überstanden, von denen scheinbar viel mächtigere Staatsformen weggefegt worden sind.« Freilich, so Hesse in diesem Aufruf, würde der Schweiz eine »Erneuerung not tun ..., eine Erneuerung der Herzen, ein Erwachen zur Wirklichkeit, ein Öffnen der Augen für die Abgründe, die uns umgeben.«

Von seinen 85 Lebensjahren verbrachte Hesse 60 Jahre in der Schweiz, und es ist nur zu verständlich, daß dieser Lebensraum im schriftstellerischen Kosmos seiner Werke Wurzeln schlug. Auch seine Korrespondenz belegt dies. Briefe von ihm und Briefe an ihn. In der Schweizerischen Landesbibliothek in Bern sind etwa 20 000 an ihn gerichtete Briefe, sehr viele von Schweizer Absendern, aufbewahrt. Das Hesse-Archiv dieser Landesbibliothek verwahrt auch zwei große Karteikästen aus Holz, in denen Hesse über Jahrzehnte sorgsam genau die jeweils sich ändernden Adressen seiner Korrespondenten und Notizen zu ihrer Person eingetragen hat. Der Leiter der Bibliothek, Rätus Luck, spricht von etwa 5 000 Korrespondenten, von denen 1 200 Schweizer sind. »Briefe an Schweizer Freunde« würden also eine voluminöse Edition ergeben. Hesse hat, von den Anfängen abgesehen, fast alle seine Gedichte und Prosabücher in der Schweiz geschrieben, so ist es auch selbstverständlich, daß in den meisten seiner Werke – von »Peter Camenzind« über »Roßhalde«, »Wanderung« und »Morgendlandfahrt« bis hin zum »Glasperlenspiel« – schweizerische Landschaften, Orte und Freunde aus dieser seiner Wahlheimat eine

bedeutende Rolle spielen, während natürlich der Geist dieser Werke, Hesses Denken, Fühlen und poetisches Empfinden, Bildern und Einflüssen der Weltliteratur verpflichtet ist.
Bis auf wenige Ausnahmen verzichtet der vorliegende Band auf Auszüge aus Briefen und Werken, die sich, wie z. B. der »Kurgast«, unmittelbar auf die Schweiz beziehen. Wir wollten hier vor allem die weniger bekannten und separat entstandenen Beiträge sammeln, in denen Hesse ein Leben lang seine Schweizer Eindrücke festhielt. Sie beginnen mit dem grundsätzlichen »Alemannischen Bekenntnis« und enden mit einer Laudatio auf seine »Wahlheimat« Tessin. Es sind vorwiegend Beschreibungen von Ausflügen und Wanderungen in Schweizer Kantonen, Schilderungen von Landschaften zu allen Jahreszeiten, Bootsfahrten auf dem Vierwaldstätter See, einer Sennhütte im Berner Oberland, von Kirchen und Kapellen oder einem Madonnenfest im Tessin. Es sind Impressionen von einem der ersten Flüge im offenen Flugzeug über Bern, Erinnerungen an die Kindheit in Basel, die Kriegszeit in Bern, an Zürich und an »Vierzig Jahre Montagnola«.
Hesses Beschreibungen konzentrieren sich in exakter Weise auf das Detail, führen jedoch immer ins Grundsätzliche und Allgemeingültige. Am Vierwaldstätter See beschreibt er ganz konkret die spezifische Farbe des Wassers und endet dann: ». . . im Anblick dieser Farbe genoß ich für Augenblicke den Triumph der reinen Schönheit über alle Regungen des bewußten und unbewußten Lebens.« So sind seine poetischen Beschreibungen wie die der alemannischen Täler, die aus der Enge ins Weite, Große und Offene führen.
Anläßlich der Schweizerischen Landesausstellung im Jahre 1914 bilanzierte Hesse in einer kritisch ausgewogenen Darstellung: »Man ist fleißig in der Schweiz und sucht sein mäßiges Kapital an natürlichem Reichtum klug und zäh zu verwalten. Man ist auch dem Gemeinsinn und der Vaterlandsliebe offen. Man liebt die Heimat, aber auch in ihrer Schönheit, um ihrer Seele willen . . . Und schließlich bringt

das kleine fleißige Land noch als Luxusblüte diese heute verlachten, später verehrten Sonderlinge von Künstlern hervor, auffallend viele sogar, und in den besten von ihnen mündet denn die kleine Schweiz wieder in die große Welt und aus dem national Determinierten wird Menschheitsgut«.

Auch die Gedenkblätter für Schweizer Schriftsteller und Freunde belegen Hesses lebenslange Verbundenheit mit der Schweiz. Seite für Seite wird spürbar, wie tief dieser große deutsche Dichter mit der Schweiz, ihrer Sprache und der Poesie ihrer Landschaft vertraut war.

Ich danke Volker Michels für seine redaktionelle Hilfe und die Materialien, die er in seinem Band über Hesses »Leben in Bildern und Texten« veröffentlicht hat, Herrn Dr. Uli Münzel, dem Sohn von Hesses Vertrauensapotheker in Baden, der in seiner Studie »Hermann Hesse und die Schweiz« die vielen einschlägigen Belege aus Hesses »Gesammelten Briefen« herausgesucht und thematisch dokumentiert hat. Und ich danke für die Materialien der diesem Thema gewidmeten Calwer Ausstellung aus dem Jahre 1987, die Walter Staudenmeyer betreut hat.

Alemannisches Bekenntnis

Was man unter Alemannen und Alemannentum zu verstehen habe, darüber gibt es verschiedene Meinungen, deren Kritik nicht meine Sache ist. Mein Glaube an »Rassen« ist niemals lebhaft gewesen, und mich in diesem Sinne einen Alemannen zu nennen, würde ich nicht wagen. Dennoch bin ich Alemanne, und bin es stärker und bewußter als die meisten von denen, die es der »Rasse« nach wirklich und zweifellos sind.

Für mich ist die Zugehörigkeit zu einem Lebens- und Kulturkreise, der von Bern bis zum nördlichen Schwarzwald, von Zürich und dem Bodensee bis an die Vogesen reicht, ein erlebtes, erworbenes Gefühl geworden. Dies südwestdeutsch-schweizerische Gebiet ist mir Heimat, und daß durch dies Gebiet mehrere Landesgrenzen und eine Reichsgrenze liefen, bekam ich zwar im kleinen wie im großen oft genug einschneidend zu spüren, doch habe ich diese Grenzen in meinem innersten Gefühl niemals als natürliche empfinden können. Für mich war Heimat zu beiden Seiten des Oberrheins, ob das Land nun Schweiz, Baden oder Württemberg hieß. Im nördlichsten Schwarzwald geboren, kam ich schon als Kind nach Basel, neunjährig wieder in die erste Heimat zurück, und habe mein späteres Leben, von kurzen Reisen abgesehen, ganz in diesem alemannischen Heimatlande verbracht, in Wüttemberg, in Basel, am Bodensee, in Bern. Auch politisch habe ich beiden Rheinufern angehört: mein Vater stammte aus den baltischen Ostseeprovinzen, meine Mutter war die Tochter eines Stuttgarters und einer französischen Schweizerin; in den achtziger Jahren erwarb mein Vater für die Familie das Bürgerrecht von Basel, und ein Bruder von mir ist heute noch Schweizer, während ich noch als Knabe, der Schulen wegen, in die württembergische Staatsangehörigkeit übertrat.

Ich schreibe es zum Teil diesen Umständen und Herkünften zu, daß ich, bei immer zärtlicher Heimatliebe, nie ein großer

Patriot und Nationalist sein konnte. Ich lernte mein Leben lang, und gar in der Kriegszeit, die Grenzen zwischen Deutschland und der Schweiz nicht als etwas Natürliches, Selbstverständliches und Heiliges kennen, sondern als etwas Willkürliches, wodurch ich brüderliche Gebiete getrennt sah. Und schon früh erwuchs mir aus diesem Erlebnis ein Mißtrauen gegen Landesgrenzen, und eine innige, oft leidenschaftliche Liebe zu allen menschlichen Gütern, welche ihrem Wesen nach die Grenzen überfliegen und andere Zusammengehörigkeiten schaffen als politische. Darüber hinaus fand ich mich mit zunehmenden Jahren immer unentrinnbarer getrieben, überall das, was Menschen und Nationen verbindet, viel höher zu werten als das, was sie trennt.
Im kleinen fand und erlebte ich das in meiner natürlichen, alemannischen Heimat. Daß sie von Landesgrenzen durchschnitten war, konnte mir, der ich viele Jahre dicht an solchen Grenzen lebte, nicht verborgen bleiben. Das Vorhandensein dieser Grenzen äußerte sich nirgends und niemals in wesentlichen Verschiedenheiten der Menschen, ihrer Sprache und Sitten, es zeigten sich diesseits und jenseits dieser Grenze weder in der Landschaft noch in der Bodenkultur, weder im Hausbau noch im Familienleben merkliche Unterschiede. Das Wesentliche der Grenze bestand in lauter teils drolligen, teils störenden Dingen, welche alle von unnatürlicher und rein phantastischer Art waren: in Zöllen, Paßämtern und dergleichen Einrichtungen mehr. Diese Dinge zu lieben und heilig zu halten, dagegen aber die Gleichheit von Rasse, Sprache, Leben und Gesittung, die ich zu beiden Seiten der Grenze fand, für nichts zu achten, ist mir nicht möglich gewesen, und so geriet ich, zu meinem schweren Schaden namentlich in der Kriegszeit, immer mehr in das Lager jener Phantasten, denen Heimat mehr bedeutet als Nation, Menschentum und Natur mehr als Grenzen, Uniformen, Zölle, Kriege und dergleichen. Wie verpönt und wie »unhistorisch gedacht« dies sei, wurde mir von vielen Seiten vielmals unter den wildesten Schmähungen mitgeteilt. Ich

konnte es jedoch nicht ändern. Wenn zwei Dörfer miteinander verwandt und ähnlich sind wie Zwillinge, und es kommt ein Krieg, und das eine Dorf schickt seine Männer und Knaben aus, verblutet und verarmt, das andere aber behält Frieden und gedeiht ruhig weiter, so scheint mir das keineswegs richtig und gut, sondern seltsam und haarsträubend. Und wenn ein Mensch seine Heimat verleugnen und die Liebe zu ihr opfern muß, um einem politischen Vaterland besser zu dienen, so erscheint er mir wie ein Soldat, der auf seine Mutter schießt, weil er Gehorsam für heiliger hält als Liebe.

Nun, meine Liebe zur Heimat, zu dem Land, durch dessen Mitte der Oberrhein fließt, ist mir nie verkümmert und verdunkelt worden. Wie ich schon als Kind den Basler Rhein und die schwäbische Nagold liebte, Schwarzwälder und Schweizer Mundart erlernte und sprach, so fühle ich mich auch heute noch in allen »alemannischen« Landen zu Hause. Wohl hatte ich sehr oft im Leben einen starken Reisetrieb, stets dem Süden und der Sonne nach. Heimisch gefühlt aber habe ich mich weder in Italien noch in Bremen, weder in Frankfurt noch in München oder Wien, sondern immer nur da, wo Luft und Land, Sprache und Menschenart alemannisch war. Bauernhäuser mit rot gestrichenem Fachwerk, alte Städte mit Brücken über den hellgrünen wilden Rhein, blaue Abendberge, Obstland und Fruchtbarkeit, und in den Lüften etwas, was an nahe Alpen erinnert, auch wenn man sie nicht sieht, das und noch viel anderes spricht zu mir heimatlich und vertrauensvoll, das lebt in mir, dahin gehöre ich. Und dazu die Sprache, die vielfältigen, doch nah verwandten schwäbischen und deutsch-schweizerischen Mundarten, eine Sprache von besonderem Klang, von besonderer Melodie. Ich kann sie nicht beschreiben, sie ist für mich Heimat und Mutter, Geborgenheit und Vertrauen.

Als Knabe, nachdem ich neunjährig aus der Schweiz in den Schwarzwald zurückgekehrt war, pflegte ich durch manche Jahre eine gewisse romantische Sehnsucht nach Basel und fühlte mich mit einem richtigen Kinderstolz als Fremdling und Ausländer, obwohl ich nach wenigen Wochen den schwäbischen Heimatdialekt wieder vollkommen wie in meinen ersten Lebensjahren sprach. Später kamen Zeiten, in denen ich mir ganz Schwabe zu sein schien und den schweizerischen Zuschuß stark unterschätzte. Erst allmählich wurde mir klar, daß meine gleichmäßige Liebe zu beiden Heimaten meiner Kindheit (zu welchen später noch der Bodensee hinzukam) nicht eine persönliche Laune von mir war, sondern daß es eine Landschaft, Atmosphäre, Volksart und Kultur gab, die ich schon früher von zwei verschiedenen Seiten her kennengelernt und mitgelebt hatte, die aber in sich Eins war. Seither rechne ich mich zu den Alemannen, und bin nicht betrübt, sondern froh darüber, daß unser Alemannien nicht ein politisch abgegrenzter Staat ist und nicht auf Landkarten und in Staatsverträgen zu finden ist.

Als Gegner der National-Eitelkeiten darf ich nun die Alemannen nicht rühmen und sie mit Tugenden beladen, wie Völker es gerne voreinander tun. Ich halte weder die Treue noch die Schlauheit, weder die Tapferkeit noch den Humor für reservierte Spezialbegabungen der Alemannen, obwohl sie von alledem gute Proben geliefert haben. Ich liebe auch nicht einen alemannischen Dichter, eine alemannische Bauernstube, ein alemannisches Volkslied mehr als andere solche schöne Dinge auf Erden. Die Alemannen haben weder eine Peterskirche gebaut, noch haben sie einen Dostojewski, und wenn sie aus heimatlichem Dünkel nichts von fremder Art und Kunst wissen wollen, so tue ich nicht mit. Aber alles, was von alemannischer Herkunft ist, hat Heimatgeruch für mich, ist mir ohne weiteres verständlich und nah. Manches gefällt mir bei den Schwaben besser: so die wunderbare Musik bei den schwäbischen Dichtern, bei Hölderlin und Mörike. Anderes liebe ich wieder speziell bei den Schweizern: Phantasie hinter dem Anschein von Nüchternheit wie bei Gottfried Keller. Und noch etwas, worin die Schweizer anderen Alemannen voraus waren: eine bürgerlich-demokratische Mischung der Stände und Gesellschaftsschichten ohne scharfe Grenzen, Selbstbewußtsein und Selbstgenügsamkeit beim »Volk«, und Aufgeschlossenheit des »Gebildeten« gegen Volksgenossen aller Stände. Darin hatten wir auf der reichsdeutschen Seite manches verlernt und versäumt, was wir jetzt neu zu lernen im Begriff sind. Das alemannische Land hat vielerlei Täler, Ecken und Winkel. Aber jedes alemannische Tal, auch das engste, hat seine Öffnung nach der Welt, und alle diese Öffnungen und Ausgänge zielen nach dem großen Strom, dem Rhein, in den alles alemannische Wasser rinnt. Und durch den Rhein hängt es von alters her mit der großen Welt zusammen. *(1919)*

Die Eidgenossenschaft

Die Eidgenossenschaft ist unter dem Druck der Not entstanden, und hat durch Jahrhunderte vielen Bedrohungen von außen und von innen standgehalten. Stets waren die inneren die gefährlicheren, und so ist es auch heute. Manche Mitbürger nennen heute, durch ausländische Moden verführt, die Formen unsrer Demokratie veraltet und unsere Ideale abgestorben, und finden es nötig, die alte Eidgenossenschaft durch formale Änderungen oder gar durch Nachahmung neuester, noch unbewährter Methoden und Regierungsformen zu erneuern. Diese Meinung mag aus einem guten Willen kommen, sie hält aber keiner ernsten Prüfung stand, am wenigsten einer Prüfung an der Weltgeschichte. Die Weltgeschichte, das sollten wir immerhin nicht vergessen, hat dem eidgenössischen Versuch, Völkerschaften verschiedener Stämme und Sprachen als einen freiwilligen Bund von Gleichberechtigten zu konstituieren, recht gegeben, und der Bund hat Stürme überstanden, von denen scheinbar viel mächtigere Staatsformen weggefegt worden sind.

Die Erneuerung, die der Schweiz not tut, ist vor allem eine Erneuerung der Herzen, vielmehr ein Erwachen zur Wirklichkeit, ein Öffnen der Augen für die Abgründe, die uns umgeben. Der Kampf der Parteien und Klassen ist unsre Gefahr, wie er die jedes heutigen Staates ist. Wir können ihn weder aus der Welt schaffen, noch dürfen wir ihn leicht nehmen, aber wenn wir nicht fähig sind, ihn zu vertagen, oder mindestens ihn der so viel größeren gemeinsamen Gefahr unterzuordnen, dann haben wir die Weltgeschichte schlecht verstanden. *(1938)*

[»Hier hatte ich mich durchgekämpft ...«]

[Aus der Erinnerung »Beim Einzug in ein neues Haus«]

Basel

Von Tübingen kam ich, zweiundzwanzigjährig, im Herbst 1899 nach Basel, und dort erst geriet ich in ein ernsthaftes, lebendiges Verhältnis zur bildenden Kunst: während meine Tübinger Zeit, soweit sie mir gehörte, ausschließlich literarischen und intellektuellen Eroberungen gewidmet gewesen war, vor allem der wie berauschten oder besessenen Beschäftigung mit Goethe und dann mit Nietzsche, ging mir in Basel auch das Auge auf, ich wurde ein aufmerksamer und bald auch ein wissender Betrachter von Architekturen und Kunstwerken. Der kleine Kreis von Menschen in Basel, der mich damals aufnahm und bilden half, war ganz durchtränkt vom Einfluß Jacob Burckhardts, der erst vor kurzem gestorben war*, und der dann in der zweiten Hälfte meines Lebens allmählich jene Stelle einnehmen sollte, welche vorher Nietzsche gehört hatte. Während meiner Basler Jahre machte ich denn auch zum erstenmal den Versuch, geschmackvoll und würdig zu wohnen, indem ich mir ein originelles hübsches Zimmer in einem Altbasler Hause mietete, ein Zimmer mit großem altem Kachelofen, ein Zimmer mit Vergangenheit. Ich hatte damit aber kein Glück; das Zimmer war wunderschön, aber es wurde niemals warm, obwohl der alte Ofen große Mengen Holz verschlang, und unter seinen Fenstern fuhren durch die scheinbar so ruhige Gasse morgens von drei Uhr an die Milch- und Marktwagen vom Albantor her über das Steinpflaster mit einem Höllenlärm und raubten mir den Schlaf; geschlagen floh ich nach einiger Zeit aus dem schönen Zimmer in eine moderne Vorstadt.

* Jacob Burckhardt war zwei Jahre zuvor am 8. 8. 1897 in Basel gestorben.

Und jetzt erst beginnt die Zeit meines Lebens, in der ich nicht mehr zufällige und oft gewechselte Zimmer, sondern Häuser bewohnte, und in welcher diese Häuser mir lieb und wichtig wurden. ...

Bern

Der Ort, an den wir jetzt ziehen wollten, nach acht Gaienhofener Jahren, war Bern. In die Stadt selbst wollten wir zwar nicht ziehen, das wäre uns wie Verrat an unsern Idealen vorgekommen, aber wir wollten in der Nähe von Bern ein stilles ländliches Haus suchen, etwa ein ähnliches wie das wunderschöne alte Landgut, das mein Freund Albert Welti, der Maler, seit einigen Jahren bewohnte. Ich hatte ihn mehrmals in Bern besucht, und sein hübsches, leicht verwahrlostes Haus und Gütchen weit draußen vor der Stadt hatte mir sehr gefallen. Und wenn meine Frau ohnehin, aus Jugenderinnerungen her, eine große Liebe für Bern und Bernertum und alte Berner Landsitze hatte, so war für mich der Umstand, dort einen Freund wie Welti zu wissen, mitbestimmend, als ich mich für Bern entschied.
Als es aber soweit war und wir wirklich vom Bodensee nach Bern umzogen, da sah schon alles wieder anders aus. Ein paar Monate vor unsrer Übersiedlung nach Bern waren Freund Welti und seine Frau rasch hintereinander gestorben, ich war zu seinem Begräbnis in Bern gewesen, und da hatte es sich ergeben, daß es, wenn wir nun schon nach Bern ziehen wollten, das Beste wäre, Weltis Haus zu übernehmen. Wir wehrten uns innerlich gegen diese Nachfolgerschaft, es roch uns zu sehr nach Tod, wir suchten auch nach einem andern Unterkommen in der Nähe Berns, aber es fand sich nichts, was uns gefallen hätte. Das Weltihaus war nicht Weltis Eigentum gewesen, es gehörte einer Berner Patrizierfamilie, und wir konnten Weltis Miete übernehmen, zusammen mit einigem Hausrat und mit Weltis Wolfshündin Züsi, die ebenfalls bei uns blieb.
Das Haus am Melchenbühlweg bei Bern, oberhalb von

Schloß Wittigkofen, war nun eigentlich in jeder Hinsicht die Verwirklichung unsrer alten, seit den Basler Zeiten mehr und mehr befestigten Vorstellung von einem idealen Hause für Leute von unsrer Art. Es war ein Landhaus im Berner Stil mit dem runden Berner Giebel, der an diesem Haus durch seine starke Unregelmäßigkeit etwas besonders Gewinnendes an sich hatte, ein Haus, das aufs angenehmste und in einer wie für uns eigens ausgesuchten Mischung bäuerliche und herrschaftliche Merkmale vereinigte, halb primitiv, halb vornehm-patrizisch, ein Haus aus dem siebzehnten Jahrhundert, mit Anbauten und Einbauten aus der Empirezeit, inmitten ehrwürdiger uralter Bäume, von einer riesigen Ulme ganz überschattet, ein Haus voll wunderlicher Winkel und Versponnenheiten, manchmal behaglicher, manchmal spukhafter Art. Es gehörte dazu ein großes Stück Bauernland mit Bauernhaus, die waren an einen Pächter vergeben, von welchem wir die Milch fürs Haus und den Mist für den Garten bekamen. Zu unsrem Garten, der gegen Süden vom Hause abwärts streng symmetrisch mit Steintreppen in zwei Terrassen angelegt war, gehörten schöne Obstbäume und gehörte auch noch, zweihundert Schritt etwa vom Wohnhaus entfernt, ein sogenanntes »Boskett«, ein Wäldchen aus ein paar Dutzend alten Bäumen, darunter herrlichen Buchen, das auf einem kleinen Hügel lag und die Gegend beherrschte. Hinter dem Hause rauschte ein hübscher steinerner Brunnen, die große Veranda nach Süden war von einer riesigen Glyzine umwachsen, von dort blickte man über die Nachbarschaft und viele Waldhügel auf die Berge, deren Kette man vom Thuner Vorberggebiet bis zum Wetterhorn alle sah, die großen Berge der Jungfraugruppe in der Mitte. Haus und Garten sind ziemlich ähnlich geschildert in meinem Romanfragment »Das Haus der Träume«, und der Titel dieser unvollendeten Dichtung ist eine Erinnerung an meinen Freund Albert Welti, der eins seiner merkwürdigsten Bilder so genannt hatte. Und innen in diesem Hause gab es mancherlei interessante und schätzenswerte Dinge: hübsche alte Kachelöfen und Möbel und Beschläge, elegante französische Pendülen unter Glasglocken, alte hohe Spiegel mit grünlichem Glas, in dem man wie ein Ahnenbild aussah, ein marmorner Kamin, in dem ich an jedem Herbstabend Feuer brannte.

Kurz, es war alles, wie wir es nicht besser hätten ausdenken können – und war trotzdem schon von Anfang an verschattet und unglücklich. Daß diese unsre neue Existenz mit dem Tod der beiden Weltis begonnen hatte, war wie ein Vorzeichen. Dennoch genossen wir zu Anfang die Vorzüge des Hauses, die unvergleichliche Aussicht, den Sonnenuntergang überm Jura, das gute Obst, die alte Stadt Bern, in der wir einige Freunde hatten und gute Musik hören konnten, nur war alles ein wenig resigniert und gedämpft; erst manche Jahre später hat meine Frau mir einmal gesagt, daß sie von Anfang an in dem alten Hause, von dem sie doch gleich mir entzückt schien, oft Angst und Bedrückung, ja etwas wie Furcht vor plötzlichem Tod und vor Gespenstern fühlte. Es kam nun langsam der Druck heran, der mein bisheriges Leben verändert und zum Teil vernichtet hat. Es kam, nicht ganz zwei Jahre nach unsrer Übersiedlung, der Weltkrieg, es kam für mich die Zerstörung meiner Freiheit und Unabhängigkeit, es kam die große moralische Krise durch den Krieg, die mich zwang, mein ganzes Denken und meine ganze Arbeit neu zu begründen, es kam das jahrelange schwere Kranksein unsres jüngsten, dritten Söhnchens, es kamen die ersten Vorboten der Gemütskrankheit meiner Frau – und während ich durch den Krieg amtlich überanstrengt und moralisch immer mehr verzweifelt war, bröckelte langsam alles das zusammen, was bis dahin mein Glück gewesen war. In der spätern Kriegszeit saß ich in dem abgelegenen Hause, das kein elektrisches Licht hatte, oft ohne Petroleum im Finstern, allmählich ging unser Geld verloren, und schließlich, nach langen bösen Zeiten, kam die Krankheit meiner Frau zum Ausbruch, sie war lange Zeit in Heilanstalten; im verwahrlosten, viel zu großen Berner Hause war der Haushalt kaum mehr aufrechtzuerhalten, die Kinder mußte ich in Pension weggeben, lange Monate saß ich mit einer treugebliebenen Magd ganz allein in dem verödeten Haus, und wäre längst fortgegangen, wenn mein Kriegsamt mir das erlaubt hätte.

Montagnola

Endlich, als im Frühling 1919 auch dies Amt zu Ende und ich wieder frei war, verließ ich das verzauberte Haus in Bern, in dem ich nun beinahe sieben Jahre gewohnt hatte. Der Abschied von Bern fiel mir im übrigen nicht mehr schwer. Es war mir klar geworden, daß es moralisch nur noch *eine* Existenzmöglichkeit für mich gab: meine literarische Arbeit allem andern voranzustellen, nur noch in ihr zu leben und weder den Zusammenbruch der Familie noch die schwere Geldsorge, noch irgendeine andre Rücksicht mehr ernst zu nehmen. Gelang es nicht, so war ich verloren. Ich fuhr nach Lugano, saß einige Wochen in Sorengo und suchte, dann fand ich in Montagnola die Casa Camuzzi, und zog dort im Mai 1919 ein. Aus Bern ließ ich nur meinen Schreibtisch und meine Bücher kommen, im übrigen lebte ich mit gemieteten Möbeln. In diesem letzten meiner bisherigen Häuser blieb ich zwölf Jahre wohnen, die ersten vier Jahre ganz, von da an nur noch in den wärmeren Jahreszeiten.

Dies schöne wunderliche Haus, von dem ich jetzt Abschied nehme, hat mir viel bedeutet, und war in mancher Hinsicht das originellste und hübscheste von allen denen, die ich je besaß oder bewohnte. Freilich besaß ich hier gar nichts, und bewohnte auch nicht das Haus, sondern nur eine kleine Wohnung von vier Stuben als Mieter, ich war kein Hausherr und Familienvater mehr, der ein Haus und Kinder und Dienstboten hat, seinem Hunde ruft und seinen Garten pflegt; ich war jetzt ein kleiner abgebrannter Literat, ein abgerissener und etwas verdächtiger Fremder, der von Milch und Reis und Makkaroni lebte, seine alten Anzüge bis zum

Ausfransen austrug und im Herbst sein Abendessen in Form von Kastanien aus dem Walde heimbrachte. Aber das Experiment, um das es ging, ist geglückt, und trotz allem, was auch diese Jahre schwer gemacht hat, sind sie schön und fruchtbar gewesen. Wie aus Angstträumen aufgewacht, aus Angstträumen, die Jahre gedauert hatten, sog ich die Freiheit ein, die Luft, die Sonne, die Einsamkeit, die Arbeit. Ich schrieb noch in diesem ersten Sommer hintereinander den »Klein und Wagner« und den »Klingsor«, und entspannte damit mein Inneres so weit, daß ich im folgenden Winter den »Siddhartha« beginnen konnte. Ich war also nicht zugrunde gegangen, ich hatte mich nochmals zusammengerafft, ich war noch der Arbeit, der Konzentration fähig; die Kriegsjahre hatten mich nicht, wie ich halb gefürchtet hatte, geistig umgebracht. Materiell hätte ich jene Jahre nicht zu überdauern und meine Arbeit nicht zu leisten vermocht, wären nicht mehrere Freunde mir immer wieder treulich beigestanden. Ohne die Unterstützung durch den Freund in Winterthur und die lieben Siamesen wäre es nicht gegangen, und einen besonders großen Freundesdienst hat mir Cuno Amiet geleistet, als er meinen Sohn Bruno zu sich nahm.

Und so habe ich also die letzten zwölf Jahre in der Casa Camuzzi gewohnt, Garten und Haus kommen im »Klingsor« und in anderen meiner Dichtungen vor. Manche Dutzendmale habe ich dies Haus gemalt und gezeichnet, und bin seinen verzwickten launischen Formen nachgegangen; namentlich in den beiden letzten Sommern, zum Abschied, habe ich vom Balkon, von den Fenstern, von der Terrasse aus noch alle Blicke gezeichnet, und viele von den wunderlich schönen Winkeln und Gemäuern im Garten. Mein Palazzo, Imitation eines Barock-Jagdschlosses, der Laune eines Tessiner Architekten vor etwa fünfundsiebzig Jahren entsprungen, hat außer mir noch eine ganze Reihe von Mietern gehabt, aber keiner ist so lange geblieben wie ich, und ich glaube, keiner hat ihn so geliebt (auch belächelt) und ihn sich so zur Wahlheimat werden lassen wie ich. Aus einer ungewöhnlich üppigen und munteren Baulust entstanden, im lustvollen Überwinden großer Terrainschwierigkeiten, hat dieser halb feierliche, halb drollige Palazzo ganz verschiedene Ansichten. Vom Portal des Hauses führt pompös und theatralisch eine fürstliche Treppe hinab in den Garten, der in vielen Terrassen mit Treppen, Böschungen und Mauern sich bis in eine Schlucht hinab verliert und in dem alle südlichen Bäume in alten, großen Prachtexemplaren vorkommen, ineinander verwachsen, von Glyzinen und Clematis überwuchert. Für das Dorf selbst liegt das Haus fast ganz verborgen. Aus dem Tale unten sieht es, mit seinen Treppengiebeln und Türmchen über stillen Waldrücken hervorschauend, ganz wie das ländliche Schloß einer Eichendorffnovelle aus.

Manches hat sich auch hier während der zwölf Jahre geändert, nicht bloß in meinem Leben, sondern auch im Hause und Garten. Der herrliche alte Judasbaum unten im Garten, der größte, den ich jemals gesehen, der Jahr um Jahr vom Anfang Mai bis weit in den Juni hinein so üppig geblüht und im Herbst und Winter mit seinen rotvioletten Schoten so fremdartig ausgesehen hatte, fiel in einer Herbstnacht dem Sturm zum Opfer. Die große Sommermagnolie Klingsors, dicht vor meinem Balkönchen, deren geisterhafte weiße Riesenblüten mir beinahe ins Zimmer hereingewachsen waren, wurde einst während meiner Abwesenheit umgehauen. Einmal kam ich nach langer Abwesenheit im Frühling aus Zürich zurück, da war wahrhaftig meine brave alte Haustür verschwunden und die Stelle zugemauert, ich stand verzaubert und wie im Traume davor und fand keinen Eingang mehr: man hatte ein wenig umgebaut, ohne mir etwas davon zu sagen. Aber das Haus ist mir durch keine dieser Veränderungen entleidet worden, es war mehr das meinige als irgendeines der früheren, denn hier war ich nicht Ehemann und Familienvater, hier war nur ich allein zu Hause, hier hatte ich in bangen harten Jahren nach dem großen Schiffbruch mich durchgekämpft, auf einem Posten, der mir oft vollkommen verloren schien, hier hatte ich viele Jahre die tiefste Einsamkeit genossen, und auch an ihr gelitten, hatte viele Dichtungen und Malereien gemacht, tröstende Seifenblasen, und war mit allem so verwachsen, wie ich es seit der Jugend mit keiner andern Umgebung gewesen war. Zum Dank habe ich dies Haus oft genug gemalt und besungen, habe ihm auf viele Arten zu erwidern gesucht, was es mir gab und war.

Wäre ich in meiner Einsamkeit geblieben, hätte ich nicht nochmals einen Lebenskameraden gefunden, so wäre es wohl nie dazu gekommen, daß ich das Camuzzihaus wieder verlassen hätte, obwohl es in vielen Beziehungen für einen alternden und nicht mehr gesunden Menschen unbequem war. Ich habe in diesem märchenhaften Haus auch bitter gefroren und allerlei andre Not gelitten. Darum war in den letzten Jahren je und je der Gedanke aufgetaucht, aber niemals recht ernst genommen worden: vielleicht doch noch einmal umzuziehen, ein Haus zu kaufen, zu mieten oder gar zu bauen, wo ich fürs Alter eine bequemere und gesundere Unterkunft hätte. Es waren Wünsche und Gedanken, nichts weiter.

Da ereignete sich das schöne Märchen: in der »Arch« in Zürich saßen wir an einem Frühlingsabend des Jahres 1930 und plauderten, und die Rede kam auch auf Häuser und Bauen, und auch meine gelegentlich auftauchenden Hauswünsche wurden erwähnt. Da lachte plötzlich Freund B. mich an und rief: »Das Haus sollen Sie haben!«

Auch dies war, so schien mir, ein Spaß, ein hübscher Spaß am Abend beim Wein. Aber der Spaß ist Ernst geworden, und das Haus, von dem wir damals spielerisch träumten, steht jetzt da, unheimlich groß und schön und soll mir für Lebenszeit zur Verfügung stehen. Wieder einmal unternehme ich es, mich neu einzurichten, und wieder geschieht es fürs »ganze Leben«, und diesmal wird das vermutlich stimmen. *(1931)*

[Am Vierwaldstätter See]

(Aus Hermann Lauschers Tagebuch)

Basel, 13. Mai 1900

Der See wirkt noch leise nach. Seine Schönheit ist unerschöpflich und ist jetzt, da alle Berge noch tiefen Schnee haben, noch frischer und reiner. So oft ich ihn schon besuchte, er ist immer wieder neu, voll Trost und Reichtum. Jedesmal, wenn ich in Luzern an den Quai trete, beginnt seine Wirkung und ist jedesmal verstärkt oder verändert. Ich meine nicht die schönen Matten, nicht den Pilatus, die Wälder oder den Rigi, den langweiligsten aller Berge – was mein Auge so begeistert, ist einzig die Schönheit dieses klaren Wassers, das vom Blauschwarz übers Grün und Grau bis zum silbernsten Silber jeder Farbe und Nuance fähig ist. Bald hat das Wasser ein metallen schweres Grau, bald bei schwachem Wellenschlag ein kühles Hellgrün, bald ist »Öl auf dem See«, wie die Maler verzweifelnd sagen. Dies ist das Schönste, diese Flecken von verschiedenster Farbe, oft mit scharfem Kontur begrenzt, oft in den verfeinertsten Übergängen aufgelöst, darauf tiefblau die Wolkenschatten und silbern oder bleiern, je nach der Sonne, die Schneespiegel. Aus großer Höhe verliert der See fast allen Reiz, am schönsten ist er vom Boot aus oder, wenn viel Sonne ist, von Morschach oder Seelisberg.

Ich sah neulich dort ein kühles, helles Blaugrün, ganz wie am Himmel das Spätblau nach dem Abendrot, aber nicht golden, sondern silbern getönt – diese unbeschreibliche Farbe und ihr Übergang zum völligen Mattsilber gewährte mir eine ganz überschwengliche Lust, ein Gefühl der Befreiung vom Gesetz der Schwere, ein Gefühl der Auflösung, als läge meine Seele kühl und ohne von mir zu wissen auf dem schweigenden Seebusen ausgebreitet, ganz Äther, ganz Farbe, ganz Schönheit. Nur äußerst selten hat mich ein Eindruck künstlerischer, poetischer oder philosophischer Art in diese Höhe und Ruhe versetzt. Das war nicht mehr die Freude am schönen Bild, die freundliche Selbsttäuschung, welche man sich vor guten Kunstwerken gestattet – im Anblick dieser Farbe genoß ich für Augenblicke den Triumph der reinen Schönheit über alle Regungen des bewußten und unbewußten Lebens.

(Aus »Peter Camenzind«)

Unser Dörflein Nimikon liegt auf einer dreieckigen, zwischen zwei Bergvorsprünge geklemmten schrägen Fläche am See. Ein Weg führt nach dem nahen Kloster, ein zweiter nach dem viereinhalb Stunden entfernten Nachbarort, die übrigen am See gelegenen Dörfer erreicht man zu Wasser. Unsere Häuser sind im alten Holzstil erbaut und haben kein bestimmtes Alter, es kommen fast niemals Neubauten vor, und die alten Häuslein werden je nach Bedürfnis stückweise repariert, dies Jahr die Diele, ein andermal ein Stück am Dach, und mancher halbe Balken und manche Latte, die früher einmal etwa zur Stubenwand gehört haben, findet man jetzt als Sparren im Dach, und wenn sie auch dazu nicht mehr dienen und doch noch zu gut zum Verbrennen sind, so kommen sie das nächste Mal beim Flicken des Stalls oder Heubodens oder als Querlatte an der Haustüre zur Verwendung. Ähnlich ist es mit den darin Wohnenden selber; jeder spielt solang er kann seine Rolle mit, tritt dann zögernd in den Kreis der Unbrauchbaren und taucht schließlich ins Dunkel unter, ohne daß viel Aufsehens davon gemacht würde. Wer nach jahrelanger Fremde zu uns heimkehrt, findet nichts verändert, als daß ein paar alte Dächer erneuert und ein paar neuere alt geworden sind; die Greise von ehemals sind zwar dahin, aber es sind andere Greise da, welche die gleichen Hütten bewohnen, die gleichen Namen tragen, dasselbe dunkelhaarige Kindervolk bewachen und an Gesicht und Gebaren sich von den indessen Weggestorbenen kaum unterscheiden.

Am Ende jedes Winters kam der Föhn mit seinem tieftönigen Gebrause, das der Älpler mit Zittern und Entsetzen hört und nach welchem er in der Fremde mit verzehrendem Heimweh dürstet.
Wenn der Föhn nahe ist, spüren ihn viele Stunden voraus Männer und Weiber, Berge, Wild und Vieh. Sein Kommen, welchem fast immer kühle Gegenwinde vorausgehen, verkündigt ein warmes, tiefes Sausen. Der blaugrüne See wird in ein paar Augenblicken tintenschwarz und setzt plötzlich hastige, weiße Schaumkronen auf. Und bald darauf donnert er, der noch vor Minuten unhörbar friedlich lag, mit erbitterter Brandung wie ein Meer ans Ufer. Zugleich rückt die ganze Landschaft ängstlich nah zusammen. Auf Gipfeln, die sonst in entrückter Ferne brüteten, kann man jetzt die Felsen zählen, und von Dörfern, die sonst nur als braune Flecken im Weiten lagen, unterscheidet man jetzt Dächer, Giebel und Fenster. Alles rückt zusammen, Berge, Matten und Häuser, wie eine furchtsame Herde. Und dann beginnt das grollende Sausen, das Zittern im Boden. Aufgepeitschte Seewellen werden streckenweit wie Rauch durch die Luft dahingetrieben, und fortwährend, zumal in den Nächten, hört man den verzweifelten Kampf des Sturmes mit den Bergen. Eine kleine Zeit später redet sich dann die Nachricht von verschütteten Bächen, zerschlagenen Häusern, zerbrochenen Kähnen und vermißten Vätern und Brüdern durch die Dörfer.
In Kinderzeiten fürchtete ich den Föhn und haßte ihn sogar. Mit dem Erwachen der Knabenwildheit aber bekam ich ihn lieb, den Empörer, den Ewigjungen, den frechen Streiter und Bringer des Frühlings. Es war so herrlich, wie er voll Leben, Überschwang und Hoffnung seinen wilden Kampf begann, stürmend, lachend und stöhnend, wie er heulend durch die Schluchten hetzte, den Schnee von den Bergen fraß und die zähen alten Föhren mit rauhen Händen bog und zum Seufzen brachte. Später vertiefte ich meine Liebe und begrüßte nun im Föhn den süßen, schönen, allzu reichen Süden, welchem immer wieder Ströme von Lust, Wärme

und Schönheit entquellen, um sich an den Bergen zu zersprengen und endlich im flachen, kühlen Norden ermüdet zu verbluten. Es gibt nichts Seltsameres und Köstlicheres als das süße Föhnfieber, das in der Föhnzeit die Menschen der Bergländer und namentlich die Frauen überfällt, den Schlaf raubt und alle Sinne streichelnd reizt. Das ist der Süden, der sich dem spröden, ärmeren Norden immer wieder stürmisch und lodernd an die Brust wirft und den verschneiten Alpendörfern verkündigt, daß jetzt an den nahen purpurnen Seen Welschlands schon wieder Primeln, Narzissen und Mandelzweige blühen.

Alsdann, wenn der Föhn verblasen hat und die letzten schmutzigen Lawinen zerlaufen sind, dann kommt das Schönste. Dann recken sich berghinan auf allen Seiten die beblümten gelblichen Matten, rein und selig stehen die Schneegipfel und Gletscher in ihren Höhen, und der See wird blau und warm und spiegelt Sonne und Wolkenzüge wider.

Alles dieses kann schon eine Kindheit und zur Not auch ein Leben erfüllen. Denn alles dieses redet laut und ungebrochen die Sprache Gottes, wie sie nie über eines Menschen Lippen kam. Wer sie so in seiner Kindheit vernommen hat, dem tönt sie sein Leben lang nach, süß und stark und furchtbar, und ihrem Bann entflieht er nie. Wenn einer in den Bergen heimisch ist, der kann jahrelang Philosophie oder historia naturalis studieren und mit dem alten Herrgott aufräumen – wenn er den Föhn wieder einmal spürt oder hört eine Laue durchs Holz brechen, so zittert ihm das Herz in der Brust, und er denkt an Gott und ans Sterben.

Berge, See, Sturm und Sonne waren meine Freunde, erzählten mir und erzogen mich und waren mir lange Zeit lieber und bekannter als irgend Menschen und Menschenschicksale. Meine Lieblinge aber, die ich dem glänzenden See und den traurigen Föhren und sonnigen Felsen vorzog, waren die Wolken.

Zeigt mir in der weiten Welt den Mann, der die Wolken

besser kennt und mehr lieb hat als ich! Oder zeigt mir das Ding in der Welt, das schöner ist als Wolken sind! Sie sind Spiel und Augentrost, sie sind Segen und Gottesgabe, sie sind Zorn und Todesmacht. Sie sind zart, weich und friedlich wie die Seelen von Neugeborenen, sie sind schön, reich und spendend wie gute Engel, sie sind dunkel, unentrinnbar und schonungslos wie die Sendboten des Todes. Sie schweben silbern in dünner Schicht, sie segeln lachend weiß mit goldenem Rand, sie stehen rastend in gelben, roten und bläulichen Farben. Sie schleichen finster und langsam wie Mörder, sie jagen sausend kopfüber wie rasende Reiter, sie hängen traurig und träumend in bleichen Höhen wie schwermütige Einsiedler. Sie haben die Formen von seligen Inseln und die Formen von segnenden Engeln, sie gleichen drohenden Händen, flatternden Segeln, wandernden Kranichen. Sie schweben zwischen Gottes Himmel und der armen Erde als schöne Gleichnisse aller Menschensehnsucht, beiden angehörig – Träume der Erde, in welchen sie ihre befleckte Seele an den reinen Himmel schmiegt. Sie sind das ewige Sinnbild alles Wanderns, alles Suchens, Verlangens und Heimbegehrens. Und so, wie sie zwischen Erde und Himmel zag und sehnend und trotzig hängen, so hängen zag und sehnend und trotzig die Seelen der Menschen zwischen Zeit und Ewigkeit.

Oh, die Wolken, die schönen, schwebenden, rastlosen! Ich war ein unwissendes Kind und liebte sie, schaute sie an und wußte nicht, daß auch ich als eine Wolke durchs Leben gehen würde – wandernd, überall fremd, schwebend zwischen Zeit und Ewigkeit. Von Kinderzeiten her sind sie mir liebe Freundinnen und Schwestern gewesen. Ich kann nicht über die Gasse gehen, so nicken wir einander zu, grüßen uns und verweilen einen Augenblick Aug' in Auge. Auch vergaß ich nicht, was ich damals von ihnen lernte: ihre Formen, ihre Farben, ihre Züge, ihre Spiele, Reigen, Tänze und Rasten, und ihre seltsam irdisch-himmlischen Geschichten.

Namentlich die Geschichte der Schneeprinzessin. Ihr Schauplatz ist das mittlere Gebirge, im Vorwinter, bei warmem Unterwind. Die Schneeprinzessin erscheint mit kleinem Gefolge, aus gewaltiger Höhe kommend, und sucht sich einen Rastort in weiten Bergmulden oder auf einer breiten Kuppe aus. Neidisch sieht die falsche Bise die Arglose sich lagern, leckt heimlich gierend am Berg empor und überfällt sie plötzlich wütend und tosend. Sie wirft der schönen Prinzessin zerfetzte schwarze Wolkenlappen entgegen, höhnt sie, krakeelt sie an, möchte sie verjagen. Eine Weile ist die Prinzessin unruhig, wartet, duldet, und manchmal steigt sie kopfschüttelnd, leise und höhnisch wieder in ihre Höhe zurück. Manchmal aber sammelt sie plötzlich ihre geängsteten Freundinnen um sich her, enthüllt ihr blendend fürstliches Angesicht und weist den Kobold mit kühler Hand zurück. Er zaudert, heult, flieht. Und sie lagert sich still, hüllt ihren Sitz weitum in blassen Nebel, und wenn der Nebel sich verzogen hat, liegen Mulden und Kuppen klar und glänzend mit reinem, weichem Neuschnee bedeckt.

In dieser Geschichte war so etwas Nobles, etwas von Seele und Triumph der Schönheit, das mich entzückte und mein kleines Herz wie ein frohes Geheimnis bewegte.

Bald kam auch die Zeit, daß ich mich den Wolken nähern, zwischen sie treten und manche aus ihrer Schar von oben betrachten durfte. Ich war zehn Jahre alt, als ich den ersten Gipfel erstieg, den Sennalpstock, an dessen Fuß unser Dörflein Nimikon liegt. Da sah ich denn zum erstenmal die Schrecken und die Schönheiten der Berge. Tiefgerissene Schluchten, voll von Eis und Schneewasser, grüngläserne Gletscher, scheußliche Moränen, und über allem wie eine Glocke hoch und rund der Himmel. Wenn einer zehn Jahre lang zwischen Berg und See geklemmt gelebt hat und rings von nahen Höhen eng umdrängt war, dann vergißt er den Tag nicht, an dem zum erstenmal ein großer, breiter Himmel über ihm und vor ihm ein unbegrenzter Horizont lag. Schon beim Aufstieg war ich erstaunt, die mir von unten her wohlbekannten Schroffen und Felswände so überwältigend groß zu fin-

den. Und nun sah ich, vom Augenblick ganz bezwungen, mit Angst und Jubel plötzlich die ungeheure Weite auf mich hereindringen. So fabelhaft groß war also die Welt! Unser ganzes Dorf, tief unten verloren liegend, war nur noch ein kleiner heller Fleck. Gipfel, die man vom Tale aus für eng benachbart hielt, lagen viele Stunden weit auseinander.
Da fing ich an zu ahnen, daß ich nur erst ein schmales Blinzeln, noch kein gediegenes Schauen von der Welt gehabt hatte und daß da draußen Berge stehen und fallen und große Dinge geschehen konnten, von denen auch nicht die leiseste Kunde je in unser abgetrenntes Bergloch kam. Zugleich aber zitterte etwas in mir gleich dem Zeiger des Kompasses mit unbewußtem Streben mächtig jener großen Ferne entgegen. Und nun verstand ich auch die Schönheit und Schwermut der Wolken erst ganz, da ich sah, in was für endlose Fernen sie wanderten.
Meine beiden erwachsenen Begleiter lobten mein gutes Steigen, rasteten ein wenig auf der eiskalten Kuppe und lachten über meine fassungslose Freude. Ich aber, nachdem ich mit dem ersten großen Staunen fertig war, brüllte vor Lust und Erregung laut wie ein Stier in die klaren Lüfte hinaus. Das war mein erstes, unartikuliertes Lied an die Schönheit. Ich war auf einen dröhnenden Widerhall gefaßt, aber mein Geschrei verklang in die ruhigen Höhen spurlos wie ein schwacher Vogelpfiff. Da war ich sehr beschämt und hielt mich still.
Dieser Tag hatte irgendein Eis in meinem Leben gebrochen. Denn nun kam ein Ereignis um das andere. Zunächst nahm man mich des öfteren auf Bergfahrten mit, auch auf schwierigere, und ich drang mit sonderbar beklommener Wollust in die großen Geheimnisse der Höhen ein. Darauf ward ich zum Geißhirten ernannt. An einer von den Halden, wohin ich gewöhnlich meine Tiere trieb, gab es einen windgeschützten Winkel, von kobaltblauem Enzian und hellrotem Steinbrech überwuchert, das war mir der liebste Platz in der Welt. Das Dorf war von dort aus unsichtbar, und auch vom See war nur über Felsen weg ein schmaler, blanker Streifen

zu erblicken, dafür brannten die Blumen in lachend frischen Farben, der blaue Himmel lag wie ein Zeltdach auf den spitzigen Schneegipfeln, und neben dem feinen Geläut der Ziegenglocken tönte ununterbrochen der nicht weit entfernte Wasserfall. Dort lag ich in der Wärme, staunte den weißen Wölklein nach und jodelte halblaut vor mich hin, bis die Geißen meine Trägheit bemerkten und sich allerlei verbotene Streiche und Lustbarkeiten leisten wollten. Es gab dabei gleich in den ersten Wochen einen herben Riß in meine Phäakenherrlichkeit, als ich mit einer verlaufenen Geiß zusammen in eine Klamm abstürzte. Die Geiß war tot, und mir tat der Schädel weh, außerdem ward ich jämmerlich geprügelt, lief meinen Alten davon und ward unter Beschwörungen und Wehklagen wieder eingebracht.

Abendfarben

Ende August in Vitznau. Eine lange Reihe prachtvoll heißer Tage und klarer, glühend herrlicher Abende glänzte über dem See. In dieser Zeit ruderte ich Tag für Tag zur Stunde des Sonnenunterganges langsam von der am Fuß des Bürgenstocks gelegenen »Matt« her nach Vitznau zurück und hatte Tag für Tag mit geringen Änderungen denselben Anblick des Sees gegen Luzern, wo sich die Sonne auf die weißlich umdünsteten Hügel senkte. Der See war jedesmal um diese Stunde fast völlig ölglatt, selten vielleicht von einem leisen, warmen Winde bestrichen, der die Fläche nur schwach und stellenweise kräuselte.

Dieser oft wiederholte Anblick hat sich mir so schön und fest eingeprägt, daß ich ihn wie ein oft gelesenes Lied jederzeit wecken und wieder genießen kann. Wenn ihr wollt, kann ich ihn auch mit der Treue einer Chronik beschreiben. Stellt euch vor, ihr säßet im kleinen Ruderboot zwischen Matt und Lützelau, mitten auf der Seebreite, und bewegtet euch langsam gegen Vitznau, dem ihr als Ruderer also den

Rücken zukehrt. Nur müßt ihr euch keine Bootfahrt mit Gesellschaft, Gesang und Gespräch vorstellen, nicht einmal eine Fahrt zu zweien, mit einem Freund oder mit einer Frau, sondern ihr müßt allein sein und müßt etwas von der leidenschaftslosen Liebe des Einsamen in euch tragen. Dann seht ihr folgendes:

Vor euch steht scharf und dunkel die schmale Bootspitze gegen die glänzende Seefläche. Das Wasser hat noch die tiefgrüne Färbung des Spätnachmittags und schimmert weiter hinaus in bläulich weichem Silberton, welcher langsam, fast unmerklich einen süßen, warmen Anflug von Gold bekommt. Gegen den Bürgenstock verdunkelt sich das Wasser in vielen Übergängen bis zu einem schweren Tintenblau, von welchem der weißgelblich helle, schmale Uferstreif sich auffallend abhebt. Ohne diesen lichten Streifen, der vom Durchschimmern des hellen Strandgesteines herrührt, würde das Ufer nach dieser Seite viel ferner erscheinen; der weißliche Strich zieht es dem Auge fast gewaltsam näher. Das stark beleuchtete, hellgrüne Ufer der Rigiseite hat denselben Uferstreifen, der hier jedoch unauffällig mit der lichten Seefarbe verschwimmt. Hier spiegelt sich auch die langgezogene Wand des Rigi mit den rötlichen runden Felstürmen und hellen Matten klar und unverändert, während jenseits der Spiegel der Hammetschwand nur wie ein trüber Schatten im Wasser liegt.

Jetzt beginnen die einzelnen weißen Wölkchen über euch sich golden zu färben. Ihr blickt nach der niedrigstehenden Sonne und bemerkt dabei, daß in der Ferne der See nicht mehr bläulich und silbern, sondern völlig goldgelbglänzend wie ein blanke Messingscheibe ist. Und die Grenze des Goldfeldes rückt zusehends näher, fast bis zu den Schiffländen von Kehrsiten und Weggis, mit einem schwachblendenden, dem Auge aber noch wohl erträglichen Geleucht.

Und nun beginnt die Sonne tiefer zu leuchten und größer zu werden. Was vom Boot aus noch von grüner Seefläche zu sehen war, hüllt sich in ein großes Farbenspiel, das zwischen

Gold und Rotbraun in allen Nuancen leuchtet und an windbewegten Stellen zum brennenden Scharlach wird. Hier hört die Zuverlässigkeit des Sehens auf und werden alle Farbenbestimmungen ungewiß; ihr könnt nur zurückgelehnt mit Erstaunen ein Meer von warmen, rot und goldenen Tönen wahrnehmen, das in unerhörten Rhythmen flutet und immer wechselt und immer dasselbe ist.

Das dauert an klaren Tagen so lange, bis die Sonne den Horizont berührt. Da wird sie tief rot, und der See verwandelt sich wunderbar. Er ist, so weit ihr blickt, mattgolden mit blaugrünem Anhauch, so wie in Kürze der westliche Himmel aussehen wird. Und mitten durch die goldene Flut geht eine breite und unendlich lange Brücke aus Feuer, beim fernern Ufer rot und licht beginnend und endigend in einer tiefen, sattsam purpurnen Lohe. Das ist der Spiegel der roten Sonnenscheibe während der Minuten des Unterganges. Ganz nahe vor eurem Boote seht ihr sie glühen und verbrennen, bis sie in einem goldbraunen Schimmer erlischt. Ihr schaut empor. Auch am Horizont ist sie verschwunden, von jenseits rötet sie Luft und Wolken und wirft euch die Hügel, hinter welchen sie sinkt, mit scharfen Konturen überraschend entgegen. Indessen verleuchtet der See langsam, langsam und kleidet sich im Erlöschen in phantastisch schöne, schwelgerische Traumfarben, deren Anblick wie ein Lied oder wie eine Sage aus Urzeiten berührt.

Und rückwärts, hinter euch über dem Bauen und den Urner Bergen, seht ihr, wenn ihr scharfäugig seid, im rasch dunkelnden Himmel schon erste, bleiche Sterne schwimmen.

(1901)

Am Gotthard

So oft ich schon in den Bergen war, so habe ich doch bis heute nur viermal einen Steinadler gesehen. Das erste Mal, da war ich noch fast ein Knabe, und als ich hoch in silbernen Lüften den sicheren, schönen Bogenflug des großen Vogels wahrnahm und als man mir sagte, das sei ein Adler, da schlug mir das Herz und ich sah in dem königlich Schwebenden ein Lied und ein Sinnbild, folgte ihm mit durstendem Blick und behielt ihn für immer im Gedächtnis. Seither besuchte ich die Berge nie ohne die stille Sehnsucht, ihn wieder zu sehen, und hundertmal hob ich auf Höhenwegen die Augen in halber Hoffnung. Selten hat sie sich erfüllt und sie blieb unvermindert in mir lebendig. Es gibt Dinge und Wünsche, an die ich alle atemlose Lebenslust und die Vorstellung der sehnlichsten Erdenwonne knüpfte; zu diesen gehören vor allen anderen die drei: eine sternklare Winternacht im Hochgebirge, eine abendliche Barkenfahrt auf der Lagune vor Venedig und dann das Erspähen eines Adlers über den Bergen. Sooft Enttäuschung und Sorge mich müde macht, sooft ein leerer und unschöner Tag mich verdrießt und lähmt, flüchte ich zu diesen Bildern, und wenn sie auch zumeist Wünsche und unerfüllbar bleiben, so hat doch mein Verlangen darin ein festes und reines Ziel gefunden und das ist schon halbe Genesung.

Kürzlich war ich eine Woche in Zürich, um den langen Winter zu unterbrechen und einmal wieder Kultur zu atmen, Menschen zu sehen und mich als Zeitgenossen zu fühlen. Es waren schöne, ausgefüllte Tage; ich sah neue Bilder von Welti, hörte Beethoven, Mozart und Hugo Wolf, verkehrte mit befreundeten Malern, Dichtern, Redakteuren, sah bevölkerte Straßen, rasche Wagen und schön gekleidete Frauen, trank nachts meinen Wein bei lebhaften Gesprächen. Ich genoß das Vergnügen, in guten Läden gut bedient zu werden (obwohl ich höflichere Kaufleute kenne als die Züricher), ließ mich wieder einmal bequem und fein rasieren, nahm ein

köstliches Dampfbad und saß gegen Abend in einem vielbesuchten Café, wo es französische und italienische Journale, elegante Gäste, eifrige Kellner und gute Billards gab. Zugleich war ich mir mit Vergnügen bewußt, das alles herzlich und innig zu genießen, was den Stadtleuten längst schal und alltäglich war, und wahrscheinlich bin ich in diesen Tagen der zufriedenste Mensch in der ganzen Stadt gewesen.
Am Ende der Woche wollte es mir scheinen, es sei nun für diesmal genug und es wäre jetzt gut, wieder daheim zwischen See und Wald zu sitzen, im gewohnten Bett zu schlafen und auch wieder ans Arbeiten zu denken. Die Menschen fingen an, mir weniger zu imponieren, mir weniger lebendig und geistreich vorzukommen, auch fühlte ich ein Bedürfnis, die täglichen Kunstgenüsse nun in Ruhe nachzugenießen, denn sie begannen sich ein wenig zu verwirren und ein wenig blaß zu werden. Also nach Hause!
Aber nun hatte ich acht Tage lang über den Zürichsee hinweg die bleichen, stillen Alpen gesehen, und mit dem allmählichen Müdewerden und Sattwerden war das lange nicht mehr gehörte Lied vom Steinadler und von der Winternacht im Hochgebirge mächtig in mir aufgewacht. Mein Reisegeld reichte noch für zwei, drei Tage aus, und ich beschloß, noch eine rasche Fahrt an den Gotthard zu tun, den ich im Winter noch nie gesehen hatte, außer im eiligen Durchreisen. Schneegamaschen und das übrige Winterzeug hatte ich bei mir, so brauchte ich nur noch ein Billett zu kaufen und einzusteigen.
Es war ein grauer Tag, vom Wagenfenster aus konnte man außer den zunächst stehenden Bäumen, Hügeln und Häusern nichts unterscheiden, alles zerrann in blassem Nebelbrodem, der nur durch den noch frischen reinen Schnee Licht erhielt. Der Zugersee wollte sich zu meinem Erstaunen nicht zeigen, bis ich entdeckte, daß er gefroren und eingeschneit war. Mit Ungeduld wartete ich auf ein Zeichen von Sonne und auf das Reißen der Nebel. In Arth, in Brunnen, in Flüelen erwartete ich es, und als wir Erstfeld passiert hatten

– es ging schon gegen Mittag – und noch immer in Wolken und Dämmerung dahinfuhren, begann ich den Glauben zu verlieren und machte mich enttäuscht darauf gefaßt, oben Schneefall und Trübe anzutreffen. Selten bin ich mit so gespannter Aufmerksamkeit die wundervolle Gotthardbahn hinauf gefahren, aber Amsteg lag im Nebel, Gurtnellen lag im Nebel, die kühnen Reußbrücken lagen im Nebel und als ich durch Wassen fuhr und auch dort noch keine Sonne antraf, gab ich die Hoffnung auf und sank in die Bank zurück. Die Berge sind ja immer schön und auch den Nebel genieße ich zuzeiten gern, aber wenn man weiß, wie ein Sonnentag in den Alpen aussieht, und wenn man nur zwei bis drei Tage übrig hat, fällt es immerhin schwer, vergebens auf blauen Himmel zu warten.

Während ich schon anfing zu überlegen, ob mein Ausflug nicht eine recht übereilte Geldvergeudung sei, fuhr der Zug oberhalb Wassen aus dem Kehrtunnel, und in dem Dunst und grauweißen Schneelicht glaubte ich plötzlich eine Ahnung von Bläue und Sonne zu spüren. Eilig sprang ich auf, öffnete das Fenster und spähte himmelwärts. Da drang langsam und unsicher eine hohe Felsenschroffe mit schrägen Schneeritzen rötlich aus dem Gewölk und wurde klarer und kam näher, und hinter ihr noch eine und darüber eine dritte; ein schwerer Windstoß fegte aus der Höhe herab, Wolkenfetzen zerstoben dünn und geisterhaft, und in wenigen Augenblicken entschleierte sich das ganze Bergland, lag lachend und sonneglänzend in einer durchsichtigen milden Luft und hatte einen reinen, stillen, fast veilchenblauen Himmel über sich. Ein tiefes Lustgefühl kam über mich, hundert ähnliche Bergwintertage wachten in meiner Erinnerung auf, golden und strahlend und jeder ein Kleinod. Nun dachte ich nicht an den Adler und nicht an die Mondnacht mehr; leicht wie ein Knabe sprang ich in Göschenen aus dem Wagen und lief in die blaue Herrlichkeit hinein.

Alle Grate und Gipfel standen so wunderlich klar und nah, wie man sie nur an auserlesenen Wintertagen sehen kann,

mit langen violetten Schatten und gleißenden Schneefeldern. Es ging ein mäßiger Föhn, und die durchsonnte Luft war frühlingshaft warm. Wieder wie an manchen früheren Wandertagen stand ich häufig still und hatte im Umherblicken ein Gefühl, als sei alles ein Zauber und könnte plötzlich verschwinden. Und wieder hatte ich das seltsam selige, fast bange Wandergefühl: So verklärt siehst du die Erde nicht wieder! Auf der von Holzschlitten aufgewühlten, vom Winde bald blank gefegten, bald ganz zugewehten, mit etwa meterhohem gefrornem Schnee bedeckten Straße stieg ich langsam gegen den brausenden Wind bergan, den Schöllenen und der Teufelsbrücke entgegen. Die berühmte, herrliche Straße und dieser ganze Teil des wilden Reußtales sind im Winter unendlich viel schöner als ich sie im Sommer sah. Und wie ein Märchen ist die junge, tosende Reuß, die in ihrer verschneiten Klamm unter bläulichen, häufig durchbrochenen Eisrinden hinabrollt, das einzige Leben in der weißen Todesstille. Der kleine Wasserfall oberhalb der Teufelsbrücke war von einem scheinbar freischwebenden, aus dem Sprühstaub entstandenen Eisbaldachin mit hundert grotesken Spitzen überwölbt.
Die Wetterscheide vor Andermatt war ein Erlebnis. Aus der wilden, rauhen, vom Winde durchpfiffenen Schlucht trat ich durch den kurzen Tunnel, der dort die Straße deckt, in ein weißes, blendendes Sonnenland. Das breite Hochtal glänzte warm, die abschließende Höhenwand war bläulich verschattet, das stille Hospental mit dem schwarzen Langobardenturm schlief klein und dunkel zwischen hohen Schneemauern, links suchte mein Auge die verwehte und für Monate vom Schnee gesperrte Furkastraße. merkwürdig sahen in Andermatt die leeren, geschlossenen Fremdenhotels aus, bis an die Parterrefenster im Schnee begraben, aus dem nur noch die Spitzen der eisernen Gartenzäune hervorragten. In der »Krone« trank ich einen Kaffee und wärmte mich auf dem steinernen Sitzofen, den vor etwa siebzig Jahren der damalige Besitzer Kolumban Camenzind erbaut hat. Sein und

seiner Frau Namen stehen in altmodischer Schrift auf der mittleren Platte.

Es ging gegen Abend und der Schnee begann rötlich zu scheinen, da kehrte ich um, und da geschah es, daß ich hoch am Berge, noch über der obersten Windung der Oberalpstraße, einen Vogelflug wahrnahm. Es war ein großer, still und langsam kreisender Steinadler, und ich blieb stehen und sah ihm lange zu, seltsam von dieser Erfüllung meines fast vergessenen Wunsches betroffen. Und nun wußte ich, daß auch eine klare Mondnacht nicht fehlen würde, denn der Föhn hielt in mäßiger Stärke noch immer an, und gegen Süden war der Himmel so rein blau, wie der offene Kelch des Frühlingsenzians.

Der Rückweg talabwärts nach Göschenen war keine Arbeit mehr. Im »Rößli« ließ ich mir Wein und Essen geben und ruhte eine Weile, bis nachts gegen 1 Uhr über den steilen Grat der fast noch völlige Mond herauskam. Da band ich die Gamaschen um, zog Fausthandschuhe an und wanderte durch das schlummernde Dorf und an dem alten Fruttkirchlein vorüber den wunderbar stillen Weg durch das enge Seitental, dem Dammagletscher und der Göschenenalp entgegen. Ich schritt ohne Ziel und ohne Mühe, soweit der Pfad es erlaubte, und kehrte, als ich müde ward, langsam wieder um. Auf dem weichen Schneeweg hörte ich meine Schritte nicht, auch sonst war kein Ton zu hören, in der Höhe gegen den nachtblauen Himmel glänzte matt der überschneite Gletscher, das weiße Mondlicht erfüllte das Tal und war so hell, daß ich bei der Frutt die knapp aus dem Schnee ragende Tafel lesen konnte, die man einem dort von der Lawine erschlagenen sechzehnjährigen Knaben gesetzt hat. Groß und flimmernd standen viele Sterne in der Nacht, und ihr Leuchten und das weiß schimmernde Mondland und das Schweigen der matten Gipfel will ich nie vergessen.

Als ich morgens nach mehreren Stunden eines tiefen Schlafes aufstand und ans Fenster lief, war am oberen Rande des Gletschers schon wieder Sonne. Ins Tal kam sie freilich nicht, die Häuser der Frutt und die letzten diesseitigen Höfe von Göschenen haben von Ende Oktober bis Ende Februar keinen Sonnenstrahl. Aber vorne im Dorfe und im Reußtal abwärts mußte es noch vor Mittag sonnig werden. Ich beschloß, einen Teil der Heimfahrt auf dem Bergschlitten zurückzulegen. Zwar hätte ich diesen Tag noch hier oben bleiben können, aber es sah aus, als würde sich morgen das Wetter ändern, und ich hatte keine Lust, diese beiden Glanztage mit einem trüben Abschied abzuschließen. So machte ich nur noch einen Schlendergang an die Schöllenen und zurück, nahm dann gegen Mittag Abschied und entlehnte einen kräftigen Bergschlitten, den ich per Bahn zurückzuschicken versprach.

Gleich jenseits der Bahnschienen konnte ich aufsitzen und laufen lassen, und sauste oberhalb der Reußschlucht, mit nur zwei kurzen Unterbrechungen, bis Wassen hinunter in weniger als einer halben Stunde. Vor und durch Wassen stieg der Weg eine Weile, dann ging es die wundervolle Strecke bis Gurtnellen und über die märchenhafte Brücke fast ohne Halt im eiligsten Laufe abwärts. Es gibt, außer einer flotten Segel- oder Schneeschuhfahrt, nichts Packenderes und Sprühenderes, als so eine sausend glätte Talfahrt auf niederem Schlitten, durch pfeifende Luft und an Schneemauern vorüber, die Wintersonne im Nacken und vor sich die mächtigen Berggipfel, kühn und kühl im warmen blauen Himmel ruhend.

Meine Fahrt war zu Ende. Ich kam eben noch recht, um meinen Schlitten aufzugeben und in den Zug zu springen.

Vor anderthalb Tagen, als ich herfuhr, war das untere Reußtal und der Urner Seestrand noch im Schnee gelegen. Der Föhn, der den Schneemassen auf der Höhe noch nichts anhaben konnte, hatte hier unten inzwischen mächtig gearbeitet. Je weiter wir talwärts fuhren, desto dünner lag der hier schon wässerige Schnee, und in Altdorf und Flüelen standen schon alle Matten feucht und graugrün in der lauen Mittagsluft. *(1905)*

Eine Wandererinnerung

In meiner Jugendzeit, vor etwa fünfundzwanzig Jahren, marschierte ich einmal im Hochsommer über den Albulapaß, durch das Engadin und das Bergell an den Comersee. Dieser Tage fand ich den Aufsatz wieder, den ich damals kurz nach der Wanderung aufschrieb. Es war die Wanderung in einem Europa ohne Krieg, durch ein Graubünden ohne Staub, durch ein Italien ohne Automobile, damals konnte es noch eine Wonne sein, tagelang auf einer Landstraße zu Fuß zu gehen. Ich wußte damals nicht, daß die Mehrzahl meiner kleinen Reisefreuden einer untergehenden Welt angehörten und bald nirgends mehr zu finden sein würden. Ich wußte es ebensowenig wie ich wußte, daß in einigen Jahren ein Krieg kommen und unser Leben zerstören und verarmen werde, und daß dennoch sämtliche Teilnehmer am Kriege von ihm entzückt sein und nach seinem Ende fest entschlossen sein würden, nichts aus ihm zu lernen. Man lief damals so ahnungslos in der Welt herum. Nun, es war schön, und ich bin froh darüber, jene Zeit des »faulen« Friedens noch erlebt zu haben. Er war gar nicht so schlecht, dieser Friede, wie gewisse Kollegen von mir uns nachher einreden wollten, wenn sie vom »Segen des Krieges« predigten. Aber genug der Betrachtungen! Ich teile mit, was ich im Jahre 1905 über jene kleine Wanderung aufgeschrieben habe. *(1932)*

Sommerreise

I.

Am Mittagstisch in Preda war von nichts anderem die Rede als von Alpenbären.

»Seit fünf Tagen suche ich den Alpenbär und habe noch keinen!«

»Ich habe schon zwei, einer ist ein Weibchen.«

»Gestern sah ich einen, aber er war nicht zu erwischen.«
Einer der Herren wandte sich zu mir: »Haben Sie vielleicht schon einen angetroffen?«
»Einen Alpenbären?«
»Nun ja.«
Ich überlegte einen Augenblick. Es beschämte mich nicht wenig, daß ich vom Vorkommen des Bären in diesem Teil Graubündens absolut nichts gewußt hatte. Ich beschloß lieber zu leugnen, als mir eine Blöße zu geben.
»Gesehen habe ich noch keinen«, antwortete ich gleichmütig, »aber brummen gehört hab' ich sie schon öfter.«
Der Herr riß die Augen auf, starrte mich an, schüttelte den Kopf und brach dann in ein Gelächter aus.
»Sie sind nicht Entomolog?« fragte er noch lachend.
»Nein, was ist das?«
»Schmetterlingsammler, meine ich. Der Alpenbär, auch Flavia, ist ein hier in der Gegend vorkommender alpiner Falter. Wir sind alle hinter ihm her.«
»So? Ich dachte, das sei ein Sport für kleine Buben.«
»Doch nicht. Aber, wenn ich fragen darf – was suchen Sie eigentlich in Preda, wenn Sie nicht Entomolog sind?«
Die Frage schien mir naiv, denn Preda liegt wunderbar schön und hoch in den Bergen des Albulagebirges, drei Stunden von der Paßhöhe, und jeder einzelne Berg der Umgebung verlockt zum Steigen, namentlich der Piz Val Lung und der nahe Piz Moulix. Aber es zeigte sich nach wenigen Tagen, daß der Schreckliche recht gehabt hatte. Preda besteht lediglich aus einem kleinen Stationsgebäude und zwei Gasthäusern, und in beiden Gasthäusern sitzen Entomologen. Schmetterlingsnetze, Ätherfläschchen, Acetylenlaternen stehen herum, auf jeder Matte flattert ein Netz, auf jedem Geröllfeld stehen ernste Männer und drehen Stein um Stein um, da die Flavia dort ihre Eier legt. Es sind Sammler da, die seit fünf und mehr Jahren jeden Sommer kommen, manche haben von den seltenen Alpenschmetterlingen schon dreißig und mehr Exemplare zusammengeräubert, andere

sehen resigniert und nervös aus, denn sie suchen gewisse Falter schon seit Jahren vergebens.
Es gibt ohne Zweifel unter ihnen Leute, mit denen im täglichen Leben angenehm zu verkehren wäre, aber hier auf dem Tummelplatz ihrer Leidenschaft werden sie fanatisch und unmöglich. Jeder lechzt nach Beute, jeder kontrolliert den anderen. Wer ein seltenes Tier erbeutet hat, gibt dem Kollegen einen falschen Fundort an, weiß aber nicht, daß mindestens einer von ihnen ihm heimlich auf den Fersen war und sich den Ort gemerkt hat. Jeder glaubt Plätze zu kennen und Erfahrungen zu haben, die er bis in den Tod geheim halten muß. Und wenn einmal ein gefürchteter Konkurrent über ein Wändchen stürzt und die Knochen bricht, vernehmen es die anderen mit nur schlecht geheucheltem Bedauern.
Dies alles macht den Aufenthalt in Preda einigermaßen peinlich. Noch schlimmer aber ist die Ansteckungsgefahr. Nach etwa acht Tagen geschah es, daß ich einem Freunde, mit dem ich die Reise unternommen hatte, auf einer kühlen Bergwanderung mitteilte, ich sei entschlossen, nach meiner Heimkehr eine Schmetterlingsammlung anzulegen, und zwar werde ich zum Töten der gefangenen Tiere nicht Cyankali, sondern Äther verwenden. Mein Begleiter sah mich sonderbar an, und plötzlich erkannte ich das Gefährliche meines Zustandes. Sofort beschloß ich abzureisen. Am Abend aber gelüstete es mich doch, noch einen Blick in das Treiben der Entomologen zu tun; ich schloß mich einer von ihren Touren an und bereute es nicht. Es war meine schönste Nacht in Preda.
Nach der Abendmahlzeit brachen wir auf, zwei Schmetterlingsjäger, mein Freund und ich. Es war noch hell, und wir wanderten langsam die schöne Straße bergan, an Palpuogna und an dem wundervollen kleinen Alpensee vorbei, der mitten in seiner glasig grünen Fläche ein großes tiefblaues Auge hat.
»Sehen Sie, die paar wunderbaren schwarzen Bäume dort am See! Wie ein Märchen.«

»Ja, das sind Lärchen. Dort können jetzt leicht ein paar Spanner fliegen. Gehen wir hinunter?«
»Um Gotteswillen nicht.«
»Also weiter. Dort ist der Weißenstein.«
Der Weißenstein ist ein früher vielbesuchtes, seit der Eröffnung der Albulabahn aber geschlossenes Gasthaus und der Hauptausgangspunkt für die Beutezüge der Entomologen, nur noch eine knappe Stunde vom Flaviafelsen, dem berühmtesten Fundort des Alpenbären, entfernt.
Ein bequemer Fußweg biegt links von der Paßstraße ab und führt an einem Wasserfall und mehreren großen, öden Geröllhalden vorüber direkt zum Hospiz. Langsam stiegen wir und wendeten unterwegs alle größeren Steine um, darunter Blöcke in Mannesgröße, in der Hoffnung, Eier oder Puppen des Alpenbären zu finden. Doch fiel uns nur eine leere Puppenhülse in die Hände. Wir verloren uns bergaufwärts ins Geröll und mußten an steilen Stellen viel Mühe und Vorsicht anwenden, um mit den gewendeten Steinblöcken einander nicht zu erschlagen. Einen weiteren Reiz erhielt diese an sich wenig interessante Tätigkeit noch durch die Mitteilung eines Sennen, es gebe unter diesen losen Steinen Massen von Kreuzottern. Aber auch von diesen bekamen wir nichts zu sehen; alles schien wüst und ausgestorben, nur von der Höhe her ertönte zuweilen der grelle, fast höhnische Pfiff eines Murmeltieres.
Die erfolglose Mühe begann mich zu verdrießen, auch wurde es rasch dunkler, und das Arbeiten im Steinschutt wurde fast unmöglich. Jenseits unseres Geröllfeldes stieß ich auf einen beinahe steinfreien Mattenstreifen, auf dem ich ohne Mühe in die Höhe kam. Ich ließ die drei zurück und stieg eine Weile gedanken- und ziellos steil bergan, in die zunehmende Finsternis hinein. Kleine Steine glitten leise unter mir weg, zuweilen schrillte die Spitze meines Bergstocks in einer Felsritze, sonst war nichts zu hören als das schwache Reiben meiner Schuhnägel am Boden.
Mittlerweile gingen, von mir ungesehen, über den jenseiti-

gen Gipfel die ersten Sterne auf, und als ich mich ausruhend umwandte, wurde mir ein unerwartet mächtiger Anblick. Vor mir fiel der kahle Berg in ununterbrochener, steiler Schräge tief ins Albulatal hinab, das in brauner Öde lag. Zwischen Moorstrecken und Steinwüsten glänzten blaß die vielen winzigen Quellseen, und in jedem schwamm das Spiegelbild eines Sterns. Jenseits des breiten, großartigen Hochtales stiegen die Zwillinge, der Piz Loleis und das Albulahorn, mit scharfen Umrissen in den Nachthimmel. Alles lag in dem ungewissen, grünlichen Sternenlicht und sah verlassener, wilder und größer aus als am Tage. Nächst dem feuchten, fließenden Silberlicht eines windigen Nebelmorgens weiß ich keine Stimmung und Beleuchtung, die den eigentümlich grandiosen Charakter des prächtigen Hochpasses so eindringlich und rein vor Augen bringen könnte wie dies graugrüne, kalte, schleierartige Licht einer klaren, aber mondlosen Nacht.

Einen halb gespenstischen, halb komischen Anblick boten von hier aus die beiden Entomologen, die tief unter mir im Geröll ihrer Jagd oblagen. Jeder hatte eine stark leuchtende Blendlaterne aufgestellt, deren Licht auf ein ausgespanntes weißes Leinentuch fiel. Um diese leise zuckenden Lichtstreifen sah ich die beiden Jäger eilig, doch vorsichtig an der Steinhalde hin und wider tanzen, die weißen Schmetterlingsnetze in hastigen Bogen und Kreisen schwingend, um die vom Licht angelockten Nachtfalter einzufangen. Bald erschienen sie undeutlich als irrende Flecken, wenn sie sich vom Licht entfernten, bald kehrten sie in die Helle zurück und waren plötzlich scharf zu sehen; zuweilen stürzte einer ausgleitend zu Boden oder kniete nieder, um eine Beute zu bergen. Es sah aus wie der nächtliche Tanz von Wilden. Und das ganze Bild, dies ungeheuer in der Nacht ausgedehnte, von riesigen Bergen umschlossene Alpental mit den beiden leidenschaftlich bewegten, winzigen, einer harmlos tollen Begierde fröhnenden Menschen, gab mir einen unvergeßlichen Eindruck.

Zurückkehrend fand ich die eine Laterne erloschen und ihren Besitzer in mühsam gedämmter Wut, während der zweite ruhig und lächelnd seine Jagd fortsetzte. Doch ließ er sich bestimmen, nun auch ein Ende zu machen, und beim Schein seines Lichtes gingen wir heimwärts. Ich erkundigte mich nach den Ergebnissen des Falterfangs; der eine von den Sammlern hatte Glück gehabt und war zufrieden, der andere, dessen Laterne versagt hatte, schimpfte halblaut vor sich hin.

»Ihr Kollege hat, scheint's, mehr Glück gehabt als Sie?« sagte ich zu ihm.

»Ja«, knurrte er zornig, »das haben die Dummen ja immer.«

Der andere hörte es wohl, lachte aber nur vernügt vor sich hin. Einen Alpenbären aber hatte auch er nicht gefangen. Ich allein war so glücklich, einen zu sehen. Er flog, als ich nach der späten Heimkehr im Gasthaus Licht machte, gegen mein Fenster. Doch habe ich ihn weder gefangen noch einem der Sammler verraten. Es war ein schönes Tier, schwarz und gelbbraun, mit starkem behaartem Rumpf. Ich nickte ihm zu, löschte mein Licht und sah ihn rasch flatternd in die bläuliche Nacht verschwinden.

II.

An einem wolkenlos blauen Hochsommermorgen verließ ich Preda und wanderte ohne Eile die schöne, sanft steigende Straße nach dem Hospiz hinan. Der letzte Teil des Weges ist von einer wuchtig ernsten Schönheit, nicht unähnlich dem St. Gotthard, und doch anders, kahl und ganz Form, ohne alles Kleine, Zierliche, Zufällige. Auf der Höhe liegt nur sehr wenig Schnee, ein paar kleine graue Felder in runden Schattenmulden, aber wie überall in dieser Gegend ist Wasser genug vorhanden. Das urweltlich Kolossale der Steinlandschaft reinigt die Phantasie, schon indem es für eine Weile alle menschlich kleinen Beziehungen zum Schweigen bringt und mit schlichter Gewalt gleich den ersten Worten der Genesis auf die Geburtszeit der Erde und ihre Einheit mit dem Kosmos deutet, die uns sonst selten so klar und nachhaltig zum Bewußtsein kommt.

Von der erreichten Paßhöhe, einfach weiter straßabwärts zu gehen, hätte mir leid getan; statt dessen stieg ich vom Hospiz an höher und brachte zwei Stunden damit zu, oben an den Rändern der Wände und Schutthalden einen Strauß Edelweiß zu sammeln. Die dort sehr zahlreich hausenden Murmeltiere bekam ich leider nur zu hören, nicht zu sehen. Als ich bald nach Mittag meinen Weg auf der Paßstraße fortsetzte, war es trotz der Höhe schon sehr warm, und je tiefer die Straße führte, desto heißer glühte der sonnige, mit fernher anziehenden Gewitterwolken drohende Tag. Große Viehherden, deren Hirten auffallenderweise fast alle deutsch sprachen, waren auf den ausgedehnten Mattenhängen verstreut. Es tauchten Gesträuche, dann Bäume auf, und die bisher fast vegetationslose Landschaft ward grün und immer waldiger, bis unten das Inntal sich öffnete. Freudig schritt ich den schönen Dörfern mit den schönen Namen Ponte, Camogask, Matulein und Guardaval entgegen, wo an jeder Gasse stattliche alte Bündnerhäuser mit Vortreppen, spitzen Erkern und reichen Balkongittern von schöner Schmiedearbeit stehen. Häuser, Gassen, große steinerne Brunnen, ehrbare alte Gasthäuser deuten auf Wohlstand und ältere Kultur, Wagen und Pferde erfüllen die lebhafte Talstraße mit Getöse, Staub und Leben, und unter Männern, Frauen und Kindern sieht man zahlreiche wundervolle bräunliche Schönheiten. Allerdings beginnt hier auch, namentlich von Bevers an aufwärts, der berühmte Engadiner Fremdenbetrieb, der das Vergnügen des Wanderns zwischen hier und Sankt Moritz stark beeinträchtigt.

In Bevers machte ich Rast, vom Gehen und von der Hitze ziemlich mitgenommen. Dabei erlebte ich eine Ermüdungserscheinung, die mir noch nie passiert war. Im Wirtshaus, wo ich eine Flasche Bier getrunken und ein Brot gegessen hatte, zahlte ich die geringe Zeche mit einem großen Geldstück und ging, während die Kellnerin im Nebenzimmer die Münze wechselte, gedankenlos davon. Nach fünfzig Schritten holte das Mädchen mich auf der Straße ein und drückte mir zu meinem Erstaunen eine Menge Kleingeld in die Hand, was mich sehr fröhlich stimmte, da ich mein Anrecht darauf innerhalb zweier Minuten vollkommen vergessen hatte.

In Sankt Moritz hielt ich es nur eine Stunde aus. Immerhin sah ich viel; es war Sonntag, Musik und Kurpromenade. Unter den vielen Läden sind einzelne Italienerbuden mit Silbersachen, Seide und Stickereien, bei denen man köstliche Sachen sehen kann, bei nicht allzu übertriebenen Preisen. Die Promenade wimmelt von Toiletten, Figuren und Physiognomien, die sich am Boulevard des Italiens, in Ostende oder auch in Monte Carlo besser machen würden. Man sieht Lebemänner, internationale Dirnen, Mütter mit mannbaren Töchtern, Herumtreiber und Gauner mit den bekannten konfiszierten Gesichtern, halb Casanova, halb Frank Wedekind. Wenn man die Aussicht hat, in Bälde wieder allein zwischen Bergen und Wäldern zu sein, ist eine solche Stunde Aufenthalt in Sankt Moritz ein munteres, komödienhaftes Vergnügen. Übrigens klagen die Hoteliers, die Saison sei mäßig.

Kaum hat man dies farbige Theater und die letzten künstlich gewundenen und geglätteten Spazierwege hinter sich, so sieht man plötzlich das eigentliche Oberengadin, von dem Sankt Moritz noch keinen Eindruck gibt. Eine unsäglich kräftige, kühle, herbe Bergluft gibt allen Farben eine emailartige Frische, namentlich das Wasser des Flusses und der Seen hat einen Glanz und eine glasklare Tönung wie kaum in einem anderen Tal der Schweiz. Ein schöner Waldweg führt über dem Wasser hin, jenseits von Silvaplana am See vorbei nach Sils Maria. Und von hier sieht man über den zweiten See hinweg in die Berge und auf herrlich steile Gelände, und am Horizont liegt breit und fürstlich als Tor zum Süden das

alte Maloja, das Bergell und die Wunderstraße nach Italien verbergend.
Eine Halbinsel im See, leider sehr kultiviert, trägt den wenig schönen Nietzsche-Stein. Damen mit Sonnenschirmen stehen davor, und in Sils Maria, das für seine Einsamkeit und Stille berühmt ist, sind die teuren Hotels für Wochen hinaus bis aufs letzte Bett und den letzten Platz am Tisch besetzt. Freilich ist der Ort verlockend und nicht nur zum Rasten schön, sondern auch für mehrere Bergtouren günstig gelegen. Es tat mir leid darum, aber auf Reisen ist die erste Kunst die des Verzichtenkönnens, und ich hatte keinerlei Ausrüstung bei mir, nicht einmal den Bergstock.
Es muß an jenem Sonntag im Tiefland maßlos heiß gewesen sein, da sogar hier oben trotz eines kräftigen, kühlen Schneewindes das Gehen warm machte. Hinter Maloja stand dunkles Gewölk unbeweglich wie ein abenteuerlich hoher, frech gezackter Gebirgszug. Die Wanderung dieser bläulich verschleierten Ferne entgegen war verlockend schön. Bei Isola rastete ich kurz an einem versteckten, tief in einer schmalen Schlucht wühlenden Wassersturz, dann kamen mir in langen Zügen mit Geläute die heimkehrenden Kuhherden entgegen, und langsam legte ich, während der zunehmende Abendwind Kühlung brachte, den herrlich gewundenen Strandweg nach Maloja zurück. Dort hatte ich auf der großen Holzlaube eines vortrefflichen Gasthauses einen behaglichen Feierabend bei gutem Veltliner, ließ mir von der Wirtin die Schauergeschichte des Attentäters Orsini erzählen und sah die Schneefelder der Margna und des Lunghin verglühen.
Mein Plan war, hier zu übernachten, vielleicht einen kleinen Abstecher in die Höhe zu machen, und dann zu Fuß oder mit der Post denselben Weg durchs Engadin zurück zu nehmen, um dann über den Julier heimzugehen. Mein Reisegeld war in Preda stark geschmolzen, und zu Hause wartete Arbeit genug auf mich. Nun wollte ich wenigstens noch einen hungrigen Blick talabwärts ins Bergell tun. Bei den letzten Häusern von Maloja, wo die Straße sich biegt und zu fallen

beginnt, öffnet sich die Aussicht und man blickt der phantastisch gewundenen Straße nach in das herrliche Tal hinein. Ich hatte nicht lange hinuntergeblickt, da ließ ich den Julier, die Heimkehr und den Gedanken an die Arbeit fallen und gab der Verlockung nach, auf diesem prachtvollen Weg schnell nach Italien zu streifen, Chiavenna zu sehen, den Comersee wieder einmal zu grüßen und einen Abend bei Chianti und Italienerliedern zu verschlemmen. Mit diesem Entschluß ging ich zu Bett und träumte die halbe Nacht von lauter welschen, farbigen, wohlschmeckenden Dingen.
Am folgenden Morgen war es früh schon warm. Die berühmte Poststraße einhaltend, kam ich in zahlreichen Bogen und Kehren talwärts. Aus dem rauhen, spärlich bewachsenen Alpenhochtal ging es, als flögen Kulissen an mir vorüber, rapid in eine immer reichere Vegetation hinein: erst Kartoffeln und schöner Baumwuchs, dann Korn und Gärten, dann Wein und Mais, Kastanien, Maulbeerbäume, Feigen, Oleander, alles hintereinander in wenigen Stunden. Das hatte etwas so aufreizend Frohmachendes, daß ich trotz des vielen Staubes und der großen, immer zunehmenden Hitze vergnügt dahinwanderte, mit den Dorfleuten scherzte und jedem der ungezählten Postwagen und Droschken zujodelte und Grüße nachrief. In den Dörfern kaufte ich Brot, das ich unterwegs verzehrte. Was für Dörfer! Jedes eine fast römisch-romantische Vedute, mit alter Kirche und altem Kastell am Berghang trotzend, der reißende Bach an altem Burggemäuer und unter hohen, rundbogigen Steinbrücken hinschäumend.
Erstaunlich ist der Unterschied in den Farben der Landschaft, wenn man vom Engadin ins Bergell hinabsteigt. Dort alles hart, blank, metallisch klar und kühl, hier alles warm, weicher, abgetönter, samtener. Namentlich trägt das Wasser zu diesem auffallenden Eindruck bei: oben ist es rein, eisig, geklärt, an tiefen Stellen von leuchtendem Grün und Blau; hier ist der rasch und reißend abstürzende Fluß durchaus stumpf grau, zuweilen mattsilbern, nie grün und auch an den

schäumendsten Stellen nie ganz weiß. Das rührt von dem feinen Mineral her, das der Bach aus den Bergen herbringt, einem sehr zarten, glimmerartigen, feinkörnigen Silbersand, auf welchem barfuß herrlich zu gehen ist. Ich erprobte das unterhalb Vicosoprano bei einem Bade.
Noch nie hatte ich Italien auf einem schöneren Wege erreicht; auch der Sprachübergang durch das rhätische Romanisch hat eine besondere Schönheit. An der Grenze nickten die Zollsoldaten mir zu, ohne mich anzuhalten, ich hatte nicht einmal Mantel, Schirm oder Stock, von Gepäck gar nicht zu reden. Ich hatte auch keine Landkarte und lief durch alle die malerischen Dörfer und an allen den hohen, zackig wilden Fels- und Schneebergen vorbei, ohne mich um ihre Namen zu kümmern. Wieder stand am Ende meines Weges, heute aber viel näher und drohender das dunkel ansteigende Gebirge von Wetterwolken, und ein schwüler Wind trieb mir streckenweise den dichten weißen Landstraßenstaub entgegen. Und genau bei meinem Einmarsch in Chiavenna begann Regen zu stürzen.
Die platt gepflasterten Gassen des enggebauten Städtchens wurden rasch zu kleinen Bächen, und die Menge von Herumtreibern, fliegenden Händlern, Barbieren, Weibern und Kindern, die zur Ausstattung jeder italienischen Gasse gehörten, verschwand nach allen Seiten in die Häuser. Im Tor eines kleinen, primitiven Ladens für Wein, Tabak und Lebensmittel saß ein schönes Mädchen mit Stickerei beschäftigt, und sah mich mitleidig an, da ich nach dem stundenlangen, staubigen Wandern nicht eben frisch und sauber aussah. Ich trat bei ihr ein und fragte, ob es kein Nachtquartier im Haus gäbe. Sie holte ihre Mutter her, und diese führte mich über den Hof und gewundene, brüchige Steintreppen hoch in den obersten Stock zu einem guten und billigen Stüblein, das mir gerne für die Nacht überlassen wurde. Und während ich dann ausruhend im Lädchen saß, mit der Schönen und ihren vier ebenfalls hübschen Schwestern plauderte und dem Regen zuschaute, kochte mir die Mutter über dem offenen

Feuer im Hängekessel eine große Schüssel Makkaroni mit Fleisch, die ich bis auf den letzten Faden verzehrte. Ich bin kein Esser, aber für einen Teller maccheroncini al sugo würde ich jederzeit freudig den weitesten Gang tun. Der von meiner Wirtin verzapfte und als Vero Vecchio empfohlene Chianti hingegen war nicht ganz glaubwürdig, ich gab ihn zurück und bekam statt seiner einen vorzüglichen Piemontesen.

Der Regen hatte nicht lang gedauert, das eigentliche Gewitter hing noch wartend über der Stadt. Satt und heiter bummelte ich durch die eindämmernden Gäßlein und hatte meine Freude an dem vielfältigen Abendleben der Kleinstadt. Auf einer Brücke über dem laut tosenden Fluß, inmitten altmodisch winkeliger Häuser, ruhte ich aus und atmete die feuchte Kühle mit wahrem Durst, denn über der engen, finsteren Stadt brütete eine infernalische Schwüle. Das Glück ließ mich unterwegs unverhofft einen Bekannten antreffen, einen Basler Maler, der müde, einsam und nervös durch Chiavenna schlenderte, und für den es höchste Zeit war, daß ein besorgter Freund ihn mitnahm und um ein paar Flaschen Wein leichter machte. Wir suchten lange und vorsichtig nach einer guten Osteria und gerieten schließlich an einen ganz hervorragenden Grumello, nach dem mir noch jetzt der Mund wässert.

Da wir beide über den Gotthard heimkehren wollten, und da uns bei dem höchst unsicheren Wetter der sehr weite Weg über den Splügen und St. Bernhard doch gewagt erschien, beschlossen wir, am nächsten Morgen über den Comersee nach Lugano und von da nach Bellinzona oder Airolo zu fahren. Wir verlangten ein Kursbuch und stellten einen annehmbaren Plan zusammen, dann leerten wir still die letzte Flasche und hatten einander kaum gute Nacht gesagt, als ein wütender Wolkenbruch losging, die Straßen überschwemmte und ein Gewitter eröffnete, das die ganze Nacht hindurch anhielt. Auch in den hohen Bergen habe ich selten ein solches Unwetter erlebt. Der Donner schrie fast ohne Pause dröhnend und polternd bis zur Morgenfrühe, Blitze loderten blendend jeden Augenblick durch die Finsternis, und der Regen goß in leidenschaftlichen Strömen auf die Dächer und in die widerhallenden, engen, steinernen Gassen. Schlafen war unmöglich, ich saß im Hemd auf dem Bettrand, schlenkerte mit den Beinen, fing Schnaken und hörte dem Wetter zu.

Der Maler, den ich nach dem Frühstück wieder traf, hatte natürlich auch nicht geschlafen. Wir waren froh, daß wir heute nichts zu leisten brauchten, nahmen einen Vermouth und gingen zur Eisenbahn, um unsere wohlausgerechnete Tagesreise abzufahren. Der Zug ging ab, und wir kamen zur rechten Zeit nach Bellano, einem hübschen Nest am Comersee. Dort aber erfuhren wir, daß der Fahrplan seit acht Tagen geändert sei; damit fiel unser schöner Plan ins Wasser, und wir standen in Bellano vor dem Bahnhof, während es eben wieder kräftig zu regnen anfing. Beim unentschlossenen Weiterschlendern entdeckten wir ein herrliches Gasthaus, über schmalen Terrassengärten und grünen Laubengängen hoch überm Seeufer hängend. Dort richteten wir uns ein – wir waren die einzigen Gäste – und warteten, während vor den Fenstern das Laub im Regen tropfte und die entfernteren Ufer in Nebelwolken verschwanden. Nebenan stand eine kleine Villa, die ein italienischer Institutsbesitzer gemietet hatte, und aus den offenstehenden Fenstern schmachteten siebzehnjährige Mädchen in hellen Sommerkleidern gelangweilt und melancholisch herüber. Uns aber bereitete die Wirtin ein vortreffliches Essen, und als nach einigen Stunden die Zeit der Weiterreise da war, kam sie uns beinahe zu früh. Das Wetter hatte sich etwas aufgehellt, und wir legten ohne längere Aufenthalte den Weg über Menaggio und Porlezza nach Lugano zurück.

Ich hatte nun, nach der schönen Dampferfahrt an den Bergdörfern, Villen und Zypressengärten vorbei, für diesmal vom Süden genug. Die laue Schwüle der Luft und die gesprächige Lebhaftigkeit der Italiener ist, wenn man aus den Alpen kommt und nicht Zeit zu längerem Aufenthalt und

Einleben hat, verwirrend und ermüdend. So drängte ich zum raschen Weiterfahren, und mein Kamerad gab gerne nach. Wir hatten am Bahnhof nur Zeit, einen raschen Trunk zu nehmen, dann stiegen wir ein und fuhren im Schnellzug dem Gotthard entgegen. So sehr es mir leid tat, diesmal ohne Aufenthalt durch das Tessin zu fahren, war ich doch froh, rasch wieder in höhere kühlere Lüfte zu kommen. Darum stiegen wir in Bellinzona nicht aus, sondern fuhren durch das halb in Nebeln verborgene Tal wieder bis Airolo, wo wir bei einbrechender Dunkelheit ankamen.

III.

Als ich Morgens in der Frühe erwachte, war es ziemlich kühl und regnete so heftig, daß wir noch zwei Stunden liegen blieben. Auch da sah das Wetter noch schlecht aus, doch versprachen wir einer dem anderen, den Humor nicht zu verlieren, komme was da wolle. So rückten wir aus und verließen gleich hinter Airolo die Straße, um direkt bergan zu gehen. Im Tal hingen weißlich trübe Wolkenlappen und über uns war Straße, Berg und Himmel dicht verhüllt; aus dem Nebel sickerte die Nässe in staubfeinen Tropfen, so daß wir anfangs froren. Doch wurden wir schnell warm bis zum Schwitzen, da das Steigen an den nassen, bröckelnden Halden einige Mühe machte. Dabei hatte ich, wie immer am Gotthard, meine Freude an dem schönen, edlen Gestein, dessen Bruchflächen silbrig und goldbraun schillern – ein Anblick, dessen man stundenlang nicht müde wird.
Als wir die Straße wieder erreichten, hatten wir mehr als eine halbe Stunde Wegs erspart. Aber jetzt fingen die Wolken sich zu lösen an, und nach wenigen Minuten waren wir im dichten Regen und konnten die Straße nur höchstens zwanzig Schritte weit vor uns erkennen. Mäntel oder Kapuzen hatten wir nicht, und obwohl meine Kleidung aus gutem Loden ist, war ich schon nach einer Viertelstunde vollkommen durchnäßt. Das Wasser lief in kühlen, schmalen Bächen

am Nacken herein, den Rücken hinunter, und aus den Ärmeln, Hosen und Stiefeln wieder hinaus. Taschentuch, Geldbeutel, Briefschaften, die ich bei mir trug, wurden weich und breiig und schwammen trostlos in den mit Wasser gefüllten Taschen herum. Unangenehm war namentlich die Reibung an dem nassen Kleiderstoff, wobei Ellbogen, Schultern und Knie wund wurden. Da ich Kniehosen trug, konnte ich mir durch Ausziehen der lästigen hohen Strümpfe Erleichterung schaffen.

Als ich das letzte Mal am Gotthard war, war es Januar und ich hatte über dem tiefen Schnee wundervoll blaue, lichte, sonnige Tage gehabt, an denen jede Felsspalte und jeder ferne Gipfel klarer und schärfer zu sehen war als je im Sommer. Nun hatte ich nichts dagegen, das alles auch einmal in Wolken und Regenschleiern zu sehen. An Abkürzungen war nicht mehr zu denken, rennen konnten wir in den vom Wasser schweren Kleidern und Schuhen auch nicht, so schritten wir, da doch einmal nichts zu bessern war, ohne Eile gleichmäßig weiter, anfangs still und geduldig, dann aber vergnügt und heiter. Je weiter wir kamen, desto mehr genossen wir die graue, schwere Stimmung der Luft und den sagenhaft phantastischen Anblick der Landschaft. Ziehende Wolken umgaben uns von allen Seiten, und wo sie sich verschoben, drohte plötzlich eine Steinwand, eine tief gerissene Bachschlucht, ein Felsgipfel überraschend nah und mächtig auf, um bald wieder spurlos zu verschwinden. Die schöne aber bequeme und harmlose Straße war geheimnisvoll und abenteuerlich geworden. Natürlich begegneten wir keinem Menschen.

Im Wandern fiel mir die Erzählung eines jungen Berliner Kaufmannes ein, der einmal über den Gotthard gegangen war, und den ich nachher in der Eisenbahn getroffen hatte. Mit der einer gewissen, meist dem Norden angehörenden Menschenklasse eigenen Naivität gab er mir, dem Einheimischen, merkwürdige Aufschlüsse über die Natur der Berge und Bergstraßen. Er sprach von dem Gang über die Gotthardstraße wie von einer Hochtour, betonte namentlich wiederholt, daß er die »Tour« ganz allein gemacht habe, und stützte sich dabei mit der Sicherheit eines greisen Bergführers auf seinen unverhältnismäßig langen Bergstock, den er nirgend im Coupé unterbringen konnte. Am meisten war mir damals aufgefallen, daß er den Gotthard für eine räubergefährliche Gegend hielt; freilich sah er jeden mit einem großen alten Hut versehenen Tessiner Hirten für »so einen gefährlichen Bruder« an. Schließlich hatte ich ihn gefragt, ob er denn einmal angefallen oder bedroht worden sei.

»Nicht direkt«, sagte er, »aber begegnet bin ich solchen Burschen wiederholt. Einmal ging einer, ein großer, schwarzer Mensch, ganz nah an mir vorbei. Keine Seele in der Nähe natürlich. Da hab' ich denn meinen Stock ordentlich fest gefaßt und den Kerl mal so angesehen, daß er gleich wußte, wo er dran war. Herangewagt hat er sich dann nicht mehr.«

– Beinahe drei Stunden hatten wir so im Regen zu gehen. Da die Bewegung uns warm hielt, hatten die kleinen Beschwerden nichts zu sagen, und wir kamen allmählich in jene angenehme träumerische Regenstimmung, in der man aus dem Rhythmus des Tropfenfalls Melodien hört und gerne alten Erinnerungen nachgeht. Wir erzählten einander von früheren Fußreisen, von früheren Wandergenossen und Wandererlebnissen, und kamen schließlich in der besten Stimmung oben an, wo eben das Mittagessen serviert wurde und eine Menge von Gästen und eingeregneten Touristen an den Tischen saß.

In unseren triefenden Kleidern konnten wir freilich den überfüllten, behaglich ofenwarmen Gästeraum nicht in Anspruch nehmen. Nach einem sorgenvollen Blick in den Geldbeutel bestellten wir ein besonderes Zimmer, wo wir die Kleider ablegten und uns in Bettücher wickelten. So saßen wir zu Tisch und wärmten uns mit einem guten Wein. Unsere Kleider und Hemden wurden zum Trocknen aufgehängt, wir bekamen Hausschuhe, und ich konnte mir sogar ein Paar lange Damenstrümpfe kaufen. Mein Freund trocknete seine breiweichen Zigaretten, dann rauften wir ein wenig zur Erwärmung, und wären am liebsten gleich weiter gegangen. Doch schien es mir schade, den herrlichen Talweg so im Regendunkel zu machen, und wir beschlossen, ein paar Stunden zu warten. Draußen klatschte der immer noch heftig stürzende Regen in den grauen See, nebenan im alten Hospiz wurde gebaut und die italienischen Maurer sangen zur Arbeit. Wein und Speise wurde uns von der Kellnerin durch den Türspalt hereingereicht.

Nach etwa drei Stunden wurde der Regen schwächer und gegen Andermatt hin öffnete sich die Aussicht, nur einzelne kleine Gipfel blieben im Gewölk verborgen. Wir zogen unsere Kleider wieder an; trocken waren sie in der kurzen Zeit und bei der kühlen Witterung nicht geworden, und es war nicht behaglich, in die nassen, sich kalt anliegenden Hemden zu schlüpfen. Doch konnten wir uns ja schnell wieder warm laufen, und da es aussah, als wolle der Regen bald ganz aufhören, hatten wir Aussicht, unterwegs rascher trocken zu werden als im Hause. Also brachen wir auf, zündeten uns eine feuchte Zigarette an und gingen weiter, während ein leichter Wind talaufwärts kam und besseres Wetter brachte. Es fiel nur noch ein dünnes, schwaches Geriesel, die Luft schien wärmer zu werden und in der Ferne trat sogar ein kleines Stücklein Himmelsblau hervor.

Die Gotthardstraße bis zu dem trotzig malerischen Hospental hinab zu gehen, ist immer eine besondere Lust. Namentlich der höhere Teil des Passes mit den unvergleichlich kühnen, massigen Formen der Felsberge, den kleinen Seebecken und dem aus vielen kleinen Rinnsalen entstehenden Bach gehört zum Gewaltigsten, was man auf den gebahnten Bergstraßen sehen kann. Über Hospental, wo man den Zusammenhang der drei großen Paßstraßen (Gotthard, Oberalp und Furka) überschaut und am Ende des fast ebenen Tales die Reuß gegen die Schöllenen zu verschwinden sieht, hat man den letzten großen Eindruck. Dann wird die Straße eben und verliert den Gebirgscharakter, von Andermatt her spazieren elegante Kurgäste, Hotelomnibusse knattern einher, und man hat plötzlich das Gefühl, 500 Meter tiefer zu sein, als man in Wirklichkeit ist. Protzige Gasthäuser verderben Andermatt, das sonst ein sehr hübscher Ort wäre, und alles nimmt wieder den Charakter der Durchschnittsschweiz an: Ansichtskartenhandel, Läden mit Holzschnitzereien, Berliner Familien, Hotellivreen usw.

Mein Begleiter, der morgen noch über die Furka wollte, blieb für die Nacht in Andermatt. Mich duldete es dort nicht länger, ich nahm Abschied und ging mit langen Schritten weiter bis zu der wunderbaren Stelle, an der das Tal sich nahezu schließt, die Straße als Tunnel unterm Berge durchschlüpft und die wilde Reuß sich mit einem brausenden Sturz in die finstere Schlucht hinunterwirft. Hier mögen Wagen fahren und Touristen gehen, Photographen ihre Apparate stellen und Backfische ihre Skizzenbücher aufmachen, man sieht es nicht, es verschwindet und geht unter neben der Gewalt der Felsen und Wasser. Im vergangenen Winter war ich hier im Schlitten vorbeigefahren und früher zweimal an schönen sonnigen Tagen dagewesen. Jetzt hingen Nebel um die Höhen und eine verfrühte Dämmerung brach ein, kühl und düster, und ich stieg langsam talabwärts. Alle Eindrücke meiner Reise waren vergessen, ich war glücklich, wieder diese Wunderstraße gehen zu dürfen, schaute an jedem Felsen empor und in jeden Strudel hinab und war nicht weniger benommen als an jenem Sommertag, da ich vor Jahren zum ersten Mal diesen Weg gegangen war.

Übrigens mußte ich, so oft ich hier vorüberkam, jedesmal nicht an Goethe und nicht an Suwarow und nicht an Böcklin denken, sondern an das erste Kapitel des Vischerschen »Auch Einer«.

In Göschenen dunkelte es schon, als ich dort ankam, und den Blick durchs Göschenertal auf den Dammagletscher mußte ich auf den anderen Morgen verschieben.

Und als es so weit war, reichte mein Geld gerade noch zur direkten Heimfahrt, und ich saß im Zuge mit dem Gefühl des Verurteilten, der an hundert verlockenden Gassen und Türen vorbei in den Kerker geführt wird. Die Göscheneralp, das Maderanertal, die Axenstraße und der zu wenig bekannte schöne Zuger See blieben alle unbesucht liegen, und meine Reise endete, wie jede von meinen Reisen, mit dem drängenden Verlangen, bald wieder zu wandern, so bald und so weit wie möglich. *(1905/1932)*

Wintertage in Graubünden

Von Klosters aus stieg ich an einem sonnenklaren, kalten Morgen die verschneiten Gassen und Matten hinan. Die Gipfel sprangen, einer nach dem anderen, ins milde Goldlicht des aufsteigenden Tages und lachten rosig in der milchig sanften Himmelsbläue. Im Dorfe war wenig Leben, die Engländer schliefen noch im Grand Hotel, die Kinder waren in der Schule; man sah nur da und dort einen Bauern mit Schlitten und Kuhgespann bergaufwärts fahren, um aus den hochgelegenen braunen Holzschuppen Heu zu holen, oder einen anderen, der ins Holz ging und seinen schweren Handschlitten an den hohen Hörnern nachschleppte. Sonst kein Leben und kein Ton als das Knirschen meiner Sohlen auf dem gefrornen Schnee und weit unten im Tale das kaum mehr hörbare, entfernte Schnauben der Davos-Landquarter Eisenbahn.

Langsam kam ich empor, über das Dorf hinaus und der Sonnengrenze näher, die mir unmerklich entgegenkam und nach der ich allmählich sehnlich begehrte, da mir Ohren und Hände steif und rot gefroren waren und wehtaten. Der Weg war, obwohl nicht gepfadet, angenehm und wenig anstrengend, da der harte Schnee mich bequem trug und doch so viel nachgab, daß ich sicher und ohne Gleiten direkt aufwärts steigen konnte. Zwei Raubvögel, vermutlich Turmfalken, kreisten hoch und feindlich um einander, sonst war außer mir nichts Lebendiges mehr am Berge sichtbar.

Aufatmend erreichte ich die höheren, von der Sonne beschienenen Schneematten. Hier herrschte kein Frost mehr, während ich noch vor einer Stunde in einer Kälte von zwölf Grad gegangen war. Aber nach kurzer Zeit war die Blendung so stark, daß ich die Schneebrille aufsetzen mußte. Über die steil geneigten, von der leuchtenden Schneedecke weich abgerundeten Hänge flutete das Licht des jungen Tages diamanten und festlich, spielte in jähen Irisfarben, lachte eisig und unerträglich auf glatten Flächen, füllte Mulden und

Hangränder mit zarten, schön blauen Schatten. Reif und Eis schmolzen mir vom Schnurrbart, die Luft begann leise zu erwarmen und ich hielt eine erste kurze Rast, um diese Herrlichkeit zu begrüßen und die beginnenden Freuden der Wintersonne vorauszukosten.
Denn es gibt in der weiten Welt nichts Wunderbareres, Edleres und Schöneres, als die Hochgebirgssonne im Winter. Vom Schnee und Eis und Stein zurückgeworfen, spielt Licht und Wärme schwelgerisch in den unbeschreiblich durchsichtigen, winterklaren Lüften – ein Licht und ein Strahlen feiner, zarter, trockener Wärme, von dem das Tiefland auch an den glänzendsten Tagen keine Ahnung hat.
Der lichte Himmel nahm allmählich tiefere Farben an, von Gipfel zu Gipfel gespannt, ruhte er tief und strahlend ohne jeden kleinsten Dunst, blau bis zur Farbe der Veilchen. Zugleich nahm die Wärme zu und ich rastete oft auf dem Schnee, um nicht in Schweiß zu kommen. Den Rock trug ich längst überm Arm und die Handschuhe in der Tasche.
Hinter den obersten einsamen Heuhütten begann Tannenwald und hinter dem Tannenwald stiegen unzugänglich senkrechte Steinwände in den Himmel, mit fast gewaltsam scharfen, grellen Umrissen. Rückwärts übersah ich nun das tiefe und weite Tal, ungezählte Gipfel, berühmte und namenlose, und im Schnee verlorne winzige Dörfer, ganz unten die dunkel fließende Landquart. Inzwischen hatte ich Rock, Mütze und Handschuhe abgelegt und das Hemd aufgeknöpft. Dann suchte ich mir zwischen Wasser und Felsen einen geschützten Ort, wo verdorrtes Moos und Heidekraut schneefrei und trocken in der Sonne bräunte. Dort legte ich mich hin, aß ein Stück Schokolade und ruhte gründlich aus.
Ich lag wie im Sommer, fühlte die Dezembersonne auf Nakken und Arme brennen und dachte mit Behagen an meine Heimat am Bodensee, wo jetzt feuchte Kühle und Nebel herrschten. Dann begann ich, mir Hände und Arme mit Schnee zu waschen. Und da dies köstlich wohl tat, warf ich

eilig Schuhe und Strümpfe und alle Kleider ab, tat einen Freudenschrei und badete mich erschauernd im körnigen Schnee. Als ich wieder in den Kleidern war und in der Sonne lag, fühlte ich unter der erfrischten Haut mein Blut wohliger und wärmer und lebendiger kreisen als je nach dem raffiniertesten Dampfbad.

Einen Teil des Rückweges konnte ich, auf meiner Lodenjacke sitzend, über den Schnee abrutschen, den Rest legte ich zu Fuß zurück und kam gerade zur rechten Zeit nach Klosters, um bei einem guten Mittagessen meinen inzwischen scharf gewordenen Hunger zu stillen.

Im Hotel waren außer mir nur Engländer, und die Ruhestunden und langen Winterabende wurden mir einigermaßen zur Qual. Ich hatte zum Glück ein gutes Buch mit; es heißt »Maria Himmelfahrt« und ist von einem Arzt in Bozen geschrieben und erlebt. Aber immer konnte ich nicht lesen, und die Unterhaltung mit den Engländern hatte Schwierigkeiten, da sie wenig mehr Deutsch und Französisch konnten, als ich Englisch. Überdies ließ man mich fühlen, daß ich nur ein Einheimischer war, und daß ich im Touristenkleid zu den feierlichen Mahlzeiten kam.

So blieb mir nichts übrig, als zu lesen, mich zu mopsen und die Gäste zu beobachten. Sie fühlten sich offenbar im Hause schon ganz heimisch und trieben es nach ihrer Art fröhlich, laut und rücksichtslos. Der eine pfiff mit ausdauerndem Atem schöne Lieder, der andere knackte im Salon Haselnüsse mit den Stiefelabsätzen auf, ein Mädchen spielte auf dem Billard mit der weißen Hauskatze. Wer von schüchterner Gemütsart ist, hat es so zwischendrin nicht leicht, er muß verzweifeln oder sich an den Wein halten, und das tat notgedrungen auch ich. Graubünden ist ja erstaunlich reich an guten Weinen, und im obersten Rheintal wachsen einige Trauben, die sich vor denen des unteren Rheines nicht zu schämen brauchen. Freilich, es ist mit den Weinsorten wie mit den Leuten – sie wandern und mischen sich. An meinem Wohnort am Bodensee zum Beispiel wächst ein Getränk von unheimlicher Art, und doch ist diesen Herbst unsere ganze Ernte, ein Schiff voll Weinfässer, an einen Großhändler nach Trier an der Mosel verkauft worden. Ich werde jahrelang keinen Mosel mehr trinken.

Ein merkwürdig gesegnetes Weinnest ist Malans, ein schönes Dorf zu unterst im Landquarttale, an dessen oberem Ende ich jetzt sitze. Neben vorzüglichen, pikanten, leicht prickelnden Rotweinen wächst dort ein vor Zeiten von den Spaniern angepflanzter, goldener und schwerer Weißwein. Er heißt Completer und ist nur in seiner Heimat erhältlich, da er die schnurrige Eigenschaft hat, blau zu werden, wenn er in der Flasche geschüttelt wird. Es wäre besser, die Weinhändler würden blau, die sich bemühen, diesem »Übelstande« abzuhelfen.

Zu meinem Glück kam abends manchmal der hiesige Arzt ins Hotel zu einem Billard. Er spielte so schlecht wie ich und erzählte mir von seiner Landpraxis, der er auf Schneeschuhen nachgeht.

Die Straße von hier nach Davos führt über Laret und Wolfgang in großen Kehren und Schlingen bergauf, zum Teil durch Tannenwald. Oben im Davoser Tale ist es noch sonniger, aber nachts und bei trübem Wetter auch viel kälter als in Klosters; Nachttemperaturen von dreißig Grad und mehr sind dort nicht selten. Die beiden Orte Davos-Dorf und Davos-Platz sind als Hoteldörfer das Grauenhafteste, was es in den Alpen gibt, aber das Tal ist wunderbar, überall der Sonne geöffnet und von reich gezackten, herrlichen Bergen umgeben. Für Schlitteln, Skisport und Eislauf kann man sich nichts Verlockenderes denken und es ist auch eine Menge englischer und anderer Sportleute dort. Ich begreife das, ohne mitzumachen; mir ist beim Anblick der vielen Riesenhotels und Sanatorien und beim Anblick der bis weit in die Landschaft hinaus aufgestellten Tafeln, die den Schwindsüchtigen das Ausspucken verbieten, die Lust an Davos so ziemlich vergangen.

Die Art, wie in Davos der Wintersport betrieben wird, ist

flott und imponierend. Man sieht prächtige Menschen jeden Alters mit geübten Gliedern sich bewegen. Die Schlittschuhplätze sind groß und glasglatt, ringsum ist das Land für Skitouren wie geschaffen und die Schlittbahnen sind die besten, die ich gesehen habe. Immerhin ist der Ton solcher internationaler Sportplätze für empfindsame Reisende nicht lange erträglich und auch ich nahm nach einigen Stunden gern wieder Abschied, um auf meinem Bergschlitten nach Klosters zurückzukehren.

Nie habe ich eine schönere Schlittenpartie gemacht. Die Fahrt auf dem gut gebahnten, genügend steilen Weg ging rasch und flott, ohne übermäßig anzustrengen, und ich fuhr, auf dem niederen Schlitten zurückgelehnt, beinahe flach auf dem Rücken liegend, durch Wald und an schönen weiten Ausblicken vorbei, das Auge bald auf den Weg gerichtet, bald im hohen, reinen Himmel ruhend, während feine, vom Schlitten aufgerissene Schneestaubwolken mir kalt und prikkelnd übers Gesicht stoben. Unterwegs holte ich einen Bobsleigh, einen langen Sportschlitten mit fünf Fahrern, ein. Er hatte umgeworfen und war völlig zerbrochen, und die fünf Fahrer standen dabei, rieben sich schmerzende Glieder und wären in der Eile beinahe von mir nochmals umgerannt worden.

Den Weg, den man in etwa anderthalb Stunden bergauf gestiegen ist, legt man rückwärts auf dem Schlitten in knapp zehn Minuten zurück. Im Dahinfahren durch den weißen Bergwinter, tausend Meter über dem gewohnten Leben, vergißt man alles, was des Vergessens wert ist, und reitet sausend talab, aus dem Gipfelglanz und der Sonnenwärme der Höhe in die strenge Kühle des totenstillen Bergtales hinunter. Der

Geist der Berge geht mit, der große Tröster –
Und manchesmal, wenn ich im Herzen litt,
Ging er auf Gletscherwegen leise mit
Und legte gütig seine kühle Hand
Auf meine Stirne, bis ich Frieden fand. *(1905)*

Reisebilder

Abfahrt

Der Untersee und unser kleines Dorf lag tief im dicken Herbstmorgennebel, als ich mit meinem Reisegefährten am flachen Ufer in den Kahn stieg. Wir ruderten dem Kompaß nach rasch durch den milchig schimmernden Dunst über das dunkle, regungslose Wasser, und bald stieg mit spitzen Türmchen und langer Dächerflucht das gegenüberliegende Uferstädtchen undeutlich und verschlafen aus dem leis' brodelnden Gewölk. Es war eine kühle Morgenstille in den sauberen Gassen, nur ein Bäckerladen hatte Licht brennen und wartete auf Zuspruch aus den behaglichen Häusern, die mit nebelfeuchten Erkern und geschlossenen Toren ohne Ungeduld den Tag erwarteten. Späte Dahlien, weiße und gelbe Buschastern blühten noch in einigen Gärten, und beim Bahnhof ließen ein paar Vogelbeerbäumchen ihre hellroten Fruchtbüschel leuchten.

Der Zug kam an und nahm uns mit, wir fuhren seelängs, doch ohne den See oder die schönen Hügel zu sehen, durch ein fremdes Nebelland und hatten nichts dagegen. Denn durch einen dichten Nebel der erwarteten Bergklarheit entgegenzureisen, ist ebenso ahnungsvoll schön und köstlich spannend, wie durch einen mächtigen Tunnel in ein fremdes Land einzufahren. Der Schaffner rief die Namen wohlbekannter Seedörfer, von denen wir nichts sahen, er rief Konstanz und Kreuzlingen und schließlich Arbon und Romanshorn, und wären die Bahnhöfe und die einsteigenden Menschen nicht gewesen, so hätten wir vom Wechsel der Landschaft nichts bemerkt. So aber spürten wir ihn wohl.

Es ist merkwürdig: Wenn ich vom Untersee her weiter in die Ostschweiz hinein reise, habe ich stets das Gefühl, in ländlichere Gegenden zu kommen, obwohl eigentlich das Gegenteil wahr ist. Unsere Unterseedörfer sind so still wie möglich und schließlich ist auch Konstanz keine Großstadt, während von Arbon bis St. Gallen der Eindruck von Stadtnähe, Bahnverkehr und Industrie beständig zunimmt. Und doch erscheint es mir umgekehrt, und das liegt an den Menschen. Etwa von Romanshorn an fühlt man, daß andere Leute einsteigen, und diese Leute machen – Ausnahmen zugegeben – einen behaglichen und wohltuend phäakenhaften Eindruck. Sie steigen langsam ein, sie rufen noch auf der Treppe draußenstehenden Bekannten etwas zu und im Wagen grüßen sie und sind mit dem Schaffner oder mit den Reisenden schon im Gespräch, noch ehe sie Platz genommen haben.

So war es auch diesmal wieder. Ohne daß der Zug weniger rasch fuhr und obwohl Publikum und Land eigentlich keinen agrarischen Eindruck machten, fühlte man eine freundliche Verlangsamung des Tempos, lediglich auf Grund des Dialekts, der Gestalten, Gesichter und Gesten. Etwas Munteres und Lebensfrohes klang auf, aber ohne jede Hastigkeit. Zwischen den Rorschachern, St. Gallern und Rheintälern tauchten auch schon manche Appenzeller auf, und je mehr ihrer wurden, desto behaglicher und frohsinniger wurde es in unserem Wagen. Es dauerte nicht lange, so waren wir mit ins Gespräch gezogen und wurden über Herkunft und Reiseziel freundlich und ohne lästige Neugierde befragt. Scherze und gute Wünsche wurden uns nachgerufen, als der Zug schließlich in St. Gallen hielt und alle auseinandergingen.

Hier begannen wir uns die Weiterreise zu überlegen. Wir wollten ohne feste Route ein paar Tage schön verschlendern, und da gerade die Straßenbahn nach Trogen zur Abfahrt bereitstand, stiegen wir ein und fuhren in einem schönen, bequemen und hellen Wagen durch die Stadt und langsam bergauf.

Noch immer steckten wir tief in Nebeln, doch drang uns aus der Höhe schon wärmeres Licht und ein Ahnung von blassem Blau entgegen, und im Berganfahren erlebten wir das alte, freudige spannende Spiel, das Wogen und Verzagen der weißen Massen, das Auflachen und Versteckspielen eines blauen Stückleins Himmel, den Kampf der Sonne mit der Trübe und ihren stillen, herrlichen Sieg. Oben beim Vögelinsegg erreichten wir endgültig die klare Höhe, sahen einen glänzend blauen Mittagshimmel über herbstklare Fluren lachen und atmeten frische, durchsonnte Luft. Und nun fuhren wir rasch und fröhlich ins Appenzell hinein, durch ein reinliches und fröhliches Land mit lichten, vielfenstrigen sauberen Häusern und heiteren Menschen, bis zur Station Trogen, wo die Straßenbahn ein Ende hat und wo wir unsere Wanderschaft beginnen wollten.

Im Appenzell

Oft hatte ich im Appenzellerlande den Eindruck, auf einem besonders gesegneten Boden zu wandern und bei einem feiertäglich fröhlichen Volke zu Gast zu sein. Wenigstens erinnere ich mich nicht, jemals anderswo auf einem so kleinen Stücklein Erde so viele tüchtige und lebensfrohe Menschen gesehen zu haben, so heiter, herzlich und munter empfangen worden zu sein, so viele lustige Worte, Lieder und Jodler gehört zu haben. Das Land hat mich immer sonntäglich angemutet, und so war ich nicht erstaunt, als mir auch diesmal gleich im ersten Orte, in Trogen, Musik und Festlichkeit entgegentönte. Es war ein Jahrmarkt, Händlerbuden und Lebkuchenstände in den Gassen, und am liebsten hätte ich mich sogleich darin verloren und mitgefeiert. Aber wir wollten wandern, die grünen Höhen des Gäbris lagen verlockend vor uns, so nahmen wir nur einen Imbiß im Gasthof und wanderten dann auf guten Wegen bergauf.

Das ganze hügelige Land ist üppig grün und besteht ausschließlich aus Weiden, dazwischen steht je und je ein kleines, schwarzes Tannengehölz und am Fuß der höheren Berge schöne Laubwälder. Und überall liegen saubere Höfe, einer wie der andere einladend wohnlich gepflegt, vielfenstrig, mit vorspringender Holzschutzwand auf der Wind-

seite und mit ein paar schönen Bäumen (meistens Eschen) davor. Darum her Weide an Weide, niedrig umzäunt, mit hölzernen Tränken und stattlichem Vieh.
Das Wandern in diesem hundertfach gefalteten Hügellande hat etwas Spannendes und Erwartungsvolles, das beständige Bergauf und Bergab öffnet von Augenblick zu Augenblick neue Bilder. Wir stiegen plaudernd die Matten hinan, an feisten Kühen und weißen, graziösen Ziegen vorbei, in einer mäßigen Sonnenwärme. Der Himmel war ganz wolkenlos und die sattgrünen Hügelköpfe mit ihren Tannen, Hofstätten, Kühen und Hägen leuchteten wie Kleinode. Im Höherkommen sahen wir da und dort klare, strenge Alpengipfel auftauchen, rötlich warme Felswände, scheckige Rinnen, mildweiße Schneefelder.
Seit langer Zeit hatte ich kein so reines Wanderglück mehr genossen, und als allmählich unser Gespräch langsam wurde und schließlich aufhörte, besuchte mich ungerufen eine Erinnerung aus frühen Kinderzeiten. Damals, als kleiner Knabe, besaß ich ein Bilderbuch, darin waren Berge und Ströme, Ährenfelder und Alpenwiesen abgebildet und ihre Farben waren so frisch und satt und herrlich, daß ich daran zweifelte, ob irgendwo auf Erden wirklich so lachend schöne Gegenden zu finden wären. Und lange Zeit hielt ich mein Bilderbuch allen Ernstes für schöner als jede Wirklichkeit. Bis einmal an einem föhnblauen, warmen Frühlingstage mein Vater mich auf einem Ausflug mitnahm. An jenem Tag geschah es, daß mir die Augen aufgingen, ich sah Berge und Wald verklärter und prächtiger als auf den schönsten Bildern und faßte zum erstenmal eine erstaunte, zärtliche Liebe zur Erde, die mir erst in späteren Jahren wiederkehrte und mich seither oft und oft mit unwiderstehlichem Wanderheimweh ergriffen hat.
So ging es mir heute wieder. In manchen trüben Zeiten war mir das wahre Schauen abhanden gekommen, ich hatte sogar manchmal ein skeptisches Gefühl, als hätte ich in meinen eigenen Aufzeichnungen und Wandererinnerungen zu flott

gemalt und allzu viel Wesens von der Schönheit der Erde gemacht. Und nun schritt ich wieder freudig ergriffen über Gras und Gestein und hatte wieder die Empfindung eines edleren, erhöhten Lebens und sah wieder jeden Tannenschatten und jede ferne Alp mit jener zärtlich-frohen Liebe an, die mir eine Zeitlang beinahe verloren gegangen war.

Indessen hatten wir die Höhe des Gäbris erreicht. Der nahe Säntis stand mit bläulichen Schatten uns gegenüber, weiter jenseits des Rheintales die Tiroler und Graubündener Berge und das Vorarlberg. Mit Befriedigung sahen wir die ganze Gegend um unseren Wohnort her in trübem Dunst verborgen, während wir, in die Bergklarheit entronnen, schleierlose Fernen sahen und Sonnenlüfte atmeten. Vom Bodensee sahen wir nur dann und wann einen schmalen Streifen durch Nebelwolken blinken, nach allen anderen Seiten aber war die Weite hell.

Obwohl es ein Werktag und schon spät im Herbst war, blieben wir auf unserem Berge keineswegs einsam. Die Appenzeller sind gute Fußgänger und haben Freude an ihrem Land, und wenn ein sonniger Herbsttag leuchtet, machen sie sich kein Gewissen daraus, ein paar Stunden an einen Ausflug zu wenden. Wir trafen Alte und Junge, darunter ein wohl siebzigjähriges Ehepaar und eine Menge von Kindern, denn es waren Schulferien. Buben und Mädchen aus Gais, aus Heiden, aus Bühler und aus Appenzell liefen barfuß und unermüdlich von einer Matte und einer Höhe zur anderen, eine kleine Schar schloß sich uns an und begleitete uns plaudernd wohl zwei Stunden weit, wobei sie uns Berge, Täler und Städte der Ferne mit Namen nannten und unter anderem ausführlich und lebhaft die Geschichte der Schlacht von Stooß erzählten.

Mit dem einbrechenden Abend schritten wir durch das wohlhabende, schön gebaute Gais und erreichten noch vor Nacht die Stadt Appenzell, deren hübsche Gassen mit dem prächtigen alten Schloß und dem stattlichen Rathaus mich wieder vertraut und wohlig anmuteten.

Im Gasthaus, wo wir Nachtlager nahmen und uns ein Abendessen geben ließen, ging es behäbig und freundlich zu, doch war es still, und wir wären doch gern noch unter Leute gekommen. So drückten wir uns bald aus dem Haus und suchten ein anderes Wirtshaus, wo der Wein zwar vortrefflich, die Stube aber ebenso leer und ungesellig war. Endlich erfuhren wir, es sei heute Preisviehschau hier gewesen und alles sei jetzt bei der Verteilung. Wir fragten, wo die stattfinde, doch wußte die Wirtin das nicht. Dagegen meinte sie, wenn wir ein paar Gassen ablaufen wollten, würden wir es bald finden, wir sollten nur auf das Kuhglockengeläut hören. Wir dankten und gingen auf die Suche, und schon in der dritten Gasse hörten wir über uns Glockengeläute und Lärm. Da saßen in einem mächtigen Wirtshaussaal die Gäste, wohl über zweihundert Bauern aus der nächsten Gegend. Wir wurden freundlich zugelassen und bekamen sogar in dem überfüllten Saal noch Sitzplätze angeboten. An vier ungeheueren, parallel durch die ganze Länge des Saales stehenden Tafeln saßen die Bauern, Burschen von zwanzig und Alte von siebzig Jahren, doch kaum ein Dutzend Frauen dabei.

An der mittleren Tafel war für die Vorstände und Preisrichter ein Ehrenessen gedeckt, die Wirtin servierte dort selber in einer funkelneuen Tracht. Obenan saß der Präsident und unten die beiden Sennen, die bei der Viehschau als eine Art Aufwärter gedient hatten. Beide waren ausgesucht schöne, mächtige, junge Burschen und trugen ihre glänzende Tracht: rote Westen, weiße, hochgekrempelte Hemdärmel, Gürtel mit silbernen Beschlägen und im rechten Ohr einen goldenen Ohrring. Gang um Gang wurde aufgetragen und verzehrt, wobei mir ein weißbärtiger Alter auffiel, der seine kleine, silberbeschlagene Tabakspfeife während der ganzen Mahlzeit nicht ausgehen ließ.

Kaum war der letzte Kuchen abgetragen, so gebot der Präsident Stille und eröffnete die Preisverteilung mit einer kräftigen, zum Teil witzigen Rede. Er verlas auch die an die Preise geknüpften Bedingungen. Die hauptsächliste war, daß jedes preisgekrönte Haupt Vieh nach halbjähriger Frist noch gesund im Stalle stehe und nicht außerhalb des Kantons verkauft worden sei. Darum wurde von jedem Preise nur die Hälfte ausbezahlt. Die zweite Hälfte konnte erst nach Ablauf jener Frist und nur, wenn alle Bedingungen erfüllt waren, erhoben werden.

Und nun las der Aktuar die Preise ab, zuerst die für Jungvieh, dann die für Zuchtstiere usw., eine unendliche Reihe. Neben mir saß ein alter Bauer aus Brülisau, der schien von den mehr als dreihundert zugetriebenen Tieren jedes im Gedächtnis behalten zu haben, denn bei jedem Preise gab er halblaut eine Kritik ab. Meistens war er einverstanden und nickte, manchmal auch fand er »Das ist zu wenig«, oder auch »Das wär' nicht nötig gewesen«. Die Preise betrugen zwischen zehn und dreihundert Franken, und sobald ein Preis verlesen war, trug einer von den beiden Parade-Sennen die Hälfte des Geldes in blanken Fünffrankenstücken auf einem Teller dem Gewinner zu.

Mein Nachbar aus Brülisau war eben mit mir und einigen Umsitzenden im Gespräch, da wurde sein Name ausgerufen und der Senn schob ihm den Teller mit einem Diplom und fünfzig Franken zu. Ich freute mich und sah ihn mit Spannung an, er beherrschte sich jedoch vollkommen. Ohne eine Falte im Gesicht zu verziehen, setzte er unser Gespräch fort und steckte Geld und Diplom ruhig und unbesehen in die Tasche. Als er nach einer kurzen Weile nochmals ausgerufen ward und einen zweiten Preis von dreißig Franken erhielt, konnte ich nicht anders, als ihm bewundernd gratulieren. Da warf er mir einen kurzen, still triumphierenden Seitenblick zu, aus dem Winkel des Auges, sagte aber kein Wort.

Mittlerweile hatte die Verlesung nahezu eine Stunde gedauert und allenthalben wurden die privaten Tischgespräche wieder lauter, so daß der Aktuar nur mit äußerster Mühe sich noch hörbar machen konnte. Mehrmals bat der Präsident ohne viel Erfolg um Ruhe, einmal mit den Worten: »Sagt, wollt ihr unseren Aktuar töten oder nicht?« Da auch das nur wenig half, kündigte der Präsident eine viertelstündige Pause an, damit die Leute sich vom Schweigen und der Aktuar sich vom Reden erholen könne. Das wurde mit Beifall aufgenommen.

Sogleich entstand in dem großen Saale das summende Getöse einer Volksversammlung, Witze und lautes Gelächter klangen auf. Da entstand am hintersten Tische eine Bewegung. Ein halbes Dutzend junger Leute rückte dort näher zusammen. Plötzlich begann einer zu jodeln. Er sang nur einen einzigen hohen Ton, stark und lang angehalten, ein Zweiter fiel tiefer ein und beide sangen nun langgezogene Töne in chorähnlichen Folgen und Akkorden, eine einfache Urmusik, ergreifend und schwermütig. Ein Dritter fiel ein und die anderen stießen in ungleichen Zwischenräumen seltsame Jodler aus – kurze, raubvogelartige, überraschende und aufregende Schreie. Die Stimmen, an Berghöhen und unendliche Räume gewohnt, klangen machtvoll beherrschend und das ganze mit seiner Schwermut und naiven Klage mutete mich an, als habe dies fröhliche und kraftvolle Volk ein instinktives Bedürfnis, zu Zeiten in ahnungsvollen Tönen den verborgenen dunklen Lebensmächten zu huldigen.

Ehe der Aktuar von neuem vorzulesen begann, nahmen wir von unseren Nachbarn Abschied, tranken unseren Wein aus und gingen still in die Herberge zurück, wo mir das klagende Lied der Jodler noch bis in den Schlaf hinein nachtönte. Die jungen Burschen, die es sangen, waren vergnügte Leute, die den Rotwein nicht sparten und vielleicht diese Nacht noch irgendwo Mutwillen verübten; aber ihr Gesang hatte geklungen wie aus Urtiefen der Menschenseele her.

Der Weg zum Weißbad, der im Sommer so lebhaft ist, lag still und leer vor uns. Es war ein starker Tau gefallen, und die kühle, reine Luft versprach ein leichtes Steigen. Von Weißbad, dessen alte Bäume noch im Morgenschatten standen, ging es über prächtige Matten bequem bergan.

So schöne Herbstwälder hatte ich in meinem Leben nicht gesehen. Die dichten Laubwaldungen, die überall hügelan wachsen, und manche Vorberge fast bis zum Gipfel bedekken, leuchteten in der morgendlichen Sonnenfrische so farbig und tief wie Glasmalereien. Von der Höhe gesehen, erschien das ganze grüne Vorland, mit diesen lebhaft roten und braunen Farbeninseln durchsetzt, wie eine große, bunte Stickerei.

Der Gang zur Ebenalp hat den Reiz einer angenehmen Spannung, indem man beständig einer hohen, senkrechten Felswand entgegen wandert, deren Unersteigbarkeit man immer klarer erkennt, bis der letzte Augenblick die verblüffende Lösung durch eine unterirdische Verbindung bringt. Der von weitem beinahe gefährlich aussehende Weg erweist sich schließlich als ein Spaziergang, auf den man jedes Kind mitnehmen kann.

Wundervoll ist die letzte Wegstrecke vor dem Wildkirchli. Aus dem Geröll und Niederholz um die Bergecke biegend, kommt man ganz auf Felsboden, wandelt auf bequemem Pfad an einer hohen, schönen Felswand hin und hat das tiefe, tannenschwarze Seealptal zu Füßen.

Das Wildkirchli selber, bisher durch Scheffels Ekkehard, neuerdings durch wichtige Funde aus der Höhlenbärenzeit berühmt, ist eine niedere, breite Höhle, eigentlich nur eine horizontale Felsspalte in der hohen Wand, mit einem kleinen Altar und einigen einfachen Holzbänken zum Gottesdienst eingerichtet. Von den Höhlenbären, deren Gebeine hier in Mengen gefunden werden, bekam ich leider gar nichts zu sehen. Desto deutlicher ward ich an den Ekkehard und an

Scheffel erinnert, denn mitten an der in der Sonne leuchtenden jähen Felswand hing wohlbefestigt eine dicke, rechteckige Bronzetafel mit dem Reliefbildnis und Namen des Dichters, der wohl schon von manchen jüngeren Kollegen um seine großen Erfolge, aber gewiß noch von keinem um seine Denkmäler beneidet worden ist.
In so und so viel Jahren, wenn die geplante Eisenbahn auf den Säntis ausgeführt sein wird, erhält die grotesk geschmacklose Tafel vielleicht die Plakate der Toilettenartikel- und Schokoladefabriken zu Nachbarn.
Neben dem Wildkirchli ist eine zweite natürliche Höhle, und diese führt nicht nur in den Felsen hinein, sondern in seinem Innern aufwärts bis an die Ebenalp. Hier waren wir nun völlig allein und lagen eine Stunde im kurzen, trockenen Gras. Diese Stunde hat uns für mehr als für die Stunde Steigens und den Bronzescheffel entschädigt. Hinter uns lag das grüne Weideland mit seinen vielen Hügeln bis zum Bodensee, dicht vor uns stand rötlich leuchtend, mit schmalen, blanken Schneescharten das Hochgebirge, wohin aus den Tälern der Menschen kein Ton und kein Staub zu dringen vermag und zwischen dessen mächtigen Felseneinöden schließlich auch die großartigste Eisenbahn nur ein kleiner Pfad sein kann, den wohl Schnee und Föhn und Steinschlag auch wieder einmal vernichten und auslöschen werden.

Der Dorfabend

Von der Ebenalp waren wir auf einem steilen und steinigen Pfad zum Seealpsee hinabgestiegen und hatten nach einem Fußbad in dem kalten, grünen Wasser den Rückweg durchs Tal über Wasserau, Schwendi und Weißbad nach Appenzell genommen. Und da wir am nächsten Tag eine andere Seite des Säntis besuchen wollten, waren wir noch am gleichen Abend nach Urnäsch gefahren.
Bei Beginn der Dunkelheit waren wir eingetroffen und hatten im Gasthaus Betten bestellt. Nun schlenderten wir in

dem feierabendlichen Dorfe langsam Gass' auf, Gass' ab, guckten den Leuten in die Erdgeschoßfenster, hörten dem Brunnen zu, wie er tönend in sein gewaltiges Steinbecken floß, und sahen in dem Becken rote, lampenerleuchtete Fenster sich spiegeln. Wir beredeten für den kommenden Tag eine Tour am Säntis, und während des Redens und Bummelns bemerkte mein Kamerad mit plötzlichem Schrecken, daß sein Schuhwerk nicht mehr im besten Zustand war. Und da auch ich nichts dagegen hatte, mir noch ein paar gute Bergnägel in die Sohlen schlagen zu lassen, gingen wir zusammen auf die Suche nach einem Schuster.

Eigentlich verstieß das gegen meinen Grundsatz, den Schumachern an vielbesuchten Gebirgsorten nichts zu verdienen zu geben. Auf einer Graubündener Tour nämlich war es mir früher einmal ärgerlich gegangen. Ich fand, ein tüchtiges, neues Benageln könne meinen Stiefeln nicht schaden, obwohl es nicht durchaus notwendig war. Und da mein Weg mich gerade durch das schöne Städtchen Bergün führte, zog ich dort in einem Wirtshause meine Stiefel aus und schickte sie zum nächsten Schuhmacher hinüber, er solle sie mir recht schnell und gut beschlagen.

Da saß ich nun und sog immer langsamer und unfroher an meinem Schoppen Malanser, denn der Schuster beeilte sich nicht, sondern ließ mich volle zwei Stunden warten. Dann erschien er endlich, ein kleiner, verdruckter Kerl mit einer roten Nase, und gab mir die Stiefel zurück, die er recht sparsam mit wenigen Nägeln von der billigsten Sorte beschlagen hatte. Nun, ich war froh, daß er überhaupt wieder kam, darum unterdrückte ich meine Meinung über sein Spätkommen und fragte nur, was ich schuldig sei. Da heischte der Unhold nicht weniger als zweieinhalb Franken, was ich zuerst für einen Scherz hielt, denn das ist etwa das Fünffache, was man sonst dafür bezahlt. Es war aber ernst, und mein Schelten und Vorstellen half nichts, ich mußte zahlen. Und während ich die Stiefel anzog und dazu fluchte, setzte der Schuster sich mir gegenüber und vergnügt an den Wirtstisch und bestellte,

obwohl es am hellen Nachmittag war, eine Flasche guten Rotwein, damit ich auch sähe, wohin mein Geld kam.
Obwohl ich also damals beschlossen hatte, mich solchen Überraschungen nicht mehr auszusetzen, ging ich doch jetzt mit meinem Begleiter, um einen Schuster zu suchen. Grundsätze muß man haben, man muß sie aber auch gelegentlich übertreten können. Bald hatten wir eine Adresse erfragt und bald auch das Haus gefunden, aber die Frau Meisterin teilte uns mit, der Herr sei heute bei einer Festlichkeit in Gonten. Dagegen gebe es noch einen Schuhmacher, der heiße so und so und wohne da und da. Wir gingen dorthin und fanden eine alte Mutter, die uns weitläufig erzählte, ihr Sohn sei bei einer Festlichkeit in Gonten und käme erst spät wieder, und dann nagle er keine Sohlen mehr. Hingegen gäbe es noch einen anderen Schuhmacher, der wohne da und da.
Es nahm uns nun wunder, ob wohl der dritte auch zu der Festlichkeit gegangen sei, und wir suchten sein Haus auf. Da war aber Licht in der Werkstatt, die Frau führte uns hinein, und wir fanden den Meister mit einem Gesellen bei der Arbeit sitzen. Wir brachten unser Anliegen vor und wurden freundlich auf zwei Dreibeine genötigt, damit wir die Stiefel ablegen und auf das Fertigwerden warten könnten. Der Geselle sprach die Mundart des Landes und der Meister auch, dieser aber hatte einen Tonfall im Reden, der mir nicht unbekannt klang, und es stellte sich heraus, daß er ein Landsmann von mir war, aber schon seit dreißig Jahren hier wohnte.
Nun gab er mir erfreut die Hand und ging mit doppeltem Eifer an die Arbeit. Während er in dem feinen, hellen Lichtschein seiner Glaskugel die Nägel aussuchte und einschlug, fragte er mich nach der Heimat und nach alten Freunden aus, auch nach einigen von denen ich nichts wußte, als daß sie seit Jahren tot waren. »Ist's möglich? Ei, ei ei!« sagte er und schlug stärker auf den Nagel. Dann schmierte er uns die Stiefel mit feinem Fett ein, verlangte eine Kleinigkeit und begleitete uns an die Tür. Wir gaben dem Gesellen ein

Trinkgeld, drückten dem Alten die Hand und gingen durch das mittlerweile völlig eingeschlafene Dorf in den Gasthof zurück. Der große Dorfbrunnen rauschte laut durch die kühle Oktobernacht, und die Sterne leuchteten groß und klar am reinen Himmel.

Vaduz

Es wurde nun allmählich Zeit, an die Heimkehr zu denken. Da sah ich von einem schönen Bergrücken aus einmal wieder das Rheintal liegen, studierte dazu die Landkarte und stieß auf den Namen Vaduz. Vaduz! Der Name klang so schön und merkwürdig, und es fiel mir ein, daß ich über Vaduz schon mehrmals Rühmliches hatte reden hören, auch erinnerte ich mich eines Vaduzer Rotweins, den ich vor Jahren je und je in einer Zürcher Weinstube getrunken und der nach guter Herkunft geschmeckt hatte. Dazu kam das Wenige, was ich über die Fürsten von Liechtenstein gelesen hatte, und die Erinnerung an ihr Palais in Wien und die herrlichen Bilder darin.

Aber das war nicht alles. Irgendwo in meinem Gedächtnis stieß der Klang »Vaduz« auf eine tiefere, reichere Schicht von Erinnerungen, von Liebe, von hehrer Wertung, und lange suchte und bohrte ich, ohne es zu finden, bis es mit einem male da war und mich anlachte. Ja, nun wußte ich, was es war, das mir den Namen Vaduz so besonders lieb und beinah heimatlich machte! In Vaduz war es ja gewesen, wo der Armenadvokat Siebenkäs einst nach seinem Begräbnis wieder auferstanden war und als Bibliothekar des Fürsten von Liechtenstein geatmet hatte! Nun gab es kein Zögern mehr, ich wollte und mußte nach Vaduz hinüber und dort das letzte Nachtlager dieser Herbstreise halten. Wie schön klingt eine solche Erinnerung an geliebte Dichter und geliebte Dichtungen auf! Mochten sie nun drüben im Deutschen Reich ihre Wiederentdeckung des Dichters Jean Paul weiter betreiben oder wieder rückgängig machen, vorerst jedenfalls war Jean Paul noch nicht wieder in die Ehren eines großen Nationaldichters eingesetzt, vorerst war Jean Paul, war der Siebenkäs, war der arme scheinbegrabene Advokat und seine Zuflucht Vaduz noch eine Heimlichkeit, ein Schatz, ein Geheimbesitz, wenigen Getreuen bekannt. So wie die Leute nach Bayreuth reisten, nicht etwa um die Heimat des großen Dichters Jean Paul zu sehen und dort anzubeten, sondern um dem Musikanten Wagner zu huldigen, so mochten sie auch nach Vaduz fahren, ohne zu ahnen, daß hier für den Wissenden ein heiliger Nachklang wehe.

Mein Freund war einverstanden, so gingen wir denn am nächsten Morgen über Gais und über die Schlachtkapelle am Stooß nach Altstätten hinüber. Das Rheintal lag voll weißen Nebels, in den wir, aus der Bergklarheit kommend, langsam und widerwillig eindrangen.

Ein Stündchen weit konnten wir die Eisenbahn benützen, um nicht gar zu lange in dem dichten Nebel marschieren zu müssen. Dann gingen wir wieder zu Fuß und erreichten Vaduz nach Mittag, als der Nebel schon gelöst und vom Winde verblasen war. Wir fanden ein freundliches, sauberes Städtlein mit einem soliden alten Wirtshause; über dem Städtchen hing der steile Berg mit wundervollem Laubwald, der in frohen Farben leuchtete, und auf halber Höhe sahen wir einsam und steil das alte Schloß stehen, das mir Erinnerungen an südtirolische Burgen weckte.

Im Wirtshaus fragte ich die Wirtin: »Hat hier nicht längere Zeit ein Herr Advokat, oder vielmehr Bibliothekar Siebenkäs gewohnt?«

Sie dachte nach und schüttelte bestimmt den Kopf. »Nein, Herr, so einer hat hier nie gewohnt, ich müßte es sonst wissen.«

»Ja«, sagte ich, »da fällt mir gerade ein, daß er wahrscheinlich unter einem anderen Namen hier gelebt hat. Er nannte sich nämlich auch Leibgeber.«

Aber auch dieser geliebte Name rührte die Frau Wirtin nicht, sie sah mich eher mißtrauisch an und gab weiter keine

Antwort. Ich aber sah im Wirtshause, auf den Gassen und an den Gartenzäunen überall den hageren, armen Siebenkäs schleichen, eine der heiligen Gestalten der deutschen Dichtung, man wird sie gewiß bald wieder einmal entdecken und dann bald ihren Namen als Marke in den Warenhäusern antreffen. Überall spürte ich ihn und spürte den Hauch einer andern Zeit und Welt.

Aber genug von Jean Paul und Siebenkäs, das ist eigentlich viel zu gut, um jedermann davon zu erzählen. Ich vergaß ihn selbst denn auch bald wieder, da das anmutige Städtchen und der sonnig farbige Herbsttag mich mit lockender Gegenwart umgab. Aus dem Städtchen Vaduz aber führte unser Weg uns mitten in ein Märchen hinein.

Unsre Mittagsrast hielten wir in der Nähe des alten Schlosses im Wald, vielmehr am Rande des Waldes. Das alte Schloß ist kein Schloß mehr, und ein neues Herrenhaus steht oberhalb in den Wäldern. Wir dachten es uns schön, wenn so ein leerstehendes Herrenhaus einmal für eine Weile ein paar Dichtern oder Musikern oder Malern eingeräumt würde, fanden es aber im Grunde doch richtiger, daß in den Schlössern die Herren oder ihre Beamten und Kastellane hausen, und daß die Dichter und Spielleute daran vorübergehen, mit Fransen an den Hosen, und den Anblick durch ihre Seele spielen lassen, statt selber drin zu sitzen und das Heimweh der Heimatlosen zu verlieren. Dennoch nahmen wir wenigstens für ein paar Stunden mit Vergnügen vom Park und Walde Besitz. Wir waren in den weiten Waldungen anscheinend ganz allein und lagen rastend in Hemdärmeln auf dem weichen Rasen, dem Wolkenflug in der Höhe und den Elstern zuschauend, den letzten Tag einer schönen Wanderung genießend. Im alten Schloß waren Arbeiter, es hallte von dort hie und da ein Hammerschlag herüber, es schien friedlich zuzugehen bei dieser Arbeit, es pressierte ja nicht, das Schloß würde noch weitere Jahrhunderte stehen. Sonst war alles sehr still, nur der Wald rauschte leise und ließ rote und gelbe Blätter langsam durch die blauen Lüfte schwimmen.

Weiter waldeinwärts fanden wir abseits der Straße unter hohen alten Tannen einen großen dunkelgrünen Weiher liegen, in einer golden geheimnisvollen Dämmerung. Wasserpflanzen und Tannennadeln schwammen behutsam auf der stillen, dunklen Fläche, drehten sich langsam und traumhaft und schienen doch regungslos. Wenn man eine Weile in das Wasser sah, wurde es ungewiß, wo Wirklichkeit, wo Spiegelbild beginne und ende, und rings um den beschatteten Waldsee lag eine Luft von Unwirklichkeit und Fremde. Und wenn einer der seltenen Hammerschläge vom Schloß her wieder verhallt war, lag die Stille hier so tief und vollkommen dicht über dem Wasser. Wir legten uns am Ufer nieder, dessen altes Mauerwerk sich moosig im Wasser spiegelte, und fanden den Ort verwunschen, schön und einsam genug, um eine Stunde da zu bleiben und auf ein Märchen zu warten. Und das Märchen kam bald. Es war schon da. Wir brauchten nur eine Weile zu ruhen, unsere Augen an diese verhüllte schattige Welt zu gewöhnen und dann zu schauen.

Es begann damit, daß ein paar winzige, junge Goldfischchen erschienen und an der Oberfläche des Weihers spielten. Mit Goldschrift schrieben sie schnell bewegte, schnell erlöschende Ornamente in das grüne Dunkel und verschwanden, um bald mit anderen wiederzukommen. Wir blieben regungslos, um sie nicht zu erschrecken, und es wurden bald mehr und mehrere, schließlich schwärmten und schwänzten die kleinen rotgoldenen Fische zu Hunderten an uns vorüber. Sie flitterten weg wie Sternschuppen, wie verglühende Raketenreste eines Feuerwerks, aber immer kamen neue und neue aus der grünen, glasigen Tiefe herauf. Plötzlich schwammen sie alle einmütig davon und waren weg, der Spiegel blieb leer; nun aber erschien ein großer alter Goldfisch und noch einer, und fünf und zehn, und am Ende war es ein großer feierlicher Zug, der zwischen den Wasserpflanzen und den Spiegelbildern der überhängenden Tannenkronen langsam und glänzend hin und wider schwamm. Es waren schwere, alte, ehrwürdige Tiere, mit trägen, würdigen Bewegungen, mit bleichen Bärten, mit blassen, gespenstig fahlen Leibern, an denen nur da und dort noch ein Glimmerchen Gold verblieben war. Die bleiche, schwach goldglänzende Prozession ging durch das unbewegte Wasser wie ein Traum.

Wir haben es versäumt, die Sehenswürdigkeiten der Gegend aufzusuchen. Wir haben das Innere des alten Schlosses, die Aussicht von der Berghöhe, die Neubauten und Anlagen alle nicht gesehen. Wir brachten unsere Vaduzer Stunden damit zu, die großen Goldfische zu betrachten – vielleicht hatte schon der Bibliothekar Leibgeber sie gefüttert – und den König mit dem Krönlein zu entdecken und uns darüber zu besinnen, welcherlei Festlichkeit oder Trauerzug diese lautlose Prozession bedeute. *(1906)*

[Der große Horizont]

Ich bin gestern geflogen. Es kamen Flieger nach Bern, eines Morgens hörte ich über meinem Dach einen Apparat schnurren und sah einen schönen Eindecker so stolz und kühl und nobel über mich wegfahren, daß es mir das Herz umdrehen wollte. Am nächsten Tage bin ich mitgeflogen. Und nun will ich versuchen, einige meiner Eindrücke bei diesem ersten Flug meines Lebens mitzuteilen, soweit das möglich ist, und da die Geschichte vom »erfüllten uralten Menschheitstraume«, vom »Sieg der Intelligenz über die Materie« und alles das schon jedermann bekannt ist, will ich den undankbaren und schwierigen Versuch machen, die Kultur und Technik und alles das wegzulassen, und lediglich das zu notieren, was ich erlebt habe. Ich finde mich bei diesem Vorhaben durch eine tiefe Unwissenheit gestützt: ich weiß weder den Namen der Firma, die den Motor gebaut hat, noch die Zahl seiner Pferdekräfte, noch sein Gewicht, noch das Gewicht der Belastung. Ich weiß gar nichts, als daß ich nun endlich, endlich geflogen bin, und daß es mir gar nicht selbstverständlich und allgemein kulturell erschienen ist, sondern höchst abenteuerlich. Ich bin tatsächlich »der bloßen Sensation wegen« geflogen, und die Sensation hat mir eine unbändige Freude gemacht.

Gegen 3 Uhr an einem warmen, hell sonnigen Frühlingstag erschien ich auf dem Flugfelde, wo sich ein paar schwarze Menschenknäuel drängten und umeinander drehten. Mitten in einem dieser Knäuel sah ich den Apparat ragen, mit dem ich fliegen sollte und der mich erwartete. »Wenn es mir nur nicht übel wird!«, dachte ich, denn ich kann Menschenmengen schlecht vertragen.
Ich drängte mich vor, eine grüne Brille auf der Nase und eine gelbe Reisetasche in der Hand. Ich legte den Leuten die Hand auf die Schulter, schob sie leise beiseite, machte ein sachliches Gesicht und wurde durchgelassen, es ging über

Erwarten gut. Das Schlimmste vom Fliegen war nun überstanden. Ich stand beim Apparat, begrüßte den Flieger und zündete eine Zigarre an. Ein französischer Monteur suchte mich über den Motor zu belehren, ich nickte dankend und kam erst jetzt auf den Gedanken, die Maschine näher anzusehen. Am Kopf des Vogelleibes saß die hölzerne Schraube, dahinter der Motor und Benzinvorrat, dann der Platz des Fliegers, dann mein Passagiersitz, hinter dem das leichte, hölzerne Bauwerk sich rasch verjüngte und dem hübschen Schwanzsteuer zustrebte. Als Spielzeug sah das Ganze entzückend aus, daß es aber zwei Menschen durch die Luft tragen sollte, schien wunderlich, so leicht und liebenswürdig japanisch sahen die Stänglein und Drähtchen aus, und auch die Flügel waren so spielerisch und dünn und luftig gebaut, daß man sie nicht anzufassen wagte.
»Nun«, dachte ich, »die Hauptsache ist ja der Motor, und den kann ich zum Glück nicht taxieren. Es wäre gut, wenn wir bald fahren würden.«
Da winkte mir der Flieger, ich möchte mich nun fertigmachen. Schnell machte ich meine gelbe Handtasche auf und nahm meine Sachen heraus, eine Ski-Mütze, ein Paar Handschuhe, ein wollenes Halstuch. Als ich die Mütze glücklich auf und unter dem Kinn zusammengeknöpft hatte, lächelte der französische Monteur mich freundlich an und sagte, so gehe das nicht, ich müsse die Mütze umgekehrt aufsetzen, mit dem Schirm nach hinten, sonst werde mir das Zeug alsbald vom Kopf gerissen werden. Die Volksmenge lachte und sah mit Interesse zu, wie ich meine Kleidung vollends in Ordnung brachte. Schließlich gab mir der Aviatiker noch einen Mantel und eine Automobilbrille; ich schwitzte in der wollenen Haube und sah so bestrickend aus, daß die Menge wieder aufs munterste lachte. Photographenapparate wurden auf uns gerichtet, und jemand rief mir zu, ich müsse jetzt noch die Nase zubinden, dann könne mir gewiß nichts mehr passieren.
Jetzt stieg der Flieger ein. Es war ernst mit dem Spielzeug,

und als der schwere Mann mit seinem braunen Stiefel derb auf das fingerdünne Holzstänglein trat, brach es nicht zusammen, sondern hielt, und es trug auch mich, und nun saßen wir in unsern Sitzen, im leinwandbekleideten Stangengerüst auf bequemen Sesseln, die Menschenmenge wich ein wenig zurück, die Luft wurde besser.

Herrgott, ich hatte meine Handschuhe liegenlassen. Aber nun mochte ich nicht mehr stören.

In diesem Augenblick begann der Motor zu surren, vor unsern Augen sauste die Flügelschraube ihren glänzenden Kreis, hinter uns spie der große Vogel Rauch und Gestank aus, schreiend floh zu beiden Seiten das Volk hinweg. Wir fuhren elastisch auf unseren beiden Rädchen über den Rasen, merkwürdig lind und wohlig, und plötzlich wurde mir in meiner Wollenhaube wieder wohl und wild gespannt. Wir fliegen, schrie mein Herz, jetzt gleich fliegen wir.

Da war der Rasen weg und wir stiegen schräg in die Höhe, und das war äußerst wohlig und beruhigend. Wir fliegen! Ja, es ist merkwürdig, aber ich hatte es mir aufregender gedacht.

Nein, ich nehme alles zurück. Es war aufregend genug. Als ich mich eben besann, ob jetzt wohl zehn Sekunden oder eine Stunde seit der Abfahrt vergangen seien, duckte sich der Herr Flieger, ich wurde in die Sitzlehne gedrückt und der Apparat machte einen Sprung in die Höhe. Da blieb er eine Weile, während der Luftstrom donnernd an meinen Ohren vorübersauste, und machte nun wieder einen Sprung, einen verfluchten, unerwarteten Sprung.

Ich tat einen Blick auf die kreisende Schraube. Wenn das Luder Launen hat, gehen wir kaputt, dachte ich einen Augenblick, aber mehr nur reproduktiv, ich glaubte nur halb daran, und vergaß es sogleich völlig, denn zufällig fiel mein Blick seitwärts auf die Erde und da sah ich erst, daß wir schon hoch, hoch waren. Der Motor sauste, der Wind schrie, meine Hände froren und meine Nase wurde kalt, und da neben mir, an der dünnen Holzlatte vorbei, sah ich die Stadt Bern und die krumme Aare und Fabriken und Kasernen und Reitplätze und Alleen liegen, drollig klein und schief und hingestreut, und es fiel mir ein, wie dieser Anblick des kleinen Getriebes und des zum Spielzeug gewordenen Menschenwesens mir einst vom Zeppelinschiff aus Spaß gemacht hatte.

Aber das war etwas anderes! Dort war es ein behagliches Zuschauen wie aus einer Loge gewesen. Hier waren die Blicke auf Stadt und Felder, die ganze verkürzte und flächenhaft gewordene Welt durchaus nur zufällige Beigaben. Die Hauptsache war: Wir flogen. Und wie wir flogen! Wir stiegen in Wellenlinien hinan, immer höher, und je und je taten wir plötzlich, wie in einer Atempause, einen kurzen, lautlosen Fall, der Sitz schwand unter mir weg, mein Magen höhlte sich weit. Dann gleich wieder Trieb, Anstieg, Kraftgefühl. Dann wieder der kleine, unberechenbare Fall, Atempause, horchendes Schweigen im Magen.

Die Landschaft ist mir noch immer nicht klar geworden; ich sitze wie ein Knabe, vom Erleben hingenommen, und habe den Verstand daheim gelassen. Ich werfe, von Schauern seliger Bangigkeit unterbrochen, meine Blicke und Atemzüge wie Lieder und Seufzer in die Welt, ich schwebe atemlos mitgerissen in einer ungeheuern Musik durch die Räume, ich bin ganz Kind, ganz Knabe, ganz Abenteurer, ich trinke den berauschenden Wein des Losgerissenseins, der Gleichgültigkeit und Verachtung gegen alles Gestrige, der animalischen Erregung in tiefen Zügen, ich bin Drache und Wolke, Prometheus und Ikarus ...

O Gott, was ist das? Was steht dort so groß, so wirklich und edel mitten in dieser lausigen Welt, die ich so tief verachte, die so schäbig und winzig und kleinlich eingeteilt zu meinen Füßen liegt? Am Rande der Welt, hinter all dem Gewimmel nichtiger Formen und irdischen Getändels, stehen wunderbar und groß die Berge. Ich sehe den riesigen Eiger streng und dunkel, das hohe Schreckhorn einsam und vornehm an seinem Orte stehen, und ich ahne beim Anblick des ungeheuer erweiterten Horizontes so etwas wie einen raschen

Flug über die Erde hinweg: wie da die großen Gebirge, Wüsten, Meere einzig übrigbleiben, alles andere versinkt und sich als verwesende Moräne kundgibt.
Wir fallen tief, mein Magen hat sich daran gewöhnt, schon nach Minuten hat er sich angepaßt, und läßt das Kitzeln bleiben. Die Berge sind weg, wir hängen schräg nach links über, gegen einen feindlichen Wind, über die Flügel weg sieht man Jurazüge, senkrecht unter uns die Aare, gepflegten Wald, Höfe – am Ende der Kurve unvermutet einen Blick über die ganze Stadt, vom Bärengraben an aufwärts, wie sie auf ihren Felsen im Bogen der Aare liegt.
Wann werde ich über die Alpen fliegen, über das Meer? Ich muß das einmal bis zur Sättigung auskosten! Ich sehe ja nichts, ich ahne und fühle bloß, ich taumle entzückt und beängstigt durch eine andere, jäh vor mir aufgerissene Welt, nur langsam lerne ich wieder denken. Die Welt ist Erhabenheit, erhaben ist Gebirge, Wüste, Meer. Der Mensch bringt den Humor hinein. Ich beginne sie wieder zu lieben, die Menschen, die da drunten so kleinlich und sonderbar wirtschaften, die den Wald frisiert und die Hälfte der Welt in kleine, umzäunte Landfetzchen zerrissen haben. Ich will nicht schwebende Wolke, treibende Schneeflocke, ziehender Vogel sein, ich will nicht die Berge lieben und die Menschen schmähen, deren schwächster bin ich – ich will mit aller Liebe, deren ich fähig bin, mich zu ihren Schwächen und zu ihrem Stolz bekennen. Das sind nicht die Pferdekräfte und nicht die genauen Rechnungen der technischen Wissenschaft, die mich und den Flieger und Blériot und Latham in die Höhe gerissen haben. Das ist die alte große Sehnsucht, das ist der aus Schwäche geborene Trotz, das ist Titanenerbe. Das hat uns fliegen gelehrt. Aber mit dem Fliegen ist keine Sehnsucht erfüllt, der Bogen ist nur stärker und wilder gespannt, die Kreise des Wunsches sind weiter gezogen, das Herz brennt trotziger.
Träume, Bruchstücke von Gedanken, Bruchstücke von großer Musik umgeben mich. Da weckt mich ein unsäglich

bangfrohes, gespanntes, überraschtes, mißtrauisches Gefühl, das durch alle Nerven geht. Der Motor schweigt. Wir hängen in der Höhe, wir neigen uns, und nun kommt das Wunderbarste, wir gleiten auf der elastischen Luft, die uns zuweilen mit leiser Schwellung prellt, wir fahren wachsam und flink hinunter wie ein Automobil mit abgestelltem Motor einen Berg hinab und wie ein Skiläufer seine Halde hinunter gleitet. Dächer, Alleen, Schornsteine springen uns entgegen, größer und größer wird der kleine Rasenplatz, auf den wir zielen, und nun sehe ich, er ist das Flugfeld, und die paar trüben Trauben und Haufen schwärzlichen Gewimmels darauf sind die Menschenmenge. Herrgott, wir fahren mitten in sie hinein! Wir stürzen vorwärts wie rasend, immer dem schwarzen Haufen entgegen, ich sehe einzelne Gruppen und Figuren schon deutlich, sie sind schon dicht vor uns, Weiber schreien auf, Kindermägde rennen entsetzt und verzweifelt mit ihren Babywagen davon, Knaben laufen Galopp, fallen, geben es auf. Wir aber nehmen, es geschieht ohne mein Wissen und fährt mir nochmals, zum letzten Male wunderlich kitzelnd durch den Magen, wir nehmen einen kleinen Anlauf, machen einen Sprung und sind wieder in der Luft. Wir haben nur den Platz für die Landung gesucht und umfliegen das große Feld noch einmal im Kreise, niedriger und niedriger streichend. Längst ist der große Horizont versunken, die Erde wallt zu uns herauf, die Menschenhaufen atmen uns entgegen. Nochmals fliehen sie vor unserer Maschine davon, eine Gasse entsteht, wir gleiten nieder.
»Noch nicht! O noch nicht!« will ich flehend rufen. Die kleinen Räder sind schon aufgeprallt, ein Ruck im Sitz, die Erde ist unter uns und nimmt uns auf, und da halten wir schon, tausend Menschen brüllen und stürzen sich auf den Apparat. Mit einem sonderbaren Gefühl von Kleinheit und Scham steige ich aus, klettere auf die Erde hinab, entkleide mich der Brille, der Mütze, des Mantels, gebe dem Flieger die Hand und gehe hinweg, durch das dichte Volk hindurch, keines Gefühls noch Gedankens sicher, aber in allem, was

ich an Sehnsucht und Abenteuerbedürfnis und unbezwinglich triebhaftem Fernweh in mir habe, neu erregt, gestärkt und vertieft. *(1913)*

Winterausflug

Von Bern, wo der Nebel drückte und mittags das Wasser von den Dächern rann, war ich für ein paar Ausruhtage nach Grindelwald geflohen und saß dort in einem schönen, bequemen Engländerhotel. Bei der Ankunft war ich nicht wenig enttäuscht gewesen, es lag kaum noch ein winziger Rest von Schnee, und ich wurde, als ich mit meinen Skiern auf dem Rücken durchs Dorf schritt, von jedermann mit Verwunderung und Mitleid betrachtet. Bald aber vergaß ich das und hatte nichts dagegen, meine Skier im Kellerdepot ruhen zu lassen. Das Wetter war glänzend, eine milde Sonnigkeit mit kalten Nächten, tagsüber windstill, aber offenbar in der Höhe föhnig, denn Tag für Tag sah man jene federfeinen zerblasenen Wölkchen, die stets auf Föhn deuten, in breiten parallelen Reihen und Streifen wie Pfauenflügel sich über den zartblauen Himmel ausbreiten.

Das wunderbare Grindelwalder Tal, das ich seit zehn Jahren nimmer gesehen hatte, lag in der Tiefe fast schneefrei, und an warmen Mittagen konnte man oberhalb des Dorfes den dünnen Schnee von den Steinen tropfen und auf jungem grünem Kraute glänzen sehen wie im Frühling. Daneben lagen Mulden und verwehte Tobel unergründlich voll Schnee, und es geschah beim Spazierengehen immer wieder, daß man unversehens in so einem Schneeloch verschwand und lange zum Wiederaufstehen brauchte. Die herrliche Landschaft sprach wieder stark zu mir, es gibt wenig Alpentäler, wo auf so kleinem Raume sich so viel Größe und Schönheit entfaltet: das kühne, wuchtige Wetterhorn, der finstere, wilde, oben messerscharfe Eiger in seiner erdrückend nahen Riesigkeit, dahinter die wilde, verlassene und verrufene Welt bis zu den Fiescherhörnern und dem Finsteraarhorn und dazwischen die beiden Gletscher in ihrer rauhen, feindlichen Wüstheit und giftigen Bläue. Das alles liegt so nahe beieinander, daß man es mit einem einzigen Blick umfassen kann, und dabei steht man selbst in einem schönen, reichen Tal mit hübschen Hütten und üppigen Weidehängen, und jenseits auf der Sonnenseite liegen sanfte Höhen und Sättel und eine Reihe von kleineren, bequemen Gipfeln, vom Faulhorn bis zur Schynigen Platte. Steigt man zur Kleinen Scheidegg hinauf, so steht man zum Erschrecken nahe vor den gähnenden Gletscherwildnissen des Mönchs und der Jungfrau, deren schöner silberner Gipfel über dem Wust von Eis und Stein in der Bläue lacht. Und spaziert man zur Großen Scheidegg, so hat man zur Rechten die steile Riesenwand des Wetterhorns, ein paar tausend Meter weißen Granit, links das Profil des Schwarzhorns mit der langen, ernsthaften Nase, und vor sich das Tal und die fernen Berge der Zentralschweiz.

So gut es mir in meinem feinen Hotel erging, zuweilen zog ich es doch vor, ein Glas Wein oder einen Wermut in einer bewährten Dorfschenke zu nehmen und mir ein wenig von dem erzählen zu lassen, was in diesen zehn Jahren hier passiert war. Das wichtigste war der Tod des Pfarrers Straßer, der unter dem Namen des Gletscherpfarrers im ganzen Oberland berühmt und auch mir wohlbekannt gewesen war. Er hatte zu jedem Anlaß schwungvolle Gedichte hergestellt und war eine dekorative Figur gewesen, die man sich nicht wegdenken konnte, aber auch ein Mann, ein Freund und Helfer, auf den ein Verlaß war. Der ist also nicht mehr da. Als ich es hörte, fiel mir gleich der feine alte Friedhof von Grindelwald wieder ein, den ich damals, vor zehn Jahren, oft besucht hatte, und ich beschloß, nächstens einmal hinzugehen und unserm Freund Straßer einen dankbaren Besuch am Grabe zu machen.

Dazwischen wehte das bunte Winterleben an mir vorüber, der ganze liebe Jahrmarkt froher Menschlichkeit, alte Herren steif auf Schlittschuhen, mit Krämpfen in den Waden, alte Damen auf kleinen Schlitten, quiekend, schöne Jugend in farbigen Sportkleidern. Obenan die Engländer, würdig und bewußt in aller Beweglichkeit, sachlich beim Sport und Herrscher auf den Eisplätzen, die Deutschen unsicherer und weniger einheitlich, dazwischen die paar Italiener drollig

und etwas affektiert in schreienden Kostümen, aber kaltschnäuzig und todesfrech auf der Bobsleighbahn.
Eines Morgens sah ich vom Hotel aus das Oberdorf so schön in der Sonne liegen, daß ich rasch hinaufging, einem frühlingshaften Blau entgegen. Da stand hell und sauber das alte hübsche Kirchlein, und kaum sah ich es, da fiel der verstorbene Pfarrer mir wieder ein, und ich trat in den kleinen, stillen, sonnigen Friedhof, um ihn zu besuchen. Da hatte er sich den schönsten Platz ausgesucht, so geschützt und warm und ab vom Wind, wie er für einen verdienten alten Herrn zum Ausruhen paßt, nahe an seiner Kirche, in der er so oft gepredigt und gesungen hat. Ein Fliederbaum malt übers Grab ein feines Schattennetz, und die Berge schauen oben herein. Er liegt gut, unser Freund, und wir wollen es ihm gönnen, auch wenn es uns einmal nicht so gut geht. Mich aber, wenn ich nicht durch Zufall auch einen solchen exemplarischen Winkel zum Ausruhen bekommen kann, mich soll man einmal nicht in so einen gottverlassenen Stadtfriedhof legen, wo an den Mauern die Trambahn vorbeisurrt und wo die Torheit und Eitelkeit der Leute sich in Stein und Glasperlen austobt. Dann viel lieber in einem schönen, raschen Feuer für immer verschwinden!
Das Kirchhöflein tröpfelte und sönnelte leise, kein Mensch war da, und nur ein paar Vögel raschelten in den Büschen. Leise ging ich durch die bescheidenen Gräber, wo die Namen der alten Familien sich auf den Kreuzen immer wiederholen, die Baumann, Bernet, Bohren, Brawand, und ich blieb bei einem großen, vornehmen Steingrabe stehen, wo vier Männer liegen, zwei Engländer und zwei Führer, die auf dem Gipfel des Wetterhorns der Blitz erschlagen hat. Sie ruhen schön an einem guten Platz, und nicht schlechter ruhen die Verschollenen, die zwischen Grindelwald und dem Berglistock oder dem Finsteraarhorn im Eis verlorengegangen sind. Dort über dem Gletscher und hinter den rauhen, vereisten Graten blaute der Himmel so warm und tief, daß es wie ein Gruß vom Land da hinten war, von Italien, von dem

wir in Bern so entsetzlich weit entfernt und abgeschnitten sind, das wir aber nun bald, wenn die Lötschbergbahn fertig ist, in ein paar Stunden werden erreichen können. Es gibt nichts in der Welt, worauf ich sehnlicher warte, als auf das Fertigwerden dieser Bahn.

Behaglich sah ich mir die Gegend wieder an, besuchte den oberen und unteren Gletscher, stieg zur Großen Scheidegg hinauf, durchstöberte das Tal oder fuhr die kleinen schneidigen Schlittwege hinab. Und schließlich machte ich mich eines Morgens auf den Weg, um auch die Kleine Scheidegg wieder einmal aufzusuchen. Ich war um Mittag oben und traf strahlende, warme Sonne an. Gegen die Wengeralp hin lag das schräg abfallende Tal tief und weich verschneit, sonst war auch hier der Schnee nicht sonderlich tief, und man sah die starrenden Gletscher dieser unvergleichlich wilden Gegend unter dünner Decke blaugrün und listig funkeln. Im vorigen Jahr ist ein bekannter Grindelwalder Führer über den ganzen Mönchsgletscher, zu dessen Traversierung man sonst bange Stunden braucht, auf Skiern in vier Minuten weggefahren. Jetzt könnte man da oben keine Skier brauchen, die kalten, blauen Eishöhlen und Spalten grinsen fast unverhüllt herüber.

Ich hatte oben etwas zu essen bekommen und sonnte mich nun eine gute Stunde lang. Ich hatte von Grindelwald einen kleinen Rodelschlitten mitgenommen, auf dem saß und lag ich nun ruhend ausgestreckt und atmete die reine Sonnenluft, bis es Zeit war, aufzubrechen. Ich hoffte, den Weg nach Grindelwald zurück zum größten Teil auf dem Schlitten zurücklegen zu können. Vergnügt zog ich die Handschuhe an, setzte mich und fuhr der Schräge nach gegen den Wald hinab. Das ging geschwinder als ein Schnellzug, aber gar nicht lange. Ich fuhr vielleicht hundert Meter hinunter, da brach ich mit den Beinen durch die gefrorne Schneekruste, blieb stecken, überschlug mich zweimal und kam schließlich ganz sanft im tiefen Schnee auf den Kopf zu stehen, während mein Schlitten wie ein fideler kleiner Hund munter den Berg hinunterrannte. Wütend stand ich auf und hatte lange zu tun, bis ich auf dem Boden des nächsten Bachtobels mein Schlittchen wiederfand, das ich von da an nimmer losließ. Die Fahrt ging nun weiter, bald im Hui über glatten Schnee und steile Halden weg, bald mühsam watend durch Wehen und Mulden, und oft war ich froh, mich ein paar Minuten an den braunen Zweigen der Alpenrosen festhalten zu können, die aus dem Schnee hervorschauten. Ich war falsch gefahren und verlor mich mehr und mehr dem Walde nach, bis ich einsah, daß ich so vor Nacht nimmer heimkommen könne. Es war bitter, aber ich mußte die ganze Höhe, die ich während einer guten Stunde teils geschlittelt, teils gewatet war, mühsam wieder zurücksteigen. Es geht nämlich eine Zahnradbahn von Grindelwald nach der Scheidegg, die zwar jetzt nicht im Betrieb ist, deren Schienen aber fast überall zutage liegen und sichtbar sind. Dieser Bahn beschloß ich zu folgen, sobald ich sie erreicht hätte. Es ging lange und war beschwerlich, und dann mußte ich erst noch eine lange Strecke meinen Schlitten den Geleisen entlang ziehen, denn die Trasse war eisig, und daneben fiel die Stützmauer zwanzig Meter hinab. Dann aber schien es praktikabler zu werden, ich setzte mich mit Gottvertrauen auf den Schlitten, mit dem ich gut vertraut bin, legte das linke Bein als Führung auf die fast überall offen liegende Schiene und fuhr nun ohne weiteren Aufenthalt im Tempo eines guten Rennwagens die ganze Bahnstrecke hinab. Zuweilen hörte ich dumpfe metallene Schläge, spürte einen Schmerz im rechten Bein und eine Erschütterung im Kopf; dann war ich über eine Weiche weggefahren. Und einmal, ich darf es nicht verschweigen, verlor ich auch die Führung und verschwand übers Mäuerchen, doch kostete es mich nichts als meine Brille und ein paar Hautfetzchen. Und schließlich, es war 6 Uhr abends und tiefe, blaue Nacht, fuhr ich über eine kleine Brücke wie der Teufel aus der Schachtel in Grindelwald ein. Die Viertelstunde Gehens bis zum Hotel fiel mir schwerer als alles Bisherige, aber die Knochen waren ganz, und eine Stunde später saß ich vor einer heißen Suppe und einem Glas Karthäuser, und wenn das auch ein edler Wein ist, so hat er mir doch noch nie so wunderbar geschmeckt wie damals.

(1913)

Landesausstellung

Die Schweizerische Landesausstellung will ein Gesamtbild der schweizerischen Leistungen in Landwirtschaft wie Industrie geben. Der Erfolg der Ausstellung ist groß, der Besuch über Erwarten stark und das Gesamturteil der Besucher mündet in ein fröhliches Lob. Es wäre interessant, ein wenig zu untersuchen, aus welchen Quellen die Freude eines Volkes an seiner eigenen Arbeit stammt; jedenfalls ist es hübsch und rührend, dieselben Leute, die sonst ohne Aufhören über schlechte Zeiten und traurige Aussichten klagen, hier mit strahlenden Gesichtern herumgehen und begeistert in die allgemeine Freude einstimmen zu sehen. Interessant wäre es auch, zu untersuchen, wie weit die Freude des Publikums der eigentlichen Leistung der Ausstellung gilt und wie weit dem unvermeidlichen Nebeneindruck von Jahrmarkt, der jeder populären Ausstellung anhaftet.

Die Landesausstellung ist eine große und schöne Leistung und sie erfüllt ihre Aufgabe. Man kann sich hier über die in der Schweiz geleistete Arbeit wirklich eine Vorstellung machen. Wir sehen, das ist der erste Eindruck, die Schweiz nicht als Bauernland, sondern als Industriestaat, und dieser Eindruck beruht nicht darauf, daß die Landwirtschaft ungenügend vertreten wäre. Er beruht vor allem darauf, daß wir auf allen Gebieten der Arbeit eine technische Verfeinerung und Emsigkeit wahrnehmen, nicht ein Schöpfen aus vollen, überreichen Naturkräften, sondern ein kluges, überlegtes Wirtschaften mit beschränkten Mitteln. Der oft als gescheit aber nüchtern und geschäftsmännisch beurteilte Schweizer Charakter wird in seiner Determiniertheit klarer. Wir sehen die Landwirtschaft, vor allem die Zweige der Milchverwertung, mit allen Mitteln einer raffinierten Technik arbeiten; wir sehen eine sehr vielseitige Industrie Maschinen bauen, Gold, Silber, Kakao, Seide und andere Produkte bearbeiten, von denen kein einziges im Lande vorkommt und deren Markt zur Hauptsache wieder außer Landes liegt. Aus dieser

Beschränktheit des kleinen Landes sehen wir eine Arbeitstüchtigkeit und technisch geschäftliche Vervollkommnung entstanden, die den Eindruck eines gesunden, sehr lebensfähigen Baumes macht, der auf magerem Boden zwischen Felsen wurzelt und unter Mühsalen aufgewachsen ist. Für mich war dies der Haupteindruck der Ausstellung und er ist schön und imponierend. Die Maschinenhalle, die auf das Volk den stärksten Eindruck macht, stellt tatsächlich das Ergebnis einer konzentrierten Tüchtigkeit dar. Weit weniger beachtet, doch wesentlich interessanter und auch schweizerischer ist die meist aus Tabellen und Modellen bestehende Ausstellung, die den Stand und die nächste Zukunft in der Ausbeutung der schweizerischen Wasserkräfte zeigt. Das ist, außer der Milch- und der Forstwirtschaft, der einzige Zweig schweizerischer Gewerbstätigkeit im großen, der ganz und gar auf Kräften und Reichtümern des eigenen Landes ruht. Da sieht man stärker als irgendwo sonst die wunderliche Tatsache, daß der größte Reichtum dieses Landes dort liegt, wo Feld und Baumwuchs aufhören, in den Wasserkräften der Hochalpen, und große, glänzende Projekte, wie das des Grimselwerkes, deren kleine Modelle und Zeichnungen das große Publikum wenig anziehen, stellen in Wirklichkeit die wichtigsten Taten und die wichtigsten neuen Erwerbsquellen der Schweiz dar.

Hier ist kein Raum, ins einzelne zu gehen und alles Schöne zu rühmen. Als ein wesentliches Stück schweizerischer und republikanischer Begabung und Tätigkeit erscheint neben den Erwerbszweigen das öffentliche Wesen, das sich im Militär und noch stärker und eigenartiger im Erziehungswesen ausdrückt. Auch hier zeigt die Ausstellung Hervorragendes.

Kurz, das Ganze ist so solid und trefflich als Leistung, daß es sehr wohl eine Kritik ertragen kann. Es war sichtlich der Wille vorhanden, etwas Mustergültiges zu geben, es war das Ideal einer im schönsten Sinn modernen Sachlichkeit und Ehrlichkeit vorhanden und schon daß man diesen Willen überall ganz deutlich spürt, ist ein Erfolg und verdient Ruhm. Indessen ergibt es sich, daß auf dem Gebiet des Zeigens und Aufmachens, also im Dekorativen und Kunstgewerblichen, eine originale Eigenkraft in der Schweiz nicht vorhanden oder noch nicht völlig wach geworden ist. Was an der Ausstellung als Außenwerk Lob verdient, was an guter Aufmachung, guter Architektur, gutem Kunstgewerbe da ist, trägt durchaus deutschen Charakter und kann sich zum Teil etwa neben München und Darmstadt sehen lassen, zeigt aber keinerlei eigenen Typ. Und auch an diesem Guten ist nur ein Teil der Schweiz, hauptsächlich die deutsche, beteiligt. Vor allem fehlt, das ist der einzige Fehler der Gesamtausstellung, ein ganz einheitlicher Plan. Wir reden heute wieder von Städtebaukunst, wir klagen darüber, daß in unseren Straßen Zufall und Willkür waltet, statt Plan und geschulte Einheitlichkeit. Wo wäre dieser Wunsch leichter zu verwirklichen als in der flüchtig gebauten Miniaturstadt einer Ausstellung? Daran fehlt es nun hier; der Gesamtplatz ist praktisch und nicht häßlich, aber er ist nicht künstlerisch gefühlt, und überall herrscht das Einzelne, nirgends der Plan des Ganzen. Das gilt für die Architektur, die zum Teil sehr gut ist, und gilt ebenso für den Geist, in dem die Einzelnen ihre Erzeugnisse ausgestellt haben. Da sieht man entzükkende Resultate von Zusammenarbeit, Geschmack und Ehrlichkeit, aber auch einige Beispiele der übelsten Reklamemacherei, Sachen, wie den Wachsfigurenraum einer Nährmehlfabrik und den größeren Teil der Schokoladenausstellung. An diesen Orten wird weder Herkunft noch Entstehung, weder Bearbeitung noch Markt der betreffenden Artikel dargestellt, sondern einfach mit Zuhilfenahme schlechter Halbkunst Reklame gemacht. Das hätte verhindert oder gemildert werden können, und damit wäre das Wenige vermieden worden, was in dieser vorzüglichen Ausstellung an Jahrmarkt gemahnt. Hier mußte Geldinteresse und künstlerisch-kulturelles Gesamtinteresse sich vergleichen, und der Vergleich ist nicht recht geglückt. Dazu ge-

hört auch, daß die Leitung der Ausstellung zwar anfänglich schön und stolz darauf verzichtete, einen Vergnügungspark aufzumachen, dann aber doch dem Angebot eines Rutschbahnmannes nicht widerstehen konnte; und nun steht, zum Glück ein wenig abseits, aber angesichts der Schneeberge, eine große Rutschbahn mit pappenen Bergen und gemeinen Farben da draußen auf dem schönen Ausstellungsplatz. Das sind Einzelheiten, die man nicht überschätzen, aber auch nicht verschweigen soll; denn wir wollen doch bei dieser Ausstellung etwas lernen und vorwärts kommen.
Was hier noch fehlt (wären nicht schöne Ansätze dazu da, so würde man es gar nicht vermissen), ein bewußt einheitliches, ästhetisches Wollen, dafür ist eine Art von Ersatz da in den Bestrebungen und Leistungen des schweizerischen Heimatschutzes, der sich hervorragend an der Ausstellung beteiligt hat. Sein Dorf mit Kirche, Pfarrhaus, Ställen, Wirtshaus, Friedhof zeigt vielleicht keine endgültige Leistung, aber einen edlen, klaren Willen und eine sehr gute Haltung, und die Altmodischen, die dies nicht schätzen und lieber ein romantisches Theaterdorf gehabt hätten, sind dieselben, die sich dafür vor den Wachsfiguren im mißglücktesten Teil der Ausstellung schadlos halten.
Zum Bilde einer nationalen Ausstellung gehört auch das Volk selbst. Das wimmelt denn auch fröhlich durch die Berner Ausstellung und macht einen vorzüglichen Eindruck. Die Mannigfaltigkeit dieses kleinen Volkes zeigt sich äußerlich in der Vielheit der Typen. Vom internationalisierten Großkaufmann und anglisierten Überseer bis zum scheuen Dorfbuben, der zum erstenmal in die Stadt kommt, ist eine famose Reihe von menschlichen Typen wahrzunehmen, dennoch vermischen sich die Teile zu einem deutlich fühlbaren Ganzen, dennoch bilden diese Volksteile von so verschiedener Art und Sprache ein einheitliches Volk. Man spürt das hier besonders gut, wo alle in einer sichtlichen Freude über die nationale Ausstellung einig sind. Es ist ein schöner Anblick, und auch der Ernst und die Ausdauer, mit

denen viele Arbeiter, Handwerker und Landleute die große Ausstellung durchwandern, macht einen sympathischen und schönen Eindruck. Ebenso fällt, im Vergleich mit Deutschland etwa, die zwanglos republikanische Vermischung der Stände auf, ein sympathischer Mangel an Standesdünkel und Absonderungs- oder Uniformierungsbedürfnis. Es ist auch in dieser Hinsicht die Berner Ausstellung eine gute Gelegenheit, das Schweizer Wesen kennen zu lernen. Am schönsten zeigt sich die Freude des Volkes an diesem nationalen Fest am Feierabend im Dörfliwirtshaus, wo ohne jede Salontirolerei sich jeden Abend ein schönes Bild volkstümlichen Behagens ergibt.
Ein einziger Teil der Ausstellung, obwohl sehr stark besucht, zeigt das Publikum verwirrt und unaufmerksam, unvertraut und nicht zum Ernst gewillt. Das ist leider die Kunstausstellung. Sie ist keineswegs schlecht, im einzelnen sogar sehr gut, aber sie verblüfft das Volk durch eine offenbar etwas absichtlich übertriebene Modernität. Bei dieser Landesausstellung, wo Zehntausende zum erstenmal einen Gemäldesaal besuchen und wo das Volk im weitesten Sinne einmal auch bei der Kunst zu Gaste sein will, da wäre eine meinetwegen ganz aufs Moderne eingestellte Kunstausstellung eine rechte Tat gewesen. Die Künstler, durch kurz vorher erfolgte Händel mit der Volksvertretung verstimmt, haben auf diesen einzigen Anlaß verzichtet. Von den bedeutenden Schweizer Malern kann der Laie nur Max Buri hier einigermaßen kennen lernen, ihn freilich in drei herrlichen Bildern. Weder Hodler noch Amiet sind genügend vertreten, und die ganze übrige Ausstellung ist weiter nichts, als eine zufällige Jahresschau mit überdies provokant betonter Vorliebe für die Jüngsten. Die Künstler lachen höhnisch zurück, und den Schaden hat die Kunst. Es ist schade, und von den Künstlern war es unklug und auch unpatriotisch; aber dennoch gefällt mir etwas an diesem Künstlertrotz, der, durch einige sehr dilettantische Reden in Sachen der eidgenössischen Kunstpflege gereizt, lieber dem Publikum zornig

das Schwerverdauliche hinwirft, als den Anlaß benützt, ein besseres Verhältnis zwischen Kunst und Volk anzubahnen (was ohne Konzessionen möglich gewesen wäre). Aber schade ist es trotz allem.

Man ist fleißig in der Schweiz, das zeigt uns die Landesausstellung eindringlichst, man ist fleißig und sucht sein mäßiges Kapital an natürlichem Reichtum klug und zäh zu verwalten. Man ist auch dem Gemeinsinn und der Vaterlandsliebe offen, das zeigt die Ausstellung selbst und das sie besuchende Volk. Man liebt die Heimat aber auch um ihrer Schönheit, um ihrer Seele willen, davon spricht der Heimatschutz. Und schließlich bringt das kleine, fleißige Land noch als Luxusblüte diese heute verlachten, später verehrten Sonderlinge von Künstlern hervor, auffallend viele sogar, und in den besten von ihnen mündet denn die kleine Schweiz wieder in die große Welt, und aus dem national Determinierten wird Menschheitsgut. *(1914)*

Vor einer Sennhütte im Berner Oberland

Wieder steige ich im Morgenlicht durch den hohen Schnee hinan zwischen Hütten und Obstbäumen, die allmählich selten werden und zurückbleiben. Streifen von Tannenwald züngeln über mir den mächtigen Berg hinan bis zur letzten Höhe, wo kein Baum mehr wächst und wo der stille, reine Schnee noch bis zum Sommer liegen wird, in den Mulden tief und sammetglatt verweht, über Felshängen in phantastischen Mänteln und Wächten hängend.

Ich steige, den Rucksack und die Skier auf dem Rücken, in einem steilen Holzweg Schritt für Schritt bergan, der Weg ist glatt und manchmal eisig, und die stählerne Spitze meines Bambusstockes dringt knirschend und widerwillig ein. Ich werde im Gehen warm, und am Schnurrbart gefriert der Atem.

Alles ist weiß und blau, die ganze Welt ist strahlend kaltweiß und strahlend kühlblau, und die Umrisse der Gipfel stechen hart und kalt in den fleckenlosen Glanzhimmel. Dann trete ich in beengend dichten, finsteren Nadelwald, die Skibretter streifen spärliche Schneereste von lautlosen Zweigen, es ist bitter kalt, ich muß abstellen und den Rock wieder anziehen.

Überm Walde steile Schneehänge. Der Weg ist schmal und schlecht geworden. Ein paarmal breche ich bis zu den Hüften durch den Schnee. Eine launische Fuchsspur geht vom Walde her mit, jetzt rechts, jetzt links vom Pfad, macht eine feine spielerische Schleife und kehrt bergwärts um.

Hier oben will ich Mittagsrast halten. Die letzte Hütte steht auf schmalem Weidebord, Tür und Fensterluken sorgfältig verschlossen, davor nach Süden eine kleine Ruhebank, drüben ein Brunnen, tief unterm Schnee mit dunkel glasigen Tönen läutend. Ich zünde Spiritus an, fülle Schnee in die Kochpfanne, taste im vollen Rucksack nach dem Teepaket. Die Sonne blitzt grell im weißen Aluminium, überm Kochapparat zittert die Luft in blasig quirlenden Formen von der

Wärme, der versunkene Brunnen gurgelt schwach unterm Schnee, sonst keine Regung und kein Ton in der weiß und blauen Winterwelt.

Rings um die Hütte, von dem vorstehenden Dach geschützt, läuft eine schneefreie Gasse, da liegen tannene Bretter, Stangen, Spaltklötze umher, sonderbar bloß und nackt mitten in der Schneeöde. Ruhe, tiefe Ruhe. Erschreckender Lärm für das verwaiste Gehör, wenn am Kocher ein Schneekorn verzischt, wenn von unten aus den spitzen Wipfeln ein Krähenschrei knarrt.

Aber plötzlich – ich hatte halbwach im Sitzen geträumt, ungewiß, ob Minuten oder Viertelstunden – klingt ein unendlich schwacher, unendlich zärtlich-weicher Ton, seltsam befremdend, zauberlösend, in mein Ohr. Unmöglich, ihn zu deuten, aber mit ihm ist alles anders geworden: matter der Schnee, gedehnter die Luft, süßer das Licht, wärmer die Welt. Und wieder der Ton – und wieder, und mit rasch verkürzten Pausen wiederholt – und jetzt erkenne ich ihn, und jetzt lächle ich und sehe, es ist ein Wassertropfen, der vom Dach zum Boden fällt! Und schon fallen drei, sechs, zehn zugleich, gesellig, plaudernd, arbeitsam, und die Starre ist gebrochen; es taut vom Dache. Im Panzer des Winters sitzt ein kleiner Wurm, ein kleiner Zerstörer und Bohrer und Mahner – tik, tak, tak ...

Und am Boden glitzert breit ein Streifen Feuchtigkeit, und die paar hübschen, runden Pflastersteine fangen zu glänzen an, ein paar dürre Tannennadeln drehen sich schwimmend auf einer winzigen Pfütze, die kleiner ist als meine Hand. Und die ganze Mittagsseite des Hüttendaches entlang fallen lässig die schweren Tropfen, einer in den Schnee, einer klar und kühl auf einen Stein, einer dumpf auf ein trockenes Brett, das ihn gierig schluckt, einer breit und satt auf die nackte Erde, die nur langsam, langsam saugen kann, weil sie so tief gefroren ist. Sie wird sich auftun, in vier, in sechs Wochen, und hier wird ein verblasener Grassame aufgehen, der jetzt unsichtbar schläft, klein und mastig, und zwischen

den Steinen zwergiges Unkraut mit feinen Blumen, ein kleiner Hahnenfuß, eine Taubnessel, ein weiches Fünffingerkraut, ein struppiger Löwenzahn.
Wie ist der kleine Platz seit einer Stunde ganz verwandelt! Ringsum liegt immer noch mannshoch der Schnee und wird noch lange liegen. Aber im Bezirk der Hütte, wie atmet da entbundene Kraft, begieriges Leben!
Vom Schneerand auf dem Bretterstoß rinnt sacht ein stiller Tropfen um den andern und verrinnt lautlos im saugenden Holz, und das Tauwasser klatscht freudig vom Dach, dessen Schnee doch nicht zu schwinden scheint, und vor der Schwelle dampft der feuchte Boden in der Mittagssonne dünne Wölkchen aus.
Ich habe gegessen und habe den Rock ausgetan und dann die Weste, und sonne mich und gehöre mit zu der kleinen Frühlingsinsel, und wenn ich auch weiß, daß dieser kleine, spiegelnde See zwischen meinen Schuhen und jeder von diesen glitzernden Tautropfen in wenig Stunden tot und Eis sein wird – ich habe doch den Frühling schon an der Arbeit gesehen.
Der arme karge Bergfrühling, der so viele Feinde und ein so bedrängtes Leben hat, er will doch leben und arbeiten und sich fühlen! Und solange nichts anderes zu tun und an kein Gras und keine Biene, an keine Schlüsselblume und keine kleinste Ameise zu denken ist, so lange spielt der Frühling, wie ein Knabe, begnügsam und eifrig mit dem wenigen, was da ist.
Und jetzt beginnt sein süßestes Spiel. Er hat nichts als die Hütte und ihren winzigen Umkreis, alles andere liegt noch tief begraben. Da hält er sich an das einzige Lebende, was da ist, an das Holz. Er spielt mit dem Holz der Balken und der Türe, mit den Brettern und Schindeln, mit den Hackblöcken und Wurzelstöcken unterm Bretterdach. Er tränkt sie mit Mittagssonne, daß sie durstig werden, er läßt sie Tauwasser trinken, er öffnet ihre verschlafenen Poren, und das Holz, das eben noch tot und ewig vom Kreislauf der Verwandlun-

gen ausgestoßen schien, beginnt Leben zu spüren, Erinnerung an Baum und Sonne, an Wachstum und ferne Jugend. Es atmet schwach in seinem Traum, es saugt verlangend Feuchtigkeit und Sonne, es dehnt sich in erstarrten Fasern, knackt hier und dort und rührt sich träge. Und da ich mich auf die Bretter lege und einzuschlummern beginne, kommt mir aus den halbtoten Hölzern ein wunderbar leichter, inniger Duft entgegen, schwach und kindlich voll von der rührenden Unschuld der Erde, von Frühlingen und Sommern, von Moos und Bach und Tiernachbarschaft.

Und mir, dem einsamen Skiläufer der an Menschen und Bücher und Musik und Gedichte und Reisen gewöhnt und der aus dem Reichtum des Menschenlebens mit Eisenbahnen und Postwagen, auf Schneeschuhen und zu Fuß hier heraufgekommen ist, mir rührt der leise kindliche Duft des erwarmenden Holzes in der Sonne stärker und bezwingender an die Seele, weckt Erinnerung an fernere, tiefere Kindheiten auf, als alles, was das Menschenreich mir seit langem gab.

(1914)

[Wanderung in den Tessin]

Bergpaß

Über die tapfere kleine Straße weht der Wind. Baum und Strauch sind zurückgeblieben, Stein und Moos wächst hier allein. Niemand hat hier etwas zu suchen, niemand hat hier Besitz, der Bauer hat nicht Heu noch Holz hier oben. Aber die Ferne zieht, die Sehnsucht brennt, und sie hat über Fels und Sumpf und Schnee hinweg diese gute kleine Straße geschaffen, die zu anderen Tälern, anderen Häusern, zu anderen Sprachen und Menschen führt.

Auf der Paßhöhe mache ich halt. Nach beiden Seiten fällt die Straße hinab, nach beiden Seiten rinnt Wasser, und was hier oben nah und Hand in Hand beisammen steht, findet seinen Weg nach zwei Welten hin. Die kleine Lache, die mein Schuh da streift, rinnt nach dem Norden ab, ihr Wasser kommt in ferne kalte Meere. Der kleine Schneerest dicht daneben aber tropft nach Süden ab, sein Wasser fällt nach ligurischen oder adriatischen Küsten hin ins Meer, dessen Grenze Afrika ist. Aber alle Wasser der Welt finden sich wieder, und Eismeer und Nil vermischen sich im feuchten Wolkenflug. Das alte schöne Gleichnis heiligt mir die Stunde. Auch uns Wanderer führt jeder Weg nach Hause.

Noch hat mein Blick die Wahl, noch gehört ihm Nord und Süd. Nach fünfzig Schritten wird nur noch der Süden mir offen stehen. Wie atmet er geheimnisvoll aus bläulichen Tälern herauf! Wie schlägt mein Herz ihm entgegen! Ahnung von Seen und Gärten, Duft von Wein und Mandel weht herauf, alte heilige Sage von Sehnsucht und Romfahrt.

Aus der Jugend klingt mir Erinnerung her wie Glockenruf aus fernen Tälern: Reiserausch meiner ersten Südenfahrt, trunkenes Einatmen der üppigen Gartenluft an den blauen Seen, abendliches Hinüberlauschen über erblassende Schneeberge in die ferne Heimat! Erstes Gebet vor heiligen

Säulen des Altertums! Erster traumhafter Anblick des schäumenden Meeres hinter braunen Felsen!
Der Rausch ist nicht mehr da, und nicht mehr das Verlangen, allen meinen Lieben die schöne Ferne und mein Glück zu zeigen. Es ist nicht mehr Frühling in meinem Herzen. Es ist Sommer. Anders klingt der Gruß der Fremde zu mir herauf. Sein Widerhall in meiner Brust ist stiller. Ich werfe keinen Hut in die Luft. Ich singe kein Lied.
Aber ich lächle, nicht nur mit dem Munde. Ich lächle mit der Seele, mit den Augen, mit der ganzen Haut, und ich biete dem heraufduftenden Lande andere Sinne entgegen als einstmals, feinere, stillere, schärfere, geübtere, auch dankbarere. Dies alles gehört mir heute mehr als damals, spricht reicher und mit verhundertfachten Nuancen zu mir. Meine trunkene Sehnsucht malt nicht mehr Traumfarben über die verschleierten Fernen, mein Auge ist zufrieden mit dem, was da ist, denn es hat sehen gelernt. Die Welt ist schöner geworden seit damals.
Die Welt ist schöner geworden. Ich bin allein, und leide nicht unter dem Alleinsein. Ich wünsche nichts anders. Ich bin bereit, mich von der Sonne fertig kochen zu lassen. Ich bin begierig, reif zu werden. Ich bin bereit zu sterben, bereit wiedergeboren zu werden.
Die Welt ist schöner geworden.

Dorf

Das erste Dorf auf der Südseite der Berge. Hier beginnt erst recht das Wanderleben, das ich liebe, das ziellose Schweifen, die sonnigen Rasten, das befreite Vagabundentum. Ich neige sehr dazu, aus dem Rucksack zu leben und Fransen an den Hosen zu haben.
Während ich mir Wein aus der Pinte ins Freie bringen lasse, fällt mir plötzlich Ferruccio Busoni ein. »Sie sehen so ländlich aus«, sagte mir der liebe Mensch mit einem Anflug von Ironie, als wir uns das letztemal sahen – es ist gar nicht lange

her, in Zürich. Andreae hatte eine Mahler-Symphonie dirigiert, wir saßen im gewohnten Restaurant zusammen, ich freute mich wieder an Busonis fahlem Geistergesicht und an der flotten Bewußtheit dieses glänzendsten Antiphilisters, den wir heut noch haben. – Wie kommt diese Erinnerung hierher?
Ich weiß! Es ist nicht Busoni, an den ich denke, und nicht Zürich, und nicht Mahler. Das sind die üblichen Täuschungen des Gedächtnisses, wenn es an Unbequemes kommt; es schiebt dann gern harmlose Bilder in den Vordergrund. Ich weiß jetzt! In jenem Restaurant saß auch eine junge Frau, hellblond und sehr rotwangig, mit der ich kein Wort sprach. Engel du! Sie anzusehen war Genuß und Qual, wie liebte ich sie jene Stunde lang! Ich war wieder achtzehn Jahre alt.
Plötzlich ist alles deutlich. Schöne, hellblonde, lustige Frau! Ich weiß nicht mehr, wie du heißt. Ich habe dich eine Stunde lang geliebt, und ich liebe dich heut am sonnigen Sträßchen des Bergdorfes wieder, eine Stunde lang. Niemand hat dich mehr geliebt als ich, niemand hat dir jemals so viel Macht über sich eingeräumt wie ich, unbedingte Macht. Aber ich bin zur Untreue verurteilt. Ich gehöre zu den Windbeuteln, welche nicht eine Frau, sondern nur die Liebe lieben.
Wir Wanderer sind alle so beschaffen. Unser Wandertrieb und Vagabundentum ist zu einem großen Teil Liebe, Erotik. Die Reiseromantik ist zur Hälfte nichts anderes als Erwartung des Abenteuers. Zur andern Hälfte aber ist sie unbewußter Trieb, das Erotische zu verwandeln und aufzulösen. Wir Wanderer sind darin geübt, Liebeswünsche gerade um ihrer Unerfüllbarkeit willen zu hegen, und jene Liebe, welche eigentlich dem Weib gehörte, spielend zu verteilen an Dorf und Berg, See und Schlucht, an die Kinder am Weg, den Bettler an der Brücke, das Rind auf der Weide, den Vogel, den Schmetterling. Wir lösen die Liebe vom Gegenstand, die Liebe selbst ist uns genug, ebenso wie wir im Wandern nicht das Ziel suchen, sondern nur den Genuß des Wanderns selbst, das Unterwegssein.

Junge Frau mit dem frischen Gesicht, ich will deinen Namen nicht wissen. Meine Liebe zu dir will ich nicht hegen und mästen. Du bist nicht das Ziel meiner Liebe, sondern ihr Antrieb. Ich schenke diese Liebe weg, an die Blumen am Weg, an den Sonnenblitz im Weinglas, an die rote Zwiebel des Kirchturms. Du machst, daß ich in die Welt verliebt bin.

Ach, dummes Gerede! Ich habe heut nacht, in der Berghütte, von der blonden Frau geträumt. Ich war unsinnig in sie verliebt. Ich hätte den Rest meines Lebens samt allen Wanderfreuden darum gegeben, wenn sie bei mir gewesen wäre. An sie denke ich heut den ganzen Tag. Für sie trinke ich Wein und esse Brot. Für sie zeichne ich Dorf und Turm in mein Büchlein. Für sie danke ich Gott – daß sie lebt, daß ich sie sehen durfte. Für sie werde ich ein Lied dichten und mich an diesem roten Wein betrinken.

Und so war es mir bestimmt, daß meine erste Rast im heitern Süden der Sehnsucht nach einer hellblonden Frau jenseits der Berge gehört. Wie schön war ihr frischer Mund! Wie schön, wie dumm, wie verzaubert ist dies arme Leben!

Gehöft

Wenn ich diese gesegnete Gegend am Südfuß der Alpen wiedersehe, dann ist mir immer zumute, als kehre ich aus einer Verbannung heim, als sei ich endlich wieder auf der richtigen Seite der Berge. Hier scheint die Sonne inniger, und die Berge sind röter, hier wächst Kastanie und Wein, Mandel und Feige, und die Menschen sind gut, gesittet und freundlich, obwohl sie arm sind. Und alles, was sie machen, sieht so gut, so richtig und freundlich aus, als sei es von Natur so gewachsen. Die Häuser, Mauern, Weinbergtreppen, Wege, Pflanzungen und Terrassen, alles ist weder neu noch alt, alles ist, als sei es nicht erarbeitet, erklügelt und der Natur abgelistet, sondern entstanden wie Fels, Baum und Moos. Weinbergmauer, Haus und Hausdach, alles ist vom selben braunen Gneisgestein gemacht, alles paßt brüderlich zueinander. Nichts sieht fremd, feindlich und gewaltsam aus, alles scheint vertraulich, heiter, nachbarlich.

Setze dich nieder, wo du willst, auf Mauer, Fels oder Baumstumpf, auf Gras oder Erde: überall umgibt dich ein Bild und Gedicht, überall klingt die Welt um dich her schön und glücklich zusammen.

Hier ist ein Gehöft, wo arme Bauern wohnen. Sie haben kein Rindvieh, nur Schwein, Ziege und Huhn, sie pflanzen Wein, Mais, Obst und Gemüse. Das ganze Haus ist aus Stein, auch Böden und Treppen; zum Hofe führt eine behauene Stufe zwischen zwei Steinsäulen. Überall blaut zwischen Gewächs und Gestein der See herauf.

Die Gedanken und Sorgen scheinen jenseits der Schneeberge liegengeblieben zu sein. Zwischen gequälten Menschen und häßlichen Sachen denkt und sorgt man so viel! Es ist dort so schwer, und so verzweifelt wichtig, eine Rechtfertigung des Daseins zu finden. Wie sollte man denn sonst leben? Vor lauter Unglück wird man tiefsinnig. – Hier aber sind keine Probleme, das Dasein bedarf keiner Rechtfertigung, die Gedanken werden zum Spiel. Man empfindet: die Welt ist schön, und das Leben ist kurz. Nicht alle Wünsche ruhen; ich möchte ein paar Augen mehr, eine Lunge mehr haben. Ich strecke die Beine ins Gras und wünsche, sie möchten länger sein.

Ich möchte ein Riese sein, dann läge ich mit dem Kopfe nah am Schnee auf einer Alp zwischen den Ziegen, und meine Zehen unten plätscherten im tiefen See. So läge ich und stünde nimmer auf, zwischen meinen Fingern wüchse Gesträuch, in meinem Haar Alpenrosen, meine Knie wären Vorgebirge, auf meinem Leibe stünden Weinberge, Häuser und Kapellen. So liege ich zehntausend Jahre, blinzle in den Himmel, blinzle in den See. Wenn ich niese, gibt es ein Gewitter. Wenn ich drüber hauche, schmilzt der Schnee, und Wasserfälle tanzen. Wenn ich sterbe, stirbt die ganze

Welt. Dann fahre ich übers Weltmeer, eine neue Sonne zu holen.
Wo werde ich diesen Abend schlafen? Einerlei! Was macht die Welt? Sind neue Götter erfunden, neue Gesetze, neue Freiheiten? Einerlei! Aber daß hier oben noch eine Primel blüht und Silberpelzchen auf den Blättern trägt, und daß der leise süße Wind dort unten in der Pappel singt, und daß zwischen meinem Auge und dem Himmel eine dunkelgoldene Biene schwebt und summt – das ist nicht einerlei. Sie summt das Lied vom Glück, sie summt das Lied von der Ewigkeit. Ihr Lied ist meine Weltgeschichte. *(1918)*

Kirchen und Kapellen im Tessin

Zu den Zaubern des Südens, die den protestantischen Nordländer in den Gegenden südlich der Alpen begrüßen, gehört auch der Katholizismus. Mir ist es unvergeßlich, wie auf meiner ersten jugendlichen Italienfahrt dies auf mich wirkte, den Sohn eines streng protestantischen Hauses, wie erstaunt und bezaubert ich das mit ansah, dies selbstverständliche, naive Wohnen eines Volkes in seinen Tempeln, in seiner Religion, diese Zentralkraft Kirche, von welcher beständig ein Strom von Farbe, Trost, Musik, von Schwingung und Belebung ausstrahlte. Mag der Katholizismus in Italien und in den Alpenländern auch im Rückgang begriffen sein (im Tessin ist er es sichtlich, und die Mehrzahl der schönen alten Kirchenbauten wäre heute nicht mehr möglich), so ist doch immer noch, im Vergleich mit dem Norden, die Kirche in ihrer Sichtbarkeit vorhanden und mächtig-mütterlicher Mittelpunkt des Lebens. Und nichts wirkt auf den in Protestantismus und Gewissensplage aufgewachsenen Menschen stärker und rührender als der Anblick naiver, sich zeigender, sich schmückender Frömmigkeit. Einerlei, ob in einem Tempel Ceylons oder Chinas oder in einer Kapelle des Tessins, immer wirkt dieser Anblick auf unsereinen wie eine Erinnerung an verlorene Kindheiten der Seele, an ferne Paradiese, an eine selige Primitivität und Unschuld des religiösen Lebens, und nichts fehlt uns geistig unersättlichen Europäern mehr als eben diese Lust und Unschuld.

Beim Übergang über die Alpen fand ich mich jedesmal, wie vom Anhauch des wärmeren Klimas, den ersten Lauten der klangvolleren Sprache, den ersten Rebenterrassen, so auch vom Anblick der zahlreichen, schönen Kirchen und Kapellen zart und mahnend berührt, wie von Erinnerung an einen sanfteren, milderen, mutternahen Zustand des Lebens; an kindlicheres, einfacheres, frömmeres, froheres Menschentum. Und mehr und mehr wurde es mir unmöglich, im Gefühl die katholische Frömmigkeit von der antiken zu tren-

nen. Genau ebenso wie die uralte, römisch-mittelländische Art der Bodenkultur, der Terrassenbau mit Wein, Maulbeere, Olive, unzerstört in den alten, festen Formen hier unten weiterbesteht, so besteht etwas vom heidnisch-frommen, augenfrohen, bildergläubigen, gesunden Kult und Glauben der Antike in den Ländern südlich der Alpen noch heute fort. Wo in Römerzeiten ein Tempel stand, steht jetzt eine Kirche, wo damals die kleine primitive Steinsäule für einen Feldgeist oder Waldgott stand, steht jetzt ein Kreuz, wo damals das kleine ländliche Heiligtum einer Nymphe, einer Quellgöttin, eines Flurgottes stand, steht heute der Bildstock oder die Nische eines Heiligen. Wie vor Alters spielen vor dieser Nische die Kinder, wie vor Alters schmücken sie sie mit Blumen. Wanderer und Hirt rastet an diesem Ort, eine Cypresse oder Eiche steht dabei, und irgendeinmal an einem Sommersonntag kommt im schönen Zug mit blau und goldenen Kleidern der Bischof vorbei und segnet und weiht das kleine Heiligtum, daß es nicht vergessen werde, daß weiterhin Trost und Freude, Mahnung an das Göttliche und Erinnerung an unsre höchsten Ziele von diesem Ort ausgehen möge.
Im Tessin habe ich das immer besonders stark empfunden. Daß man am Südfuß der Alpen ist, daß man das Land der Sonne und der ältesten europäischen Kultur betritt, davon spricht nicht nur die Wärme der Sonne, der Klang der schönen Sprache, der kluge Terrassenbau der Weinberge, sondern ebensosehr all die frommen Bauten, alte und neue, all die Kirchen, Kapellen, Bildstöcke. Alle sind schön, ganz ohne Ausnahme, denn die Tessiner sind vorzügliche Architekten und Maurer von Alters her und haben ja auch in Italien manche der größten Bauten errichten helfen. Schön ist auch immer und ausnahmslos der Standort einer Kirche, man denke an Lugano, an Tesserete, an Ronco, an St. Abbondio bei Gentilino, an Breganzona, an die Madonna del Sasso. Schön und wohlüberlegt ist auch immer der Zugang zum Heiligtum. Straße oder Brücke führt zwischen Mauern

mit sanftem Zwang auf die Kirche zu, und immer empfängt uns vor dem Eintritt ein Vorplatz, man kommt nicht atemlos vom Steigen, oder rennend vom Bergablaufen, in eine Kirche hinein, erst nimmt ein ebener, wenn auch noch so kleiner Vorplatz den Pilger auf, ein paar Bäume stehen da, und meistens überschattet und schützt den Eingang eine Vorhalle. Von weitem schon ruft und ladet oft diese Vorhalle, mit drei oder fünf Bögen, schattig und ehrwürdig herüber.
Wie alle Gebäude in diesem steinreichen und holzarmen Lande sind die Kirchen und Kapellen ganz aus Stein. In kleinen Bergdörfern steht das Kirchlein roh und unverputzt, nackte Mauern, auch das Dach aus rohen Gneisplatten, ausgezeichnet nur durch den Giebel und den Glockenturm. An andern Orten ist der Bau verputzt und bemalt, nicht selten wunderschön, obwohl das Klima den Wandmalereien an Außenwänden nicht eben günstig ist. Man sieht wohl arme und schlichte Kirchen, aber kaum jemals eine verfallene.
Wie nun inmitten einer Stadt oder eines Dorfes die Kirche den stärksten Akzent bildet und der Campanile die Silhouette stempelt, so strahlt uralte Frömmigkeit überall ins Land und bis in verlassene und schwer zugängliche Täler und Berge hinein. Auch im entlegensten Gebiet, soweit noch Geißen weiden und Menschen ihren Unterhalt suchen, steht da und dort noch ein kleines Heiligtum, eine Kapelle an der Wegbiegung, unter deren Vordach die Straße durchläuft und wo sich im Regen rasten läßt, ein Bildstock kindlich und hübsch, zwischen altem Gemäuer unterm Steindach eine winzige Bildwand, bemalt mit alten, verblaßten Farben. Im Frühling steht vor jedem ein Glas, ein Becher, eine alte Blechbüchse, von Kindern mit Blumen gefüllt.
Auch ohne je eines der Gotteshäuser zu betreten, findet man sich doch überall an sie gemahnt. Wer am steinigen Bergkamm eine Rast halten will, wer von brennender Landstraße in den Schatten begehrt, der genießt dankbar diese Bauten. Rein als Schmuck der Landschaft, als Rastorte, als Wegweiser, als Ruhepunkte des Auges im Auf und Ab des bergigen

Landes kommen sie jedem zugute, sind jedem willkommen. Im Innern aber sind sie oft reich an schönen und seltenen Dingen. Von den Luini-Bildern in Lugano bis in unbekannte kleine Bergkapellen findet man überall in den Tessiner Kirchen irgendein Bild, ein Fresko, ein Altar-Relief, einen Taufstein, eine Stuckfigur, die vom innigen Zusammenhang dieses Berglandes mit der Kultur des klassischen Italien reden und von der alten Begabung der Tessiner für die bildende Kunst. Ich könnte hundert Beispiele nennen, aber ich möchte mit diesen Zeilen nicht auf dies und jenes Einzelne hinweisen und den Führer spielen. Es ist viel schöner, ohne Führer zu gehen, und wer im Tessin wandert, wird bald die beglückende Erfahrung machen, wie überall mitten in den herrlichsten Landschaften noch stille, köstliche Funde an alter Kunst zu machen sind.

Liebe Kirchen im Tessin, liebe Kapellen und Kapellchen, wie viel gute Stunden habt ihr mich bei euch zu Gast gehabt! Wie viel Freude habt ihr mir gegeben, wie viel guten kühlen Schatten, wie viel Beglückung durch Kunst, wie viel Mahnung an das, was not tut, an eine frohe, tapfere, helläugige Lebensfrömmigkeit! Wie manche Messe habe ich in euch gehört, wie manchen Gemeindegesang, wie manche farbige Prozession sah ich aus euren Portalen quellen und in die lichte Landschaft sich verlieren! Ihr gehört zu diesem Lande wie Berge und Seen, wie die tiefgeschnittenen wilden Täler, wie das launisch spielerische Geläut eurer Glockentürme, wie der schattige Grotto im Wald und der alte Roccolo auf dem Hügel. Es lebt sich gut in eurem Schatten, auch für Menschen anderen Glaubens. *(1920)*

Winterbrief aus dem Süden

Liebe Freunde in Berlin!

Ja, im Sommer war es hier anders. Da saßen die Landsleute, welche die eleganten Hotels von Lugano füllen, beklommen in den kleinen Schattenkreisen der Platanen am See und dachten bekümmert an Ostende, während unsereiner mit einem Stück Brot im Rucksack den herrlichen Sommer genoß. Und wie liefen damals die glühenden Tage weg, wie waren sie flüchtig und vergänglich!

Immerhin, auch jetzt noch gibt es Sonne hier, und auch jetzt noch sind wir bei ihr zu Gast. Ich schreibe diese Zeilen an einem der letzten Dezembertage, vormittags elf Uhr, im dürren Laub an einer windgeschützten Waldecke an die Sonne gestreckt. Das dauert so bis drei Uhr, auch vier Uhr, aber dann wird es kalt, die Berge hüllen sich in Lila, der Himmel wird so dünn und hell wie nur im Winter hier, und man friert elend, man muß Holz in den Kamin stecken und ist für den Rest des Tages an den Quadratmeter vor der Kaminöffnung gebannt. Man geht früh zu Bett und steht spät auf. Aber diese Mittagsstunden an sonnigen Tagen, die hat man doch, die gehören uns, da heizt die Sonne für uns, da liegen wir im Gras und Laub und hören dem winterlichen Rascheln zu, sehen an den nahen Bergen weiße Schneerinnen niederlaufen, und manchmal findet sich im Heidekraut und welken Kastanienlaub auch noch ein wenig Leben, eine kleine verschlafene Schlange, ein Igel. Auch liegen da und dort noch letzte Kastanien unter den Bäumen, die steckt man zu sich und legt sie am Abend ins Kaminfeuer.

Jenen Schiebern, die im Sommer so bekümmert an Ostende dachten, scheint es recht gut zu gehen. Das Blatt hat sich gewendet, jetzt sind sie obenauf. Ich hatte neulich Gelegenheit, mir das ein wenig anzusehen. Ich war in eines der großen Hotels zum Mittagstisch geladen.

Also ich kam in das große Hotel. Es war herrlich. Ich zog meinen besten Anzug an, meine Wirtin hatte mir schon tags

zuvor das kleine Loch im Knie mit etwas blauer Wolle zugestochen. Ich sah gut aus und wurde tatsächlich vom Portier ohne Schwierigkeiten eingelassen. Durch gläserne lautlose Flügeltüren floß man sanft in eine riesige Halle wie in ein luxuriöses Aquarium, da standen tiefe, ernste Sessel aus Leder und aus Samt, und der ganze riesige Raum war geheizt, wohlig warm geheizt, man trat in eine Atmosphäre wie einst im Galle Face auf Ceylon. In den Sesseln da und dort saßen gutgekleidete Schieber mit ihren Gattinnen. Was taten sie? Sie hielten die europäische Kultur aufrecht. In der Tat, hier war sie noch vorhanden, diese zerstörte, vielbeweinte Kultur mit Klubsesseln, Importzigarren, unterwürfigen Kellnern, überheizten Räumen, Palmen, gebügelten Hosenfalten, Nackenscheiteln, sogar Monokels. Alles war noch da, und vom Wiedersehen ergriffen wischte ich mir die Augen. Freundlich lächelnd betrachteten mich die Schieber, sie haben das schon gelernt, unsereinem gerecht zu werden. In der Miene, mit der sie mich betrachteten, war Lächeln und leiser Spott sehr diskret mit Artigkeit, Schonung, sogar Anerkennung gemischt. Ich besann mich, wo ich diesen seltsamen Blick schon einmal gesehen habe? Richtig, ich fand es wieder. Diesen Blick, mit dem der Kriegsgewinner das Kriegsopfer betrachtet, hatte ich während des Krieges in Deutschland oft gesehen. Es war der Blick, mit dem damals die Kommerzienrätin auf der Straße den verwundeten Soldaten betrachtete. Halb sagte er »Armer Teufel!«, halb sagte er »Held!« Halb war er überlegen, halb war er scheu.
Mit der Heiterkeit und dem guten Gewissen des Besiegten betrachtete ich mir die Reihen der Schieber. Sie sahen prächtig aus, besonders die Damen. Man dachte an prähistorische Zeiten, an Zeiten vor 1914, wo wir alle diesen elegant-saturierten Zustand für den selbstverständlichen und einzig wünschenswerten hielten.
Mein Gastgeber war noch nicht erschienen. So näherte ich mich einem der Schieber, um ein wenig zu plaudern.
»Grüß Gott, Schieber«, sagte ich. »Wie geht's?«

»Oh, recht gut, nur ein wenig langweilig zuzeiten. Manchmal könnte ich Sie beneiden mit Ihrem blauen Flicken auf dem Knie. Sie sehen aus wie ein Mann, der nichts von Langeweile weiß.«
»Ganz richtig. Ich habe unheimlich viel zu tun, da vergeht die Zeit schnell. Jeder hat eben seine Rolle.«
»Wie meinen Sie das?«
»Nun, ich bin Arbeiter, und Sie sind Schieber. Ich produziere, und Sie telephonieren. Letzteres bringt mehr Geld ein. Dafür ist das Produzieren weit lustiger. Gedichte zu machen oder Bilder zu malen ist ein Genuß; wissen Sie, eigentlich ist es gemein, dafür auch noch Geld zu verlangen. Ihr Beruf ist, angebotene Waren mit hundert Prozent Aufschlag weiter anzubieten. Das ist gewiß weniger beglückend.«
»Ach Sie! Sie haben immer so etwas Mokantes, wenn Sie mit mir reden. Geben Sie nur zu, Männeken, im Grunde beneiden Sie uns sehr, Sie mit Ihren geflickten Hosen!«
»Gewiß,« sagte ich, »ich bin oft neidisch. Wenn ich gerade Hunger habe und sehe euch hinterm Schaufenster Pasteten fressen, dann beneide ich euch. Ich halte viel von Pasteten. Aber sehen Sie, kein Genuß ist so flüchtig, ist so lächerlich vergänglich wie der des Essens. Und so ist es im Grunde auch mit den schönen Kleidern, den Ringen und Broschen, den ganzen Hosen! Es macht ja Spaß, einen schönen neuen Anzug anzuziehen. Aber ich zweifle, ob dieser Anzug Sie den ganzen Tag beschäftigt, erfreut und beglückt. Ich glaube, ihr denkt oft ganze Tage lang an eure Bügelfalten und Brillantknöpfe gerade so wenig wie ich an mein geflicktes Knie. Nicht? Also was habt ihr schon davon? Die Heizung allerdings, um die sind Sie zu beneiden. Aber wenn die Sonne scheint, auch jetzt im Winter, weiß ich eine Stelle bei Montagnola, zwischen zwei Felsen, da ist es dann so windstill und so warm wie hier in Ihrem Hotel und viel bessere Gesellschaft, und kostet nichts. Oft findet man sogar noch eine Kastanie unterm Laub, die man essen kann.«
»Na, mag sein. Aber wollen Sie davon leben?«

»Ich lebe davon, daß ich produziere, daß ich Werte in die Welt setze, seien es noch so kleine. Ich mache zum Beispiel Aquarelle, ich wüßte niemand, der hübschere macht. Man kann von mir für eine Kleinigkeit Gedichtmanuskripte kaufen, die ich selber mit farbigen Zeichnungen schmücke. Ein Schieber kann nichts Klügeres tun, als solche Sachen kaufen. Wenn ich übers Jahr tot bin, sind sie das Dreifache wert.«
Ich hatte es im Scherz gesagt. Aber den Schieber ergriff die Angst, daß ich Geld von ihm haben wolle. Er wurde zerstreut, hustete viel und entdeckte plötzlich am fernsten Ende des Saals einen Bekannten, den er begrüßen mußte.
Liebe Freunde in Berlin, erspart es mir, das Mittagessen zu schildern, das ich nun mit meinem Gastgeber genoß! Weiß und gläsern leuchtete der Speisesaal, und wie hübsch wurde serviert, wie gut aß man, und was für Weine! Ich schweige davon. Es war ergreifend, die Schieber essen zu sehen. Sie legten Wert auf Haltung, sie beherrschten sich schön. Sie aßen die delikatesten Bissen mit Gesichtern voll ernster Pflichterfüllung, ja lässiger Verächtlichkeit, sie schenkten sich Gläser aus alten Burgunderflaschen voll mit gelassenen und etwas leidenden Mienen, als nähmen sie Medizin. Ich wünschte ihnen dies und jenes, während ich zusah. Eine Semmel und einen Apfel steckte ich mir ein, für den Abend.
Ihr fragt, warum ich denn nicht nach Berlin komme? Ja, es ist eigentlich komisch. Aber es gefällt mir tatsächlich hier besser. Und ich bin so eigensinnig. Nein, ich will nicht nach Berlin und nicht nach München, die Berge sind mir dort am Abend zu wenig rosig, und es würde mir dies und jenes fehlen. *(1919)*

Tessiner Sommerabend

Nach langer Glut und Dürre ist ein Regen gekommen, Donner hat den ganzen Nachmittag gekracht, ein paar Hagelkörner haben geknallt, nach dem ersten erstickend schwülen Dampf hat sanfte Kühle sich verbreitet, weithin riecht es nach Erde, Steinen und bitterem Laube, es ist Abend geworden.

Im Wald, an der Schattenseite des Berges, liegen die *grotti*, die Weinkeller des Dorfes, ein kleines, zwerghaftes phantastisches Märchendorf im Walde, lauter Stirnseiten kleiner steinerner Giebelhäuser, die keine Rückseite haben, denn Dach und Haus verliert sich im Boden, und tief in den Berg hinein sind die Felsenkeller gebohrt. Da liegt der Wein in grauen Fässern, Wein vom vorigen Herbst und auch noch Wein vom vorvorigen, ältern gibt es nicht. Es ist ein sanfter, sehr leichter, traubiger Wein, von roter Farbe, er schmeckt kühl und sauer nach Fruchtsaft und dicken Traubenschalen.

Wir sitzen bei einem Grotto am steilen Waldhang auf kleiner Terrasse, die man auf ungefügen Stufen erklimmt und die Raum für einen oder zwei Tische hat. Ungeheuer steigen die Stämme der Bäume empor, alte riesige Bäume, Kastanie, Platane, Akazie. Sie streben hoch hinan, durch ihr Gezweige blickt wenig Himmel, oft bin ich bei fallendem Regen hier gesessen, im Freien im Walde, stundenlang, und bin von keinem Tropfen berührt worden. Wir sitzen im Dunkel, schweigend, ein paar fremde Künstler, die hier wohnen. In kleinen irdenen Tassen, weiß und blau gestreift, steht der rosige Wein.

Unter unserer kleinen Terrasseninsel, senkrecht unter uns, schimmert rötliches Licht in der Vorhalle des Kellers, durchs dichte Laubgitter alter Buchsbäume blicken wir hinab. Messing blinkt dort freudig am Lampenlicht: ein Horn liegt auf den Knien eines Mannes, der die kleine Weintasse vor sich stehen hat. Er setzt das Horn an. Einer neben ihm, nur halb sichtbar, nimmt die Baßtrompete, und wie sie zu spielen anfangen, klingt auch noch eine dritte Stimme mit, ein zartes Holzinstrument, an das Fagott erinnernd. Sie spielen sachte, zurückhaltend, klug, wohl wissend, daß sie in kleiner, enger Vorhalle sitzen und wenig Zuhörer haben. Ihr gedämpftes Spiel ist ländlich, frohmütig, herzlich, nicht ohne Rührung und nicht ohne Humor, im Takt vollkommen sicher, ja beschwingt, die Stimmung aber nicht völlig rein. Diese Musik ist von ebenderselben Art wie der Wein, den wir trinken: gut, unschuldig, ländlich, zuverlässig, ohne heftige Reize und ohne Tücken.

Kaum haben die Klänge uns erreicht, kaum haben wir auf unserem schmalen Bankbrett uns umgewendet, um alle hinab zu schauen, so sind schon Tänzer da. In dem Rest von Tageslicht, der auf dem Plätzchen vor dem Kellereingang noch zögert, in dem Rest von Lampenlicht, der aus der Vorhalle sickert, tanzen drei Paare. Wir sehen sie durch das dichte Gitter der Buchsbäume, das sie oft ganz verdeckt.

Das erste Paar sind zwei kleine Mädchen, eine Zwölfjährige, eine Siebenjährige. Die Größere ist ganz schwarz, schwarze Schürze, schwarze Strümpfe, schwarze Schuhe. Die Kleine ist ganz hell, weiße Schürze, bloße Beine, bloße Füße. Die Zwölfjährige tanzt sehr richtig, taktstreng und gewissenhaft, sie kann es gut, unfehlbar schreitet sie im Takt, eilt und zögert am rechten Ort, ernst ist ihr Gesicht, ganz ernst, wie ein bleiches Blumenblatt schwimmt es, kaum kenntlich in der feuchten lauen Dunkelheit von Abend und Wald. Die Siebenjährige kann noch nicht richtig tanzen, sie will es erst lernen, ihre Schritte sind feierlich lang, sie blickt unverwandt auf die Füße ihrer Partnerin, die sie leise unterweist, die volle Unterlippe hält sie leicht mit den Zähnen emporgezogen. Beide Mädchen sind von Ernst und Glück erfüllt, kindliche Würde atmet ihr Tanz.

Das zweite Paar besteht aus zwei Jünglingen. Zwanzigjährigen. Einer, der größere, ist barhaupt und hat kurze krause Locken, der andere trägt den Filzhut schief auf dem Kopf.

Beide lächeln ein wenig, beide geben sich dem Tanz mit etwas angestrengtem Willen hin und sind sehr bemüht, jede Bewegung nicht nur richtig zu machen, sondern sie auch mit dem irgend Möglichen an Ausdruck und Verzierung zu füllen. Sie strecken die vereinten Hände weit von sich ab, sie legen die Köpfe weit in die Nacken, sie gehen zuweilen tief in die Knie, und beide machen den Rücken hohl und versuchen das Äußerste im Schweben und in der Feinheit. Ihr eifriger Tanz befeuert den Bläser des Holzinstrumentes, er spielt zarter, bläst schwellender, schmachtender. Beide Tänzer lächeln: der große hingegeben, selig, in sich selbst und seinen Tanz verliebt, hoch über der Welt; der andere halb schelmisch, auch leicht verlegen, ebenso bereit, sich ein wenig belächeln zu lassen wie Lob zu ernten. Der große wird glatter durchs Leben gehen.
Die zwei Mädchen, die das dritte Paar bilden, sind Luigina und Maria, ich habe sie beide vor zwei Jahren noch in die Schule gehen sehen. Luigina ist vom südlichen Typ, leicht, sehr schlank, sehr mager, ihre hohen, zarten Beine und der lange dünne Hals sind voll herber Lieblichkeit. Anders, weicher und viel schöner ist Maria, die ich vor kurzem noch geduzt habe und jetzt nicht mehr recht zu duzen wage. Sie hat ein kräftiges Gesicht von frischer Farbe, mit kräftigem Wangenrot, hellblaue stählerne Augen, braunes volles Haar und ist schon voll und jungfrauenhaft in Formen und Bewegungen, scheint etwas träge, hat aber den Blick voll Kraft und Rasse. Wenn ich ein junger Bursch aus dem Dorfe wäre, ich würde keine andere nehmen als Maria. Sie trägt ein rotes Kleid, immer trägt sie Rot oder Rosa. Maria tanzt mit Luigina, ihr rotes Kleid erscheint da und dort und verschwindet wieder im Buchsbaumlaube. Diese beiden tanzen sehr schön, sie sind voll von Glück, nicht mehr vom tiefen Ernst der Kindlichkeit gebannt wie die Kleinen, noch nicht losgebunden und eitel wie die beiden Burschen. Zu diesen beiden, zu Maria und Luigina, paßt am besten der holde zärtliche Ton des Bläsers, die frohe, an Vorschlägen und Kapriolen

reiche Musik. Über ihre Scheitel spielt die grüne Walddämmerung, an ihren Stirnen glänzt ein kleiner Widerschein vom Lampenlicht der Halle, ihre Beine schreiten taktfest, eng und elastisch.
Dort unten, hinterm schwarzen Gewölk der Buchsbäume, fließt noch Licht, dort fließt Musik, dort tanzen die jungen Menschen, und andre lehnen am Pfeiler der Halle oder am Baumstamm, sehen zu, loben, nicken, lachen. Hier oben im Dunkel aber sitzen wir, wir Fremde und Künstler, in einem anderen Licht, in einer anderen Luft, von einer anderen Musik umflossen. Uns entzückt und begeistert, was jene dort nicht achten: ein Blattschatten auf dem Stein, ein verschossenes Blau an einer Bluse, der kleine ernste Knick im Knie der Siebenjährigen. Wir ersehnen und beneiden, was denen drüben wertlos und selbstverständlich ist. Sie aber sehen bei uns kuriose Dinge und Sitten, die sie ebenso beneiden und deren wir längst überdrüssig sind. Wir können, wenn wir wollen, zu jenen hinübergehen; es ist uns nicht verboten, uns unter sie zu mischen, uns zu ihrer Musik zu setzen, mit ihnen zu tanzen. Wir bleiben jedoch im Dunkel unter den alten Platanen sitzen, hören die Melodien der drei Bläser, beobachten das süße sterbende Licht auf den hellen Gesichtern, lauschen dem Rot Marias, wie es noch im einsinkenden Dunkel klingt und kämpft, atmen dankbar den Zauberhauch der Dämmerung und den holden Frieden einer kleinen ländlichen Welt, deren Spiel nur unser Auge berührt, deren Not nicht unsere ist, deren Glück nicht unseres ist.
Wir schenken rosigen Wein in die blauen Tonschalen, während unten die tanzenden Figuren mehr und mehr zu Schatten werden. Auch dein rotes Kleid, Maria, geht nun unter, ertrinkt in der Finsternis. Auch die hellen blumenblassen Gesichter löschen aus und sinken dahin. Nur das warme rote Licht in der Vorhalle atmet stärker, und wir gehen davon, ehe auch dies zerrinnt. *(1921)*

Madonna d'Ongero

Von Carona am Monte Salvatore ging ich sommerabends, gleich nach Sonnenuntergang, zur Madonna hinüber. Aus den letzten patrizisch stolzen Häusern des Dorfes steigt der steinige Weg etwas bergan, ein paar Gärten liegen zu beiden Seiten, Feigenbäume über ockerfarbne Mauer hängend, im fetten Laub die fetten, satten Früchte schwellend, rückwärts sieht man bald das Dorf gelagert, Dach an Dach gedrängt, uniform, einfarbig, primitiv und schön wie eine Negersiedlung, hier und dort Polentarauch aus einem Kamin, das Ganze ein brauner, großer Steinhaufen, in dem die gespeicherte Wärme des Julitages lang noch nachglüht.

Die Gärten hören auf, Fußwege verlieren sich überall, launig, spielerisch, vielstrahlig in die Haine, ins gelbe Gerstenfeld, in die dunklen Pyramidenreihen der Bohnenäcker. Ein Grotto liegt am Sträßchen, stets geschlossen außer am Sonntagabend, er heißt *del pan perdu*, zum verlorenen Brot, eine leere Boccia-Bahn, darüber die Terrassenmauer, aus dem schön rosigen Stein dieses Berges, warm, schmelzend von Farbe, sanft im Grünen brennend, so wie bei Renoir die rosigen Frauen aus dem Grün hervorschimmern, warme Edelsteine auf untergelegtem Samt. Eine alte Skulptur schaut edel aus dem Gemäuer, von klassischer Haltung, aber durch Alter und Verwitterung hinüber ins Frühe, Gotische, Wildere und Innigere verwandelt, eine Gottesmutter mit dem toten Sohn im Schoß. Der Weg steigt, unter den Sohlen rollt das lose Gestein. Wunderlich schweigsam ist dieser Weg, so alt, so anders als gewohnt, so aus einer anderen Zeit, einem andern Weltalter, einer andern Lebensstimmung. Um Lugano findet man selten solche Wege, so ernste, so in sich gekehrte, eingeschlafene, an welchen nichts von heute ist und an heute erinnert. Eher noch findet man solche Streifen, solche verlorene Stücke Urwelt oder Mittelalter in den Gegenden um Locarno, am Onsernone, im Gebiet zwischen Losone und Golino, in Arcegno.

Dieser abendliche Weg tut wohl, er erregt die Seele nicht, noch erheitert er sie, er ruft ihr nichts zu, er ist schweigsam wie sie, dämmernd wie sie, fromm wie sie. Frömmigkeit, Vertrauen, Kindersinn spricht hier mich an, kindlich ist der bald breite, bald wieder schmale, launenvoll schweifende Weg, kindlich sind die Mäuerchen an seinem Rande, kindlich die kleinen, wie im Spiel angelegten Maisfelderchen, Rebenreihen, Bohnengärtchen. Überall verliert sich Feld und Wiese sachte ins Gehölz, überall kommt der Wald, licht und zum Hain gemildert, mir entgegen, mit einzelstehenden alten Kastanien, Bäumen voll Individualität und Schicksal, mit jung umgrünten Strünken, mit ginsterüberwehten kleinen Felsblöcken, neben denen sich Klee und Gras, Wicken und Esper unvermerkt in die Wald-Pflanzenwelt, in Maiblumenstengel, Ginster, Tausengüldenkraut, Farren, Spiräen verlieren. Heu liegt da und dort gehäuft, der dritte Schnitt des Jahres, und neben frischgemähten, winzig kleinen Kornfeldern das sauber aufgehäufte, ausgeraufte Stoppelstroh, mit den sorgfältig ausgeschüttelten Wurzeln dran. Wie würde ein rumänischer, ein amerikanischer, kanadischer oder kalifornischer Landwirt lachen, wenn er diese arme, winzige, ganz und gar von Hand betriebene Zwergenwirtschaft sähe, diese von Hand mit dem Spaten geackerten, von Hand besäten, mit der Sichel geernteten Kornfeldchen – mit wieviel Überlegenheit, mit wieviel gutem Recht, wieviel gutem Unrecht würde er lächeln! Mir aber, dem rückwarts Gewandten, dem Romantiker, dem Infantilen, ist dies von Hand gerodete Stroh sehr lieb, ebenso lieb wie die unkorrigierten Bachläufe und irrationell beforsteten Wälder dieses Landes, wie die verfallenden, aber immerhin noch stehenden Bildstöcke und halbheidnischen Wald- und Feldkapellen mit dem abgebröckelten Verputz und den zartfarbigen Resten alter gemalter Engel und Heiliger, die primitiven Feuerstätten und die Gesichter, Hände und Gebärden, die man hierzulande bei allen alten Leuten und sogar noch bei manchen Jungen findet und welche kindlich, fromm und innig sind

wie alle diese zarten, alten, etwas hilflosen, etwas unzeitgemäßen Dinge hier am Wege. Ich liebe dies alles sehr, und ohne mich gegen den »Fortschritt« irgend zu wehren, ohne die lebendige Flut der Veränderungen anzuklagen, bedaure ich doch im Herzen jede neue Autostraße, jeden Betonbau, jeden korrigierten Lineal-Flußlauf, jeden eisernen Leitungsmast, die auch in diese zurückgebliebene Welt sich eindrängen und deren Geist längst schon die Wurzeln dieses Idylls bloßgelegt hat. Auch hier geht es zu Ende mit dieser alten Welt, es wird auch hier bald vollends die Maschine über die Hand, das Geld über die Sitte, die rationelle Wirtschaft über die Idylle siegen, mit gutem Recht, mit gutem Unrecht.
Uns Schwärmer wird das betrüben, es wird uns aber nicht hindern, unser ebenso gutes Recht, unser ebenso gutes Unrecht weiter zu üben, und mancher von uns weiß auch, mit dem Verstand oder mit dem Herzen, daß es sich hier nicht um Fortschritt und Romantik, um Vorwärts oder Rückwärts handelt, sondern um Außen und Innen, daß wir nicht die Eisenbahn und das Auto scheuen, nicht das Geld und die Vernunft, sondern nur das Vergessen Gottes und das Verflachen der Seelen und daß erst hoch über all diesen Gegensatzpaaren von Maschine und Herz, Geld und Gott, Vernunft und Frömmigkeit der Himmel wahren Lebens, echter Wirklichkeit sich wölbt. Manche von uns wissen mit Lächeln, daß dem Mangel unseres Sinnes für Rentabilität und Unternehmerlust bei unsern Antipoden, den Unternehmern und Rentablen, der Mangel einer seelischen Dimension entspricht und daß unsere romantisch-poetische Infantilität nicht infantiler ist als die kinderstolze Zuversicht des welterobernden Ingenieurs, der an seinen Rechenschieber glaubt wie wir an unsern Gott und der in Zorn oder Angst gerät, wenn die Unbedingtheit seiner Weltregeln durch Einstein erschüttert wird. Wir Romantiker und Sentimentalen, als die wir von der großstädtischen Literatur meist verspottet werden, wir sind ja nicht alle bloß dumme Fanatiker, die wegen eines zum Fall verurteilten alten Gemäuers die Öffentlichkeit be-

mühen und die Heimatschutzgarden mobilisieren, manche von uns sind nahezu ebenso klug wie mancher von der Rentabilitätspartei und sind im Herzen vielleicht zukunftsgläubiger und nach der Zukunft begieriger als viele von den Frommen des Fortschritts. Denn wir glauben an die Vergänglichkeit der Maschine und die Unvergänglichkeit Gottes. Einer von uns, unser großer Bruder, einer der letzten wirklichen Dichter Europas, sitzt hoch im Norden, flieht die »Welt« und liebt sie doch gläubig und fruchtbar und heißt Knut Hamsun.

Ich bin abgeschweift. Es dämmert. Hinter den krummen sehnigen Stämmen, den Waldvorboten, Waldvorhallen, ist alle Farbe schon in bleiches Dunkel geschmolzen. Am Himmel glüht noch Überfülle von Licht, manche Mauer strahlt noch edelsteinhaften Schein aus. Rechts überm Sträßchen hinter stillen alten Bäumen still und alt steht Santa Marta, aus rotem Stein, Turm und Giebel noch vom Licht umspült, mit schiefgesunkenem Kreuz auf dem Turmdach. Links vom Wege durch das Gittertor einer Mauer sieht der Friedhof heraus, die Gräber umgeben von hohem Gras, hinten an die Rückmauer geklebt ein paar phantastisch blöde Bauten, Grabkapellen wohlhabender Familien aus jüngster Zeit, gottlos scheußliche Steinmetzarbeit, dumm und protzig, späte entartete Frucht am absterbenden Baum eines Glaubens, bei Tage Gift fürs Auge, jetzt aber mit in den Zauber der Abendstunde getaucht, ihre Flächen und Kanten dem spielenden letzten Tageslicht zum Spielzeug dienend. Vorüber. Auch euch liebt Gott, marmorne und blecherne Grabdummheiten, auch euer törichtes, euer verstimmtes Lied ist Gesang, ist kindliche Klage, kindliche Bitte für sein Ohr.

Ein Kauz ruft oben im Walde. Hier und da flüstert das feiste, glänzende Maislaub mit schilfenem Klang. Toll gebärden sich die Bohnengärten. All die am Stock emporgerankten Bohnenpflanzen, all diese hohen Kegel und Pyramiden beginnen für die kurze Zeit der Dämmerung phantastisch zu leben, bilden Kreuze, Haken, Fragezeichen, stehen steif und stolz wie gestelzte Eitelkeit, hängen schief und matt wie müdes Alter, gleichen Giraffen, gleichen alten Hexen, rekken barockes irres Geranke scharfschwarz gegen den lichten Himmel.

Nun geht es durch Wald, schon am Geräusch des Laubes beim Vorüberstreifen fühle ich, daß hier zwischen den Kastanien auch Buchen stehen, hierzulande selten und schon darum stets willkommen und begrüßt. Plötzlich mündet der Weg in eine breite, stolze Rampe, die zwischen zwei Reihen von Stationenhäuschen zur Madonna hinaufführt. Feierlich leitet der begraste Anstieg zur Kirche empor, einer in hellem warmen Rotgelb dämmernden Vorhalle entgegen, und hinter Kirche und Bäumen blendet Himmelshelle und durchglänzte westliche Ferne ahnungsvoll herein, und aufatmend steh ich oben. Da steht die alte Marienkirche schlafend mitten im schweigenden Walde, einsam am endlosen waldbewachsenen Berghang, und vor der bedachten Vorhalle ist Raum geblieben für eine halbrunde Schanze, eine von niederer Mauer umfaßte Pfalz, und von da fällt der Blick unendlich leicht, beschwingt und frei, unendlich erstaunt, gespannt, beglückt und sehnlich immer weiter gezogen über eine grenzenlos weitgebreitete Berglandschaft mit vielen hundert Gipfeln hin und darüber in eine noch weitere, noch mächtigere, noch lockendere Himmelslandschaft hinein. Es gibt viel Schönes auf der Erde, Schöneres als dies gibt es nicht. Zu Füßen, vor der kleinen Mauer, stürzt der waldige Berg steil in ein kleines, friedevolles, schon nächtiges Wiesental hinab, am jenseitigen Hang dieses nahen Tales kleben ein paar helle Dörfer und Kirchen, nach Südwest öffnet das schwarzgrüne Tal sich gegen den See, mitten im silberspiegelnden abendblassen See steht thronend ein steiler, runder Kuppelberg, um den zu beiden Seiten das blaßschimmernde Wasser die Arme schließt, dort liegt Caslano, und hinter See und Kuppelberg steigen andere Berge auf, italienische und Schweizer Berge, Höhe hinter Höhe, Kette hinter Kette, zuhinterst und zuhöchst Monte Rosa und blasse Walliser

Gipfel, dazwischen Täler mit Dörfern, Höhenzüge mit Kapellen, Waldrücken und Hütten auf sanften Hügelwellen schwebend, die herrliche Bergreihe des Lema, Gambarogno und Tamaro, und nach links und nach rechts, den ganzen sichtbaren Halbkreis füllend, blaue, schwarze, graue, rosige, luftige Berge und Bergzüge, endlos hintereinander aufgestellt, alles klar gegen den noch rot und golden leuchtenden Himmel gehoben, dessen Wölkchenflammen langsam erlöschen. Hier und da in der Talschwärze glimmen vertraulich kleine Lichter auf, unten im Tal ganz tief und kaum mehr hörbar bellt ein Hund. Und während am Himmel die Feuerspiele dunkler werden und versinken und am Turm der Kirche vorbei der Abendstern ins erkaltende Nachtblau tritt, spielen vor dem hingegebenen Auge die eindunkelnden tausend Formen der Gebirgszüge, Bergprofile und Kämme ein Riesen-Schöpfungstheater mit Drachen, Riesen und Walfischen, umschlingen sich Seeschlangen, wälzen sich Riesenschildkröten. Und das Letzte, was dem Nachtwerden noch widersteht und magisch aus der Schwärze geistert, ist die bleiche Fassade der Madonna.
Während meiner Rückkehr ist der Wald schwarz geworden, ein uralter, wasserloser Brunnen am Weg, mit Tierfratzen, kaum mehr erkennbar. Wo der Pfad aus dem Wald in die Pflanzungen zurückführt, geistert über den Wiesen erschreckend eine fremde, kühle Helligkeit, und während ich noch hinüberstaune, erklärt sich das Wunder, jenseits zwischen den Baumwipfeln kommt der runde, strahlende Mond heraus, ein sanfter Nordwind hält den ganzen Himmel klar und musiziert leise in den Bäumen, über deren dicken, klumpigen Schatten ein paar blühende Stauden silbern schweben. Auch im Friedhof scheint der Mond, und die schrecklichen Grabkapellen legen lange, schwere Schattenklüfte um das sanft wehende hohe Gras. Dies Gras vom Friedhof darf nicht genützt und keinem Tier gefüttert werden, es wird vom Mesner mit der Sichel geschnitten und dann verbrannt. Schlafend liegt der Grotto überm Dorf, die

steinerne Maria blickt leer in den Mond, den toten Sohn auf den Knien. Nun stechen vom auftauchenden Dorfe da und dort scharfe, weißbestrahlte Wände und Lichtkanten hervor, starr zeichnen die Gartenmauer und der Feigenbaum ihre Schatten auf den Weg, und noch jeder unter den Füßen abrollende Stein rollt seinen Schatten mit. Aus einem dunklen Haus klagt laut eine eingesperrte Ziege, Katzen steigen hochbeinig über den Dorfplatz, tief in alle Winkel und Höfe hinein dringt das Licht- und Schattenspiel. Kein Mensch ist mehr unterwegs. *(1923)*

Madonnenfest in Tessin

Hoch am Monte Arbostora, aus den endlosen Kastanienwäldern weiß hervorleuchtend, steht eine alte kleine Kirche, der Mutter Gottes geweiht, eine Wallfahrtskirche, deren Glokken man nur wenigemal im Jahre läuten hört. Von vielen Zaubern und Geheimnissen umgeben liegt diese Kirche, mit ihrem hellen Turm und der freundlichen Vorhalle, weit abgelegen an einem schwer aufzufindenden Waldpfade, nur ein einziges Dorf liegt in der Nähe, auch dies eine halbe Stunde von ihr entfernt. Diese Wald- und Wallfahrtskirche sucht die Menschen nicht und will nicht gekannt sein, das ist es, was ich an ihr so sehr liebe, sie sucht nicht Ruhm, sondern Verborgenheit, sie strebt nach Anonymität, im Gegensatz zum Kram und Markt der Geschäfte, der Kunst, der Wissenschaft, der Literatur und all dieser Kinderbetriebsamkeiten, und darin ist sie den vollendeten Menschen, den Weisen und Heiligen, verwandt. Seit manchen Jahren kenne ich dies Heiligtum genau und habe oft meine Freude an den Spielen und Geheimnissen, mit denen es sich umgibt. In den Sommermonaten, und namentlich zur Zeit der Kastanienblüte, spielt die Kirche in ihrem Wald Verstecken, an manchen Tagen sucht das Auge sie den ganzen Vormittag vergeblich, sie ist weg, sie hat sich verloren und taucht erst später, wenn Westsonne auf ihre Mauern fällt, wieder empor, und nie ist man sicher, ob sie wieder genau am alten Orte steht. Vom nächsten Dorfe aus ist sie leicht zu erreichen, aber dies Dorf selber will erst erreicht sein, es gehört zu den armen, rauhen Bergnestern der Gegend. Wer aber von einer anderen Seite her die Madonna besuchen will, und zwar gerade von der Seite her, von der man sie, vom Tale aus, so weiß und freundlich locken sieht, der mache sich auf lange rauhe Wege und auf Enttäuschungen gefaßt: auf steilen Ziegenpfaden muß er durch den Wald, und oben, schon in großer Höhe, läuft der kleine Pfad in drei, vier noch kleinere auseinander, und keiner ist der rechte, und am Ende hört, wenn man nicht besonderes Glück hat, jeder Weg auf, und man hat sich durch Schluchten und Steingeröll und Ginstergestrüpp und Brombeergeranke zu schlagen, und die Kirche, die vom Tale aus so hell und deutlich zu sehen war und so leicht zu erreichen schien, duckt sich verkürzt hinter die Wipfel und ist nicht zu finden. Oft bin ich dort gewesen, und die meisten Male bin ich fehlgegangen, einige Male aber zog sie mich zu sich, ohne daß ich sie gesucht hätte, und ich stand verwundert auf einer einsamen Waldstreife plötzlich vor der rötlichen Stützmauer und der lichten Fassade mit dem friedevollen Vorbau und schaute durchs vergitterte Fensterchen neben der Almosenschale in die Dämmerung des heiligen Raumes hinein und sah hinten etwas Goldenes leise und ahnungsvoll glänzen und wußte, daß das die goldene Madonna war. An Sommerabenden um die Zeit des Sonnenuntergangs ist der kleine Platz vor der Waldkirche der schönste Platz in der ganzen weiten Gegend. Aber das geschieht sehr selten, daß um diese Stunde noch ein Mensch dort oben anzutreffen ist.

Hundertmal habe ich diese Madonna belauscht, tausendmal sie von ferne gesehen, manche Dutzend Male ihren grünen Vorplatz und ihre Mauerbrüstung mit der unglaublichen Aussicht besucht und durch das Fensterlein zu dem goldenen Bilde hineingeäugt. Sie wäre so recht ein Heiligtum für Menschen von meiner Art, und es ist eigentlich schade, daß ich gar nicht Katholik bin und gar nicht richtig zu ihr beten kann. Was ich indessen dem heiligen Antonius und dem heiligen Ignatius nicht zutraue, das traue ich doch der Madonna zu: daß sie auch uns Heiden verstehe und gelten lasse. Ich erlaube mir mit der Madonna einen eigenen Kult und eine eigene Mythologie, sie ist im Tempel meiner Frömmigkeit neben der Venus und neben dem Krischna aufgestellt; aber als Symbol der Seele, als Gleichnis für den lebendigen, erlösenden Lichtschein, der zwischen den Polen der Welt, zwischen Natur und Geist, hin und wider schwebt und das Licht der Liebe entzündet, ist die Mutter Gottes mir die

heiligste Gestalt aller Religionen, und zu manchen Stunden glaube ich sie nicht weniger richtig und mit nicht kleinerer Hingabe zu verehren als irgendein frommer Wallfahrer vom orthodoxesten Glauben.
So verbindet vieles mich mit der kleinen Kirche am Berge, und am meisten liebe ich ihre Verborgenheit und magische Stille, ihr Sichverstecken, ihr Bestreben nach Unsichtbarkeit, ihre scheue Abwehr gegen Lärm und Menge, lauter Züge, in denen ich sie ganz und gar zu verstehen glaube. Aber einen Sonntag im Jahr gibt es, an dem gibt sie sich lächelnd her, lädt alle zu sich ein und segnet alle. Das ist ihr Jahresfest. Die goldene Madonna hat ihr Jahresfest nicht im Madonnenmonat, sondern jedes Jahr an einem Sonntag im September, um die Zeit, wo Grün und Fülle des Jahres zu Dunst und zartem Goldschimmer wird, wo in Traube und Apfel die Fruchtbarkeit und Lebensfreude sich siegreich ausdrückt und zugleich im gilbenden Laub das Lied der Vergänglichkeit so flehend klingt. In dieser Zeit des Jahres sind die Frommen der Gegend zur Madonna im Walde geladen, den ganzen Tag, an diesem Tag verläßt sie ihre dämmrige Kirche und kommt in den Wald zu den Menschen und Vögeln und Schmetterlingen heraus. Dies jährliche Fest muß vor Zeiten, vor Jahrzehnten noch, unendlich schön und würdig gewesen sein. Heute ist es ein Jahrmarkt, mit Lärm, Klimbim und Spielerei, und die Menschen knien nicht mehr vor der Madonna im Gras und Farnkraut, sie stehen in modernen Sonntagskleidern und kommen sich schon duldsam vor, wenn sie beim Erscheinen der Madonna den Hut vom Kopfe nehmen. Nun, das ist nicht zu ändern, und ein Rest von Würde und Frömmigkeit ist immerhin noch da. Mir jedenfalls ist das Jahresfest dieser Madonna jedes Jahr, trotz dem und jenem, ein echtes Fest. Einmal habe ich dort den Bischof empfangen helfen und eine zarte Rede von ihm angehört, ein andermal war es bei kühlem, feuchtem Wetter ein stilles Fest mit sehr wenigen Besuchern, aber schön war es immer, und jedesmal habe ich irgendein Bild, einen Klang, einen Duft mitgenom-

men und habe jedesmal den Augenblick des Festes, der für mich der große ist, dankbar und ergriffen mitgefeiert.
Auch dieses Jahr war ich drüben, stieg am Morgen durch den feuchten Wald hinauf, schreckte viele Eidechsen aus dem Heidekraut, fand im feuchten Moos noch eine späte Cyclame blühen und kam gegen Mittag zur Kirche, wo mich fröhlicher Lärm empfing. Im Walde waren Buden aufgeschlagen, Fahnen wehten, und rote Luftballons, Kränze und Girlanden schmückten den Kirchenaufgang. Eine Musikkapelle war da und Händler mit Backwerk und Spielzeug, ein Wirt schenkte Wein und Kaffee, viele Familien lagerten im Grase und aßen Mittag, packten aus Körben, Säcken und Papieren ihr Brot, ihren Käse, ihre Trauben. Für die richtig Frommen war der Hauptteil des Festes schon vorüber: die vormittäglichen Messen. Für mich stand der hohe Augenblick des Festes noch bevor.
Ich traf Freunde, wir saßen im Walde, bekamen Wein, Brot, kaltes Fleisch, Kuchen, Pfirsiche. Fröhlichkeit umgab uns und Töne und Gestalten, die mir seit Jahren von allen ländlichen Festen der Gegend her vertraut waren. Mario mit der Gitarre war da, der in allen Sprachen der Welt singen kann; auch das Mädchen war da, das mit dem Munde die Töne einer Mandoline zum Täuschen nachahmen kann, und viele bekannte Figuren, auch Leute aus meinem Dorfe, denen gleich mir der Weg nicht zu weit weg gewesen war. Bei schallender Musik und im Lärm der Kindertrompeten tafelten wir unter den schon gelblich behauchten Bäumen, auf dieser schönen Waldterrasse, wo sonst das ganze Jahr eine so verzauberte Stille herrscht. Die meisten von diesen fröhlichen Menschen, welche da unter den Kastanien lagern, haben diesen Ort niemals in seiner Stille und Ewigkeit gesehen, sie kennen nur, Jahr um Jahr, diesen einen lauten Tag hier oben. Aber auch für mich bringt dieser Tag etwas Einziges, das Jahr um Jahr denselben tiefen Zauber hat.
Als die Tafelfreuden vorüber waren und die Menschen etwas stiller geworden, ordnete sich eine Prozession von Mädchen

mit angehefteten Engelsflügeln. Ein großes Kreuz mit dem Heiland wird voran getragen. Und nun kommt aus der Kirche hervor, aus dem Portal, das sie beinahe streift, und unter der aufstrahlenden Vorhalle hindurch, die Madonna gegangen, sie selber, die große Goldene, die sonst nur als warmer Goldschein im Kirchendämmer zu erblicken ist. Sie kommt gegangen, auf den Schultern der Träger leise schwankend, golden von der Krone im Haar bis zu den Füßen, aufleuchtend in der Herbstsonne, den kleinen Sohn auf den Armen, eine milde, schöne, innige Figur, Anmut und Würde, Hoheit und Zartheit strahlend. Dieser Augenblick ist mein Kirchenfest und Gottesdienst fürs ganze Jahr. Sie schwebt aus ihrem Hause, sie schwebt über den kleinen freien Platz, strahlt gleißend auf, daß es bis zum fernen See und den fernsten Schneebergen hinüberblitzt, und wendet sich, über all den entblößten Köpfen und Frauenkopftüchern, dem Walde zu, biegt unter den Girlanden hindurch auf den Farnkräutern waldeinwärts und entschwindet, goldglänzend, still in den Bäumen, die ihr heilig sind. Wir stehen, sehen sie verschwinden, halten die Hüte in der Hand und warten auf ihr Wiederkommen, und bald taucht sie wieder auf, von einer andern Richtung her, kommt samt Musik, Engeln, Priestern, Fahnen strahlend aus dem Wald hervor und kehrt zu ihrem Heiligtum zurück. Strahlend lächelt sie im goldnen Mantel, unter der goldenen Krone, und im Sonnenlicht und blendenden Goldschimmer macht sie es ebenso, wie ihr Gehäuse es so oft getan hat, sie erscheint bald, verschwindet bald, ist bald übernah und überdeutlich in goldener Pracht vor unseren Sinnen, bald im Geflimmer verschwunden und unsichtbar geworden. Ehe sie in die Kirche zurückkchrt, wird sic auf dem Rasen aufgestellt und angebetet, erst von Osten, dann von Süden, dann von Westen, dann von Norden. Und nun schwebt sie wieder hoch über den Menschen, biegt durch die Vorhalle ein, streift mit ihrer zitternden Goldkrone das Portal und taucht zurück in ihre Stille und heimatliche Dämmerung. Die jungen Mädchen lächeln, und wir

Älteren sehen zu Boden und denken, während der goldene Wald nach Vergänglichkeit duftet: »Werden wir dich noch einmal wiedersehen, Goldene?«
Damit ist für mich das Fest zu Ende, nun ist es gut, sich auf den kleinen schmalen Ziegenpfad zu machen und heimzukehren, ehe die Dämmerung kommt, welche diese Wege ungangbar macht. Durch den Wald hinabsteigend, höre ich noch eine ganze Weile die Musik mir nachklingen, und im Zurückschauen sehe ich über den Baumwipfeln einen roten Kinderballon entfliegen, mit brennendem Rot am Himmel glühend. *(1924)*

Rückkehr aufs Land

Gott sei Dank, ich bin der Stadt entflohen, ich habe das Kofferpacken und das Reisen hinter mir und bin wieder zu Hause, nach einer Abwesenheit von sechs Monaten. Es war hübsch, wieder durch den Gotthard zu fahren – ich mag diese Fahrt wohl mehr als hundertmal gemacht haben und kann sie noch immer genießen. Es war sehr hübsch, in Göschenen noch einmal tüchtig schneien zu sehen, in Airolo vom Schnee Abschied zu nehmen, in Faido die ersten Wiesenblumen, vor Giornico die ersten blühenden Aprikosenbäume und Birnbäume zu erblicken.

Die Ankunft in Lugano allerdings war nicht entzückend. Die Übervölkerung der Erde hat mir seit langem nicht mehr so übel entgegengeschrien wie hier, wo um die Zeit der Ostern sich die Fremden zusammenscharen wie die Heuschrecken. In dem kleinen Lugano sind ein Viertel der Einwohner von Berlin, ein Drittel von Zürich, ein Fünftel von Frankfurt und Stuttgart anzutreffen, auf den Quadratmeter kommen etwa zehn Menschen, täglich werden viele erdrückt, und dennoch spürt man keine Abnahme, nein jeder ankommende Schnellzug bringt 500 bis 1000 neue Gäste. Es sind selbstverständlich reizende Menschen, sie nehmen mit unendlich wenigem vorlieb, zu dreien schlafen sie in einer Badewanne oder auf dem Ast eines Apfelbaumes, atmen dankbar und ergriffen den Staub der Autostraßen ein, blikken durch große Brillen aus bleichen Gesichtern klug und dankbar auf die blühenden Wiesen, welche ihretwegen mit Stacheldraht umzäumt sind, während sie noch vor einigen Jahren frei und vertraulich in der Sonne lagen, von kleinen Fußwegen durchzogen. Es sind reizende Menschen, diese Fremden, wohlerzogen, dankbar, unendlich bescheiden, sie überfahren einander gegenseitig mit ihren Autos ohne zu klagen, irren tagelang von Dorf zu Dorf, um ein noch freies Bett zu suchen, vergebens natürlich, sie photographieren und bewundern die in längst verschollene Tessiner Trachten gekleideten Kellnerinnen der Weinlokale und versuchen italienisch mit ihnen zu reden, sie finden alles reizend und entzückend, und merken gar nicht, wie sie da, Jahr um Jahr mehr, eine der wenigen im mittlern Europa noch vorhandenen Paradiesgegenden eiligst in eine Vorstadt von Berlin verwandeln. Jahr um Jahr vermehren sich die Autos, werden die Hotels voller, auch noch der letzte, gutmütigste alte Bauer wehrt sich gegen die Touristenflut, die ihm seine Wiesen zertritt, mit Stacheldraht, und eine Wiese um die andre, ein schöner, stiller Waldrand um den andern geht verloren, wird Bauplatz und eingezäunt. Das Geld, die Industrie, die Technik, der moderne Geist haben sich längst auch dieser vor kurzem noch zauberhaften Landschaft bemächtigt, und wir alten Freunde, Kenner und Entdecker dieser Landschaft gehören mit zu den unbequemen altmodischen Dingen, welche an die Wand gedrückt und ausgerottet werden. Der Letzte von uns wird sich am letzten alten Kastanienbaum des Tessins, am Tag eh der Baum im Auftrag eines Bauspekulanten gefällt wird, aufhängen.

Einstweilen allerdings genießen wir noch einen bescheidenen Schutz. Erstens gibt es im Lande noch einige Gegenden, in welchen der Typhus häufig auftritt (im vorigen Jahr ist ein Freund von mir samt seiner Frau in seinem Tessiner Dorf daran gestorben), und zweitens geht noch immer die Sage, die Luganer Landschaft sei am schönsten im April (wo meistens die alljährliche Regenzeit ist), und im Sommer sei es hier vor Hitze nicht auszuhalten. Nun, den Sommer mit seiner schönen Hitze gönnt man uns vorerst noch, und wir sind dessen froh. Jetzt aber, im Frühling, drücken wir ein Auge zu, oft auch beide, halten unsre Haustüren gut verschlossen und sehen hinter geschlossenen Läden hervor der schwarzen Menschenschlange zu, die sich, ein fast ununterbrochener Heerwurm, Tag für Tag durch alle unsre Dörfer zieht und ergreifende Massenandachten vor den Resten einer einst wahrhaft schön gewesenen Landschaft begeht.

Wie voll es doch auf der Erde geworden ist! Wohin ich

blicke neue Häuser, neue Hotels, neue Bahnhöfe, alles vergrößert sich, überall wird ein Stockwerk aufgebaut; irgendwo auf Erden eine Stunde lang zu spazieren, ohne auf Menschenscharen zu stoßen, scheint nicht mehr möglich. Auch nicht in der Wüste Gobi, auch nicht in Turkestan.

Ach, und ebenso geht es mir im Kleinen, in meinem kleinen engen Junggesellenhaushalt; alles ist voll und wird immer voller, nirgend ist Platz! Die Wände habe ich längst vollgemalt, es ist kein Platz mehr für Bilder. Die Bücherschäfte krachen und hängen schief, so sehr sind sie mit doppelten Bücherreihen überlastet. Und immer kommen neue dazu, immer wieder liegt mein Studierzimmer voll von Paketen, vorsichtig und langbeinig muß ich zwischen ihnen meinen Weg suchen. Und, das ist das Komische, auf einige Pakete Schund kommt immer wieder ein Treffer, die guten Bücher sterben nicht aus; immer wieder wird mein Entschluß, überhaupt nichts Neues mehr zu lesen, umgeworfen durch Sendungen von Verlegern, die ich nur bewundern kann. So bleiben auch jetzt, nachdem ich einige hundert Bände Ballast entfernt habe, eine Anzahl ganz wundervoller Bücher übrig, die ich trotz allem eben doch liebe und bei mir behalten möchte, und so werden sie denn mit Gewalt in die krachenden Bücherborde gezwängt.

In diesen köstlichen Büchern lese ich, in meiner Klause eingeschlossen, während draußen die Primeln und Anemonen blühen und der dunkle Schwarm der Fremden sich durchs Gefilde bewegt. Weil es heute Mode ist, zu Ostern in Lugano zu sein, sind sie hier. In zehn Jahren werden sie in Mexiko oder Honduras sein. Wenn es Mode wäre, schöne Gedichte und Geschichten zu lesen und zu kennen, würden sie sich auf die obengenannten Bücher stürzen. Das überlassen sie jedoch mir, ich funktioniere als stellvertretender Leser für Millionen. Dafür werde ich dann im Sommer, wenn hier die berüchtigte Hitze ausbricht, auf unsern kleinen Wald- und Wiesenwegen wieder Raum haben und gehen und atmen können. Dann sind die Fremden zu Hause in

Berlin oder im Hochgebirge oder weiß Gott wo, immer aber da, wo sie sich mit ihresgleichen ums letzte leere Bett streiten und im Staub ihrer eignen Autos husten und blinzeln müssen. Sonderbare Welt! *(1928)*

Winterferien

Nie geht es so, wie man es sich gedacht hat. Seit Jahren bemühe ich mich, mein Waldmenschenleben etwas mehr in Einklang mit dem zu bringen, was man in Berlin Kultur nennt, habe nun schon mehrere Winter in Städten gelebt, habe ein Absteigequartier in Zürich, wagte mich gelegentlich bis Stuttgart, bis Frankfurt, bis München vor, und je und je trug ich mich sogar ernstlich mit dem Gedanken, einmal heimlich und inkognito einen kurzen Besuch in Berlin zu machen, nur um zu sehen, ob denn tatsächlich meine Vorstellungen von dieser Metropole so rückständig und albern seien, wie man mir täglich sagt. Und nun sitze ich, statt in Berlin, achtzehnhundert Meter hoch im Graubündner Gebirge, in Arosa, wohin man mich aus freundlicher Rücksicht auf meine Gesundheit geschickt hat. Es sind aber nicht die Lungen, und ich bitte, mir weder Adressen von Ärzten noch Muster von Heilkräutertees zu schicken, es ist nicht dies, was mir mangelt.

Als sie mich hier hinauf in den Schnee schickten, haben meine Freunde, sofern sie nicht einfach den Wunsch hatten, mich für eine Weile loszuwerden, sich gedacht, daß es die reine, kalte Höhenluft sein werde, die mir fehle, daß ich vielleicht genesen werde, wenn statt der dicken Atmosphäre der Bahnhöfe, Studierzimmer, Ballsäle mich Sonne, Schnee und Sternenluft der Berge umgäbe. Und nun bin ich hier, in Arosa, seit mehr als zehn Jahren zum ersten Mal wieder in den Bergen. Statt der Großstadt Schnee, statt der »Kultur« Tannenwälder und Föhnstürme, statt Berlin Graubünden – so wurde ich, wider meinen Willen, diesmal geführt. Und, wie immer, erweist sich die Führung als vortrefflich, und außerdem geht es auch diesmal wieder so, daß sich mir im völligen Fehlschlagen eines Planes dennoch ein Teil dieses Planes ungesucht erfüllt. Denn ich habe hier oben, wenn auch nur einen Abend lang, Berlin und Berliner Luft gefunden und werde mich einige Stunden lang in meinen

Vorübungen für das Großstadtleben vervollkommnen können.
Zunächst empfingen mich die Berge, die ich in meiner Jugend so sehr geliebt und so viel umworben und beschlichen, dann aber viele Jahre lang ganz und gar verlassen, vernachlässigt und beinah vergessen hatte, keineswegs sehr freundlich. Es gibt in der Natur keine Sentimentalitäten, und während ich im langsamen Emporsteigen nach Arosa, im Wiedersehen der eingeschneiten Tobel, der finstern Bachschluchten, der strahlenden weißen Gipfel mit Beklemmung und Rührung einen Teil meiner Jugend wieder in mir erwachen fühlte und von hundert wehmütigen Erinnerungen bestürmt war, erwiderten die Berge diese zärtliche Begrüßung mit der stillen, harten und etwas spöttischen Gelassenheit, mit der die Natur uns Menschen, ihre begabtesten und verlaufensten Kinder, stets empfängt. Sonderbare Gefühle machten mir das Atmen schwer, bei jedem Schritt wurde ich daran erinnert, daß ich kein Jüngling mehr sei, sondern ein beschädigter Rekonvaleszent, daß es sich für mich vorerst nicht um ein Wiederholen der Jugendzeiten handle, mit Ski-Touren über schweigsame Pässe und auf strenge mühsame Gipfel, sondern daß ich mich zunächst im Allerprimitivsten anzupassen und zu bewähren habe. Zwischen Schwitzen und Frieren, mit lästigen kleinen Fieberschauern, mit beständig ängstlichem und leicht schmerzendem Herzen, schlaflos in den Nächten, mußte ich die erste Anpassung vollziehen, und Tage vergingen, ehe ich nur daran denken konnte, meine Skier anzuprobieren, geschweige denn auf ihnen zu fahren.
Ein vortreffliches Hotel kam mir zu Hilfe, ich lernte halbe und ganze Tage mit Nichtstun hinzubringen, im Bett, im Salon, im Liegestuhl. Aber so nach und nach wagte ich mich auch in den Schnee hinaus, wo auf glattgefahrenen kleinen Übungshügeln die Kurgäste zu Hunderten auf Skiern herumturnen und sich von Lehrern oder von geübteren Kameraden das Skilaufen beibringen lassen. Ich sah, daß auch auf

diesem Gebiet Fortschritte und Neuerungen in Menge erfunden worden waren. Man stöpselte nicht mehr, wie einst in meiner Jugend- und Skiläuferzeit, auf gut Glück den Berg hinan und hinunter, mit dem einzigen Ziel, baldmöglichst sich von Dorf und Hotel freizumachen und Gipfel zu erreichen, sondern man trieb sachlich und geordnet Sport um seiner selbst willen. Ich machte mich mit Zagen daran, schnallte meine alten Bretter an, ein Paar gute alte Norweger Skier, auf vielen kunstlosen Touren glatt und dünn gefahren. Die Jugend war nicht mehr da, es fehlte an Kraft und Atem, an Ehrgeiz und Unternehmungslust. Aber das, was ich vom Skilauf einst, vor zwölf und fünfzehn Jahren, gelernt hatte, das konnte ich alles sofort wieder.

Kaum hatte ich mich wieder ein wenig an die Bergluft gewöhnt und konnte eine Hoteltreppe oder einen Übungshügel ohne allzuviel Herzklopfen ersteigen, da wagte ich es auch, den Parkettboden der Kultur hier oben zu betreten, und hielt eines Abends im Kursaal eine Vorlesung. Es waren aus Berlin und dem übrigen Deutschland so viele schöne, vergnügte, hübsch angezogene Frauen und Mädchen da, daß ich gar nicht dazu kam, gegen besagtes Parkett die gewohnten Hemmungen zu empfinden, ich hatte eine Stunde lang sogar den Eindruck, mich diesmal mit dieser Welt der vergnügten, eleganten, sportlichen, großstädtischen Menschen vorzüglich verständigen zu können. Nun, die literarische Unternehmung nahm ihren Verlauf, und kaum war sie abgetan, so gingen wir zu weniger ernsten Unterhaltungen über, saßen bei Wein und Imbiß im Kursaal, hörten die Jazzkapelle spielen, sahen schöne, elegante Paare die neuen Tänze tanzen, und überall in dem strahlenden Saal herrschte jene frohe schneidige Lebensbejahung, jener gut gefederte Geselligkeitsapparat, jener strahlende und Problemen abgeneigte Optimismus des Nachkriegsmenschen, den ich so sehr anstaune und leider so gar nicht erlernen kann – kurz, ich war einen Abend in Berlin oder Paris, und mit Hilfe des guten Weines gelang es mir, mich beinahe wie ein Angehöriger dieser Welt zu benehmen, wenn auch nicht zu fühlen. Aber nachher sagte mir ein Katzenjammer, daß ich mich doch getäuscht habe, und daß das Parkett, der Salon und der Tanzboden für mich weit gefährlicher und unbekömmlicher sei als der Übungshügel. Ich zog mich wieder zurück, um in meinem kleinen saubern Hotelzimmer mich mit Gedichten und kleinen Malereien zu beschäftigen. Draußen schneite es, schneite Tag und Nacht, die Arven bogen sich unterm Schnee, und als der Kulturkater überstanden war, merkte ich eines Morgens, daß die Natur, die mich hier oben so kühl und gelassen empfangen hatte, nur auf ein wenig Werbung und Liebe warte, um mir wieder wie vor Zeiten ihre vielen geheimnisvollen Gesichter zu zeigen. Konnte ich auch noch keine richtigen Touren machen, die Sinne waren mir doch erwacht, und so wie ich beim kühl rosigen Abendlicht mit den Augen die Schatten und Mulden der Berghänge ablas, so spürte ich, auf den Skiern, im Abfahren mit allen Gliedern und Muskeln, besonders aber mit den Kniekehlen, tastend die lebendige, wechselvolle Struktur der Hänge nach, wie die Hand eines Liebenden den Arm, die Schulter, den Rücken der Freundin erfühlt, seine Bewegungen erwidert, seinen Schönheiten tastend Antwort gibt.

Erst jetzt bin ich wieder in den Bergen, erst jetzt ist mir Schnee und Himmel, Arvenwald und Felszacke wieder vertraut und lieb. Ich sitze in der Mittagsstunde oben bei einer der Hütten am Tschuggen, packe mit Appetit mein Brot und Obst aus dem Rucksack, esse, strecke die Glieder, lege mich auf eine trockene Holzbank, fühle die heftige Sonne auf meinem schon rot gebrannten Gesicht glühen, höre vom Dach der Hütte das vertrauliche Geräusch des abtropfenden Tauwassers, das mitten in der Schneewüste wie ein schüchternes Lied von Vorfrühling, von kommenden Blumen klingt. Ich steige auf knirschenden Brettern einen der großen Hänge hinauf, wo der Wald zu Ende ist und nur Kuppe an Kuppe weiß und gefroren sich erhebt und mich an verwegene hohe Bergpässe in Tibet erinnert. Ich fahre einen der Hänge hinab, weich in den Knien, fühle die Form der hundert kleinen Terrassen und Wölbungen bis in den Kopf hinauf sich in mich einschreiben, musizieren, mich zu Abenteuern der Liebe und Vereinigung einladen. Ich erschrecke vor einem plötzlichen Absturz, an dessen Ende ein schwarzer offener Bach droht, oder vor einem kahl aus dem Schnee ragenden Steinklotz, suche ihm eilig auszuweichen, verliere die Herrschaft über meine Brettchen, falle heftig und doch weich gegen den Berghang, spüre Schnee am Hals und Nacken kitzeln, spüre Schreck und Erschütterung noch eine Minute nach, während ich mich wieder aufsammle und von neuem losfahre. Ich muß über einen Zaun steigen, ich streife mit den Hölzern über die rostigen Zweige von Alpenrosenstauden, die aus dem Schnee schauen, ich falle wieder, und jeder Anblick, jedes Abenteuer, jeder Fall erinnert mich an hundert vergessene Bilder, an hundert ähnliche kleine Erlebnisse aus früheren Jahren, an das Engadin, an das Prättigau, an den Gotthard und das Berner Oberland. Es sind kleine Anfängerausflüge, die ich da mache, und ich brauche zu einem Gang, den ein richtiger Skiläufer so nebenher in einer freien Stunde macht, einen halben Tag. Aber ich habe wieder gelernt, die Qualität des Schnees zu riechen, mich vom Berg tragen zu lassen, seine Neckereien mit dem Druck meiner Muskeln zu parieren.

Und ich erlebe diese kleinen Dinge anders, als ich sie einst in der Jugend erlebt habe, etwas dünner vielleicht und ohne Zweifel weniger lodernd und heftig, aber dafür tastender, zarter, schonender, erfahrener, so wie ein alternder Liebhaber der Frau statt blinder Jugendglut und Jugendkraft mehr Zartheit, mehr Verständnis, mehr Dankbarkeit entgegenbringt. So werbe ich um die Berge, die einstmals meine Freunde waren und die ich dann beinahe vergessen hatte, und sie gehen auf meine Werbung ein, nicht überschwenglich, nicht pathetisch, aber freundlich. Sie lassen ein wenig mit sich spielen, sie schenken mir manchen holden Blick, sie stellen mir dann wieder plötzlich ein Bein und erschrecken mich einen Augenblick mit einem ihrer dunklen, ihrer feindlichen Gesichter (beschneite Berge in der Abenddämmerung oder vor schwerem Schneefall können so schauerlich drohend, so tief feindlich, so tödlich blicken!).

In zwei Wochen muß ich eigentlich wieder fort, ich muß unten in einer Stadt eine Vorlesung halten, und dies und jenes tun. Ich habe die Absicht, diese Pflichten zu erfüllen. Aber wenn ich manchmal so im Schnee taumle und mich von einem Fall aufrichte, wünsche ich mir zuweilen, es möchte mir doch am letzten Tage vor der Abreise ein kleiner Unfall begegnen, nur so ein kleiner Ski-Unfall, der einen nicht umbringt und der doch genügen würde, um meine Ferien in Arosa um einige Zeit zu verlängern. *(1928)*

[Arosa]

Ich kenne Arosa nur im Winter und nur als Skiläufer, ich habe seine Matten niemals grün und seine Alpenrosenhänge niemals rot gesehen. Aber ich habe die Übungshänge von Inner-Arosa und am Tschuggen genauestens kennengelernt, und bin viele Male die Hänge hinangestiegen, über die man die kleinen, die Alteherren-Skitouren zum Breithorn, zum Hörnli zu machen pflegt usw. Als ich sehr müde und erholungsbedürftig das erstemal nach Arosa kam, war ich viele Jahre nicht mehr in den Bergen gewesen und hatte zwar die Skier mitgenommen, die seit einem Dutzend Jahren auf dem Estrich gelegen hatten, wußte aber nicht, ob ich mit den Bergen und mit den Skiern noch etwas werde anfangen können. Und es begann damals auch mit einer Niederlage, ich vertrug die Höhe anscheinend nicht mehr, ich spürte schon gleich nach der Ankunft Herzbeschwerden, Unruhe und leichtes Fieber. Die Berge, die ich in meiner Jugendzeit so sehr geliebt und so viel umworben und umschlichen hatte, und denen ich dann ein halbes Leben lang untreu geworden war, empfingen mich gar nicht freundlich. Während ich mit tausend plötzlich wieder erwachenden Erinnerungen an die Jugend, an die sorglosen Zeiten, an die Zeit vor dem Kriege mein Wiedersehen mit den Bergen feierte, mich und das Heute wehmütig mit der Jugend und dem Damals verglich, erwiderten die Berge diese zärtliche Begrüßung mit der stillen, harten, etwas spöttischen Gelassenheit, mit der die Natur uns Menschen – ihre begabtesten und verlaufensten Kinder – stets empfängt. Sonderbare Gefühle machten mir das Atmen schwer, bei jedem Schritt wurde ich daran erinnert, daß ich kein Jüngling mehr sei, sondern ein alternder und schon recht verbrauchter Mann. Zwischen Schwitzen und Frieren, mit lästigen kleinen Fieberschauern, mit ängstlichem und flatterndem Herzschlag, schlaflos in den Nächten, mußte ich die erste Anpassung vollziehen, und es vergingen Tage, ehe ich nur daran denken konnte, meine Skier auszuprobieren, geschweige denn auf ihnen zu fahren.

Als dies überstanden war, und ich die ersten Male vorsichtig auf meinen Skiern auszog, mußte ich eine andere Erfahrung machen: das Skilaufen hatte sich in den vielen Jahren, seit ich es als junger Autodidakt betrieben hatte, ganz und gar verändert, es wurde alles viel sachlicher, viel schneidiger betrieben, und auf dem überall plattgebügelten, brettharten Schnee der Skihänge mußte man erst einmal seines Christiania und seines Stemmbogens durchaus sicher sein, ehe man an Ausflüge denken durfte. Auch dazu brauchte ich Tage. Aber inzwischen waren Schlaf und Appetit gekommen, die Haut begann sich an die Strahlung zu gewöhnen, das Atmen ging wieder leicht, das Herz war beruhigt, und bald war auch die Sorge um den Christiania überwunden, ich konnte mich jetzt von den Übungshängen und dem Tschuggen entfernen und kleine Touren machen. Nun waren die Berge nicht mehr feindlich und fremd, der Schnee und die Sonne nicht mehr ermüdend, ich blieb wochenlang dort oben und erreichte einen Grad von Kräftigung und Verjüngung, den ich nicht mehr für möglich gehalten hatte. Dafür bin ich Arosa dankbar geblieben, ich nahm die Jugendgewohnheit wieder auf, jeden Winter eine Weile in die Berge zu gehen, und wäre dieser Gewohnheit bis heute treu geblieben, wenn nicht nach einigen Jahren die »Krise« mir das wieder verboten hätte.

Die paar Ski-Winter aber haben auf lange hinaus mir wohlgetan und nachgewirkt, und es kommt noch manchmal vor, daß ich im Traum vor der Hörnlihütte stehe, den Toscanello wegwerfe und abfahre, daß ich vor einem plötzlichen Absturz erschrecke, an dessen Ende ein schwarzer offener Bach droht, daß ich nach einem Sturz mir den Schnee hinter der Brille herauswische, oder einem Hindernis mit raschem Schwung ausweiche, und im Weiterfahren die liebe kleine Kirche von Inner-Arosa winzig in der Tiefe liegen sehe.

(1934)

Wahlheimat

Mir das Leben leicht und bequem zu machen, habe ich leider niemals verstanden. Eine Kunst aber, eine einzige, ist mir immer zu Gebote gestanden: die Kunst, schön zu wohnen. Seit der Zeit, da ich meinen Wohnort mir selbst wählen konnte, habe ich immer außerordentlich schön gewohnt, habe ich immer eine charakteristische, große, weite Landschaft vor meinen Fenstern gehabt. Nie aber habe ich so schön gewohnt wie im Tessin, und noch keinem meiner Wohnorte bin ich so viele Jahre treu geblieben wie meinem jetzigen; seit elf Jahren schon wohne ich hier, und denke noch nicht ans Weggehen. Die Tessiner Landschaft, die ich im Jahr 1907 zum erstenmal gründlicher kennen lernte, hat mich stets wie eine vorbestimmte Heimat, oder doch wie ein ersehntes Asyl, angezogen. In vielen meiner Dichtungen kommt sie vor, in einigen spielt sie die Hauptrolle, namentlich in der »Wanderung«, die nichts ist als ein Lobgesang an die Tessiner Landschaft.

Seit Jahren ist es mein Wunsch, ein Häuschen und ein wenig Land in der Luganeser Gegend zu besitzen und meine Tage hier zu beenden. Denn auch die Tessiner liebe ich sehr, nicht nur ihre Landschaft und ihr Klima. Es hat in den elf Jahren, seit ich unter ihnen wohne, noch nie ein böses Wort zwischen uns gegeben.

Ich habe es oft ausgesprochen: ein Dichter ist in vielen Beziehungen das anspruchsloseste Wesen der Welt, aber in andern Beziehungen wieder verlangt er viel, und stirbt viel lieber, als daß er verzichten würde. Mir zum Beispiel wäre es unmöglich, zu leben, ohne daß die Umgebung meinen Sinnen wenigstens ein Minimum an echter Substanz, an wirklichen Bildern böte. In einer modernen Stadt, inmitten von kahler Nutz-Architektur, inmitten von Papierwänden, inmitten von imitiertem Holz, inmitten von lauter Ersatz und Täuschung zu leben, wäre mir vollkommen unmöglich, ich würde da sehr bald eingehen. Hier im Tessin aber finde ich manche Dinge, die nicht nur schön und wohlig anzusehen, sondern auch voll tausendjähriger Tradition sind. Der nackte steinerne Tisch bei der steinernen Bank unterm Kirschlorbeer oder Buchsbaum, der Krug und die tönerne Schale voll Rotwein, das Brot und der Ziegenkäse dazu – das alles war zur Zeit des Horaz auch nicht anders. *(1930)*

Basler Erinnerungen

Meine Beziehungen zu Basel sind so alt wie ich und noch älter, denn nicht nur mein Vater stand im Dienst der Basler Mission, sondern auch schon der Vater meiner Mutter, einer von den gelehrten Missionaren, der gelegentlich junge Indologen dadurch in Erstaunen setzte, daß er Sanskrit nicht bloß lesen, sondern auch sprechen konnte, und der sich um die Kenntnis, Grammatik und Lexikographie des Malayalam und anderer indischer Sprachen verdient gemacht hat. Dieser schwäbische Großvater (der andere war der russische) ist vor einem halben Jahrhundert den Besuchern der Basler Missionsfeste als ständiger Redner der Eröffnungsansprache in der Martinskirche bekannt gewesen. Seine Tochter, meine Mutter, war in Gundeldingen bei Basel erzogen worden und sprach Baseldeutsch so gut wie Englisch oder Malayalam. Ihr jüngster Bruder war mit einer Baslerin verheiratet. Und außer und über all dem war die Basler Mission und ihre oberste Behörde, »die Committée«, eine beherrschende und täglich genannte Macht im Leben der Eltern und Großeltern. Ich wußte also von Basel und hatte eine Vorstellung von ihm, noch ehe ich selber, im Alter von annähernd vier Jahren, es zum erstenmal sah. Damals wurde nämlich mein Vater nach Basel versetzt, als Lehrer am Missionshaus, und wir Kinder freuten uns über den Wechsel nicht nur, weil es ein Wechsel war und eine Reise bedeutete, sondern wir hatten auch von Basel eine prächtige und verlockende Vorstellung, denn man hatte uns nicht bloß von der Mission und dem Missionshaus erzählt, sondern auch vom Rhein und den Brücken, der schönen, alten Stadt, dem Münster und dem Lällenkönig, und viele dieser Merkwürdigkeiten kannten wir schon aus Abbildungen.

Von 1881 bis 1886 lebten wir dann in Basel und wohnten am Müllerweg, dem Spalenringweg gegenüber; zwischen beiden lief damals die Elsässer Bahnlinie hindurch. Der Anblick der Züge und das häufige Stehen und Warten beim Bahnüber-

gang, wenn man in die Stadt wollte, gehört zu den frühesten meiner Basler Eindrücke. In jenen Jahren hat mein Vater sich um das Basler Bürgerrecht beworben und es erhalten.
Unser Müllerweg mit seiner Umgebung war vermutlich eine ziemlich bescheidene Vorstadtgegend, für uns Kinder jedoch war er ein Paradies und Urwald, in dem die Entdeckungen und Abenteuer kein Ende nahmen. Das Land begann schon ganz in der Nähe unseres Hauses; ein Bauernhof, gegen Allschwil hin gelegen, und eine Kiesgrube in seiner Nähe boten Gelegenheit zu ländlichen Spielen. Und die große, für mich Kleinen endlos große Schützenmatte, damals unbebaut vom Schützenhaus bis zum »Neubad« hinaus, war mein Schmetterlingsjagdgebiet und der Schauplatz unserer Indianerspiele. Manche Erinnerungen jener Zeit sind im Kindheitskapitel des »Hermann Lauscher« aufgezeichnet. Allmählich lernte ich, namentlich auf Sonntagsspaziergängen mit meinem Vater, auch die innere Stadt näher kennen, den Rhein mit der Fähre beim Blumenrain und den Brücken, das Münster und die Pfalz, den Kreuzgang, das historische Museum, das damals überm Kreuzgang untergebracht war. Und von den Eindrücken, die mir das damalige Kunstmuseum bei einigen Besuchen unter der Führung meines Vaters gab, fand ich einige noch vollkommen lebendig, als ich zwölf oder mehr Jahre später wieder nach Basel zurückkehrte; zu diesen Eindrücken gehörten Böcklins Fresken im Treppenhaus, Holbeins Familienbild und der tote Christus, Feuerbachs Aretino und die Kinderidylle und das Bild von Zünd mit dem Kornfeld, das ich als Knabe besonders liebte. In den zwei oder drei letzten Jahren unserer damaligen Basler Zeit war auch die Messe im Oktober ein großes Erlebnis mit den Buden und Karussellen, den Moritatengesängen auf dem Barfüßerplatz und den süßen Meßmocken und den vielen Örgelimännern, die sich bis in unsere Vorstadt hinaus sehen und hören ließen.
Als ich gerade neun Jahre alt war, mußte ich Basel wieder verlassen; mein Vater war zurück ins Schwabenland berufen

worden, wir Kinder mußten uns an neue Schulen gewöhnen und das Baseldeutsch wieder verlernen. Die Beziehungen zu Basel freilich blieben, und Besuche aus Basel waren sehr oft bei uns. Doch sah ich die Stadt, mit Ausnahme eines kurzen Ferienaufenthaltes, erst als Erwachsener wieder.

Wie stark Basel in der Kinderzeit auf mich gewirkt hatte, zeigte sich, als ich am Ende einer Lehrzeit als Buchhändler und Antiquar zum erstenmal frei und nach eigener Wahl in die Welt hinauszog. Ich hatte keinen anderen Wunsch, als wieder nach Basel zu kommen; es schien dort etwas auf mich zu warten, und ich gab mir alle Mühe, als junger Buchhandlungsgehilfe eine Stelle in Basel zu finden. Es gelang, und im Herbst 1899 kam ich wieder in Basel an, mit Nietzsches Werken (soweit sie damals erschienen waren) und mit Böcklins gerahmter Toteninsel in der Kiste, die meine Besitztümer enthielt. Ich war kein Kind mehr und glaubte mit dem Basel der Kindheit und dem Missionshaus und seiner Atmosphäre nichts mehr zu tun zu haben; ich hatte schon ein kleines Heft Gedichte veröffentlicht, hatte Schopenhauer gelesen und war für Nietzsche begeistert. Basel war für mich jetzt vor allem die Stadt Nietzsches, Jacob Burckhardts und Böcklins. Dennoch galten einige meiner ersten Gänge in jenen Spätsommertagen nach der Ankunft den Stätten der Kindheit: dem Müllerweg, der Schützenmatte, dem Spalentor.

In der Reichschen Buchhandlung (heute Helbing u. Lichtenhahn) trat ich meine Arbeit an, und gleich nach einem der ersten Tage fragte ich meinen Kollegen Helbing, ob ihm vielleicht ein gewisser Dr. Hans Trog bekannt sei. Ich hatte nämlich, noch in Tübingen, von dem jungen Hans Trog eine kleine Biographie Jacob Burckhardts gelesen. Helbing lachte und sagte, der sitze gleich hier nebenan, im selben Haus mit uns, da könne ich ihn aufsuchen. Trog war damals einer der jüngsten Redakteure der Allgemeinen Schweizer Zeitung, deren Redaktion im Hinterhause unserer Buchhandlung saß. Es ergab sich aus dieser ersten Basler Literatenbekanntschaft eine gelegentliche Mitarbeit am Feuilleton dieser Zeitung, die paar ersten meiner Buchrezensionen sind um 1900 dort erschienen. Und an einem der ersten Basler Sonntage suchte ich nun, recht schüchtern, das Haus des Historikers und damaligen Staatsarchivars Rudolf Wackernagel auf, den »hinteren Württemberger Hof« am Brunngäßli, wohin mich mein Vater empfohlen hatte. Ich wurde dort, und bald darauf auch bei Jakob Wackernagel in der Gartengasse, überaus freundlich empfangen, und bald hatte ich neben meiner Arbeit und meinen Kollegen einen lebhaften Verkehr mit mehreren Basler Familien, die alle der Universität nahestanden und wo ich auch die meisten jüngeren Gelehrten kennenlernte. Am häufigsten sah ich Joël, Wölfflin, Mez und Bertholet, auch Joh. Haller. Ein anderer neugewonnener Freund, mit dem ich eine Zeitlang auch eine gemeinsame Wohnung an der Holbeinstraße hatte, war der junge rheinländische Architekt Jennen, der soeben den ersten Preis in der Konkurrenz um die Erweiterungsbauten des Rathauses gewonnen hatte, ein Neugotiker, Schüler von Schäfer in Karlsruhe und ein überschäumend lebensfroher junger Mensch, der mich Einzelgänger und Asketen in manche Genüsse und Behaglichkeiten des materiellen Lebens einführte. Wir haben in den elsässischen und badischen Wein- und Spargeldörfern manche Schlemmerei veranstaltet, im Storchen Billard gespielt und in der Wolfsschlucht, welche damals noch ein kleines, stilles Weinstübchen war, sowie im Helm am Fischmarkt (es ist der »Stahlhelm« im »Steppenwolf«) häufig jene Studien getrieben, deren Ergebnis die Camenzindschen Hymnen auf den Wein waren.

Nun, diese Studien hätte ich auch anderswo betreiben können. Aber den Geist, von dem das damalige gebildete Basel, wenigstens soweit es mir sichtbar wurde, beherrscht war, hätte ich nirgends sonst in dieser Reinheit angetroffen, und es wurde mir erst später klar, daß es ein einziger Mann war, der diesem Geist die charakteristische Prägung gegeben hatte. Eine schöne Stadt mit alter Tradition und einer gebil-

deten höheren Bürgerschaft, einer kleinen Universität, einem schönen Museum usw. mochte es auch anderswo geben. Hier aber war alles getränkt vom Geist, vom Einfluß und Vorbild eines Mannes, der einige Jahrzehnte lang dem geistigen Basel als Lehrer und in kulturellen Dingen als arbiter elegantarium gedient hatte. Er hieß Jacob Burckhardt und war erst vor wenigen Jahren gestorben. Ich war auch damals schon sein Leser, gewiß, ich hatte schon in Tübingen die »Kultur der Renaissance« gelesen und in Basel den »Konstantin«, aber ich war noch allzutief von Nietzsche bezaubert, um seinem direkten Einfluß ganz offen zu stehen. Desto stärker war der indirekte: ich lebte, ein lernbegieriger und aufnahmebereiter junger Mensch, inmitten eines Kreises von Menschen, deren Wissen und Interessen, deren Lektüre und Reisen, deren Denkart, Geschichtsauffassung und Konversation von nichts und niemand so stark beeinflußt und geformt waren wie von Jakob Burckhardt. Die Sage von mehreren seiner Vorlesungen und Vortragszyklen, namentlich der »Weltgeschichtlichen Betrachtungen«, erreichte mich in diesem Kreise zu einer Zeit, als seine postumen Werke noch nicht erschienen waren, und als ich im Jahre 1901 meine erste italienische Reise antrat, hatte ich nicht nur seinen Cicerone im Köfferchen, sondern es war die ganze Reise, ihre Stimmung und Tendenz, der Kreis dessen, wonach ich suchte und worauf es mir ankam, in einem Maß von ihm beeinflußt, das ich erst viel später voll erkannte, als längst der Zauber Nietzsches erblaßt und Burckhardt für mich zu einem wirklichen Führer geworden war.
Als ich Basel nach diesen paar lebhaften Jugendjahren wieder verließ, nahm ich außerdem noch andere Einflüsse und Bindungen mit: ich war mit einer Baslerin verlobt, wurde in Basel getraut und habe, wenn auch meine Besuche mit den Jahren seltener wurden, nicht nur mit Basel stets in vielerlei Beziehungen gestanden, sondern ihm auch im Herzen Treue und Dankbarkeit bewahrt. *(1937)*

Beschreibung einer Landschaft

Seit einer Woche wohne ich im Erdgeschoß der Villa, in einer mir ganz neuen Umgebung, einer mir neuen Landschaft, Gesellschaft und Kultur, und da ich vorerst inmitten dieser neuen Welt sehr allein bin und die herbstlichen Tage in der Stille meines hübschen großen Studierzimmers mir lang werden, beginne ich das Geduldspiel dieser Aufzeichnungen. Es ist eine Art von Arbeit, gibt meinen einsamen und leeren Tagen einen Anschein von Sinn und ist, zum mindesten, eine Beschäftigung, welche weniger Schaden stiftet als die wichtige und hochbezahlte Arbeit so vieler Menschen.

Mein Aufenthaltsort liegt ganz nahe der Kantons- und Sprachgrenze auf der welschen Seite. Ich bin hier Gast eines Freundes, der einer Heilanstalt vorsteht, und lebe dicht am Rande dieser Anstalt, die ich wohl bald unter der Führung des Arztes näher werde kennenlernen. Vorerst weiß ich wenig von ihr, nichts als daß sie auf dem ausgedehnten, mit schönen Parkanlagen bedeckten Grundstück liegt, einem ehemaligen Herrensitz, in einem gewaltig großen, schloßartigen, architektonisch schönen Gebäude, das mehrere Innenhöfe umschließt und, wie man mir sagt, eine sehr große Zahl von Patienten, Wärtern, Ärzten, Pflegerinnen, Handwerkern und Angestellten beherbergt, und daß von allen diesen vielen Bewohnern für mich, der in einem der neuen Nebengebäude wohnt, so gut wie nichts zu sehen und zu hören ist. Das mag wohl im Sommer anders sein, jetzt aber, im November, sitzt niemand jemals auf einer der grünen Gartenbänke, und wenn ich täglich einige Male meinen kleinen Gang durch den Park mache oder ins große Haus hinübergehe, um etwas im Bureau zu fragen oder Post aufzugeben, dann begegnet mir in den Gartenwegen und in den hallenden Treppen, Korridoren, Kiesplätzen und Höfen höchstens einmal eine eilige Pflegerin oder ein Monteur oder Gärtnerbursche, und das riesige Gebäude liegt in vollkommener Stille, als wäre es unbewohnt.

Das weiträumige Anstaltsgebäude, unsre kleine Villa mit zwei Arztwohnungen, einige modernere Bauten, welche Küche, Wäschehaus, Garagen, Stallungen, Schreiner- und andere Werkstätten beherbergen, liegen samt der Gärtnerei mit großen Pflanzungen, Frühbeeten und Treibhäusern inmitten eines umfangreichen Parkes von großartigem, feudalem und auch ein wenig kokettem Gepräge. Dieser Park, dessen Terrassen, Wege und Treppen sich vom Herrenhaus mählich gegen das See-Ufer senken, ist vorläufig, da ich größere Gänge nicht zu leisten vermag, meine Landschaft und Umwelt, ihm gehört vorerst der Hauptanteil meiner Aufmerksamkeit und Liebe. Jene, welche ihn gepflanzt haben, scheinen dabei von zwei Tendenzen, oder eher Passionen, geleitet worden zu sein: der Passion für malerisch-romantische Aufteilung des Raumes in Rasenflächen und Baumgruppen, und der andern Passion, nicht nur schöne und wohlgruppierte, sondern auch möglichst aparte, seltene und fremdländische Bäume zu pflanzen und zu hegen. Es scheint dies, soviel ich sehen kann, überhaupt auf den Herrschaftsgütern der Gegend Sitte gewesen zu sein, und außerdem mochte der letzte Besitzer und Bewohner des Herrenhauses diese Liebhaberei für exotische Pflanzen aus Südamerika mitgebracht haben, wo er Plantagen besaß und Tabak exportierte. Obwohl nun diese beiden Passionen, die romantische und die botanische, einander gelegentlich widersprechen und in Streit miteinander geraten, ist doch der Versuch ihrer Versöhnung in mancher Hinsicht nahezu vollkommen geglückt, und beim Wandeln durch diesen Park findet man sich bald mehr von der Harmonie zwischen Pflanzung und Architektur, vom Reiz überraschender Durchblicke und edler Veduten, sei es auf die Seeweite hinaus oder auf die Schloßfassade zurück, angezogen und erfreut, bald mehr von den einzelnen Pflanzen, ihrer botanischen Interessantheit oder ihrem Alter oder ihrer Vitalität angerufen und zu näherem Betrachten des einzelnen verpflichtet. Das beginnt schon gleich beim Hause, wo auf der obersten, halbrunden

Terrasse eine Anzahl südlicher Gewächse in großen Kübeln prangt, darunter ein mit prallen und leuchtenden kleinen Früchten reich behangener Orangenbaum, der keineswegs jenen schmächtigen, leidenden oder gar mißvergnügten Eindruck macht, den solche in ein ihnen unheimisches Klima versetzte Pflanzen aus anderen Breitegraden meistens erwecken, sondern mit seinem feist strotzenden Stamm, seiner rundgeschnittenen Krone und seinen goldenen Früchtlein durchaus zufrieden und gesund erscheint. Und nicht weit von ihm, etwas weiter abwärts schon und dem Ufer näher, fällt uns ein wunderliches, kräftiges Gewächs auf, eher Strauch als Baum, das aber nicht im Kübel, sondern im natürlichen Boden wurzelt, und ganz ähnliche kleine harte Kugelfrüchte trägt. Es ist ein seltsames, ein höchst eigensinnig und wehrhaft in sich verknäueltes, undurchdringliches, vielstämmiges und vielästiges Dorngewächs, und die Früchte sind nicht so goldfarben wie jene Zwerg-Orangen. Es ist ein gewaltig großer, sehr alter Christdorn, und später trifft man im Weitergehen da und dort noch andere seinesgleichen an.

Neben einigen dem Taxus und der Zypresse verwandten Bäumen mit eindrücklichen und zum Teil bizarren Silhouetten steht da auch, einsam und vielleicht ein wenig melancholisch, aber kräftig und gesund, ein Affenbaum, in seine fehlerlose Symmetrie wie in einen Traum versunken, und trägt zum Zeichen, daß ihm seine Vereinsamung nichts anhaben könne, einige schwere massige Früchte an seinen obersten Zweigen. Zu diesen mit Bedacht einzeln in den Rasen gestellten und der Beachtung und Bewunderung gleichsam ausdrücklich empfohlenen Raritäten kommt auch noch, ebenfalls um die eigene Interessantheit gewissermaßen wissend und ein wenig der Unschuld beraubt, eine Anzahl von zwar nicht seltenen, aber durch Gärtnerkunst verwandelten, preziös und verträumt sich gebarenden Bäumen, vor allem Trauerweiden und Trauerbirken, vornehme langhaarige Prinzessinnen aus der sentimentalen Epoche, unter ihnen auch eine groteske Trauertanne, deren Stamm samt allen Ästen von einer gewissen Höhe an sich umbiegt und wieder den Wurzeln zustrebt. Es entsteht durch diese widernatürliche Umbiegung des Wachstums ein dichtes hängendes Dach, eine gewachsene Tannen-Hütte oder Höhle, in die ein Mensch eintreten und in der er verschwinden und hausen kann, als wäre er die Nymphe dieses wunderlichen Baumes.

Zu den schönsten Bäumen unserer kostbaren Pflanzung gehören einige prachtvolle alte Zedern, die schönste von ihnen berührt mit ihren oberen Ästen die Krone einer starkstämmigen Eiche, des ältesten Baumes auf dem Grundstück, sie ist weit älter als Park und Haus. Auch einige wohl gedeihende Mammutbäume gibt es, mehr in die Breite als in die Höhe strebend, es mögen die oft heftigen und kalten Winde sie dazu nötigen. Für mich der herrlichste Baum des ganzen Parkes ist nicht einer der vornehmen Ausländer, sondern eine alte ehrwürdige Silberpappel von gewaltiger Größe, in geringer Höhe über der Erde in zwei mächtige Stämme sich teilend, deren jeder allein der Stolz eines Parkes sein könnte. Sie steht noch im vollen Laube, das vom Silbergrau über eine reiche Skala von bräunlichen, gelblichen, ja rosigen Tönen sich bis in ein schweres Dunkelgrau vertiefen kann, je nachdem Licht und Wind mit ihm spielen, dessen Farben aber stets etwas Metallenes, eine spröde Härte haben. Wenn in dieser riesigen Zwillingskrone ein kräftiger Wind spielt und der Himmel, wie es zuweilen in diesen frühen Novembertagen noch vorkommt, noch ein feuchtes, tiefes Sommerblau hat oder mit Wolken dunkel verhängt ist, ist es ein königliches Schauspiel. Dieser ehrwürdige Baum wäre eines Dichters wie Rilke und eines Malers wie Corot würdig.

Das Vorbild und Stil-Ideeal dieses Parkes ist das englische, nicht das französische. Man hat eine scheinbar natürlich gewachsene, ursprüngliche Landschaft im Kleinen herstellen wollen, und stellenweise ist diese Täuschung beinahe geglückt. Aber schon die vorsichtige Rücksichtnahme auf die

Architektur und die sorgfältige Behandlung des Geländes und seines Gefälles gegen den See zeigen aufs deutlichste, daß es sich doch eben nicht um Natur und Wildwuchs, sondern durchaus um Kultur, um Geist, um Willen und Zucht handelt. Und es gefällt mir gut, daß dies alles aus dem Park auch heute noch spricht. Er wäre möglicherweise schöner, wenn er ein wenig sich selbst überlassen, ein wenig vernachlässigt und verwildert wäre; es würde dann Gras auf den Wegen und Farn in den Ritzen der Steintreppen und Einfassungen wachsen, der Rasen wäre vermoost, die Zierbauten eingesunken, alles spräche vom Drang der Natur nach wahlloser Zeugung und wahllosem Verfall, es wäre der Wildnis und dem Gedanken des Todes der Zutritt in diese vornehm schöne Welt gestattet, man sähe Fallholz liegen, sähe die Leichen und Stümpfe gestorbener Bäume von moorigem Kleinwuchs überklettert. Aber nichts davon ist hier zu spüren. Der starke, genau und zäh planende Menschengeist und Kulturwille, der einst den Park entworfen und gepflanzt hat, beherrscht ihn noch heute, erhält und pflegt ihn und läßt der Wildnis, der Liederlichkeit, dem Tode keinen Schritt breit Raum. Es sprießt weder Gras auf den Wegen noch Moos im Rasen, es wird weder der Eiche gestattet, ihre Krone allzusehr in die nachbarliche Zeder hineinwachsen zu lassen, noch den Spalieren, den Zwerg- und Trauerbäumen, der Zucht zu vergessen und dem Gesetz zu entrinnen, nach dem sie gestaltet, beschnitten und gebogen worden sind. Und wo ein Baum gefallen und abhanden gekommen ist, sei es durch Krankheit, Alter, Sturm oder Schneedruck, da hinterblieb nicht eine unordentliche Stätte des Todes und des chaotischen Nachwuchses, sondern es steht an Stelle des Gefallenen klein, hager und adrett, mit zwei, drei Zweigen und ein paar Blättern ein junger, neu gepflanzter Baum auf runder Scheibe, fügt sich gehorsam in die Ordnung ein und hat neben sich einen sauberen, starken Stab stehen, der ihn hält und schützt.

So hat hier ein Werk aristokratischer Kultur sich in eine

völlig veränderte Zeit hinein erhalten, und der Wille des Stifters, jenes letzten Gutsherrn, der seinen Besitz einer wohltätigen Anstalt schenkte, wird respektiert und regiert noch immer. Es gehorcht ihm die hohe Eiche und Zeder wie der magere junge Pflänzling am Stabe, es gehorcht ihm die Silhouette jeder Baumgruppe, und es ehrt und verewigt ihn ein würdiger klassizistischer Denkstein auf der letzten Gartenterrasse, die ein letzter weiter Rasenplatz vom Schilfufer und Wasser trennt. Und auch die einzige sichtbare Wunde, die eine brutale Zeit diesem schönen Mikrokosmos geschlagen hat, wird bald verschwinden und verheilen. Es mußte während des letzten Krieges eine der höher gelegenen Rasenflächen umgepflügt und zu Acker gemacht werden. Aber die leere Fläche wartet schon wieder auf Egge und Rechen, um das eingedrungene Rohe auszulöschen und wieder mit Rasen besät zu werden.

Nun habe ich dies und jenes über meinen schönen Park gesagt, und doch mehr vergessen, als was ich beschrieben habe. Ich bin den Ahornen und den Kastanien ein Lob schuldig geblieben und habe die üppigen dickstämmigen Glyzinen der Innenhöfe nicht erwähnt, und noch vor ihnen allen hätte ich der wundervollen Ulmen gedenken sollen, deren schönste meiner Wohnung ganz nahe zwischen Villa und Hauptgebäude steht, jünger, aber höher als die ehrwürdige Eiche drüben. Dieser Ulmbaum kommt aus der Erde mit einem festen und dicken, aber von allem Beginn an nach Höhe und Schlankheit trachtenden Stamm, der dann nach kurzem energischem Anlauf in ein ganzes Volk von himmelwärts drängenden Ästen wie ein sich vielfach teilender Wasserstrahl auseinanderspritzt und sprießt, schlank, heiter und lichtbegierig, bis seine freudige Aufwärtsbewegung in einer hohen, schön gewölbten Krone zur Ruhe kommt.

Wenn nun in diesem geordneten und kultivierten Bezirk kein Raum für das Primitive und die Wildnis sich findet, so stoßen die beiden Welten doch an den Grenzen der Anlagen überall zusammen. Schon als sie gepflanzt und angelegt wurden, endeten ihre sanft abwärts führenden Wege im Sand und Sumpf des flachen Schilfufers, und in neueren Zeiten bekamen sie auf noch viel spürbarere Weise die ungezähmte und sich selbst überlassene Natur zur Nachbarin. Es wurde vor einigen Jahrzehnten infolge der Herstellung verbindender Kanäle zwischen den Seen der Gegend der Spiegel des hiesigen Sees um einige Meter gesenkt und damit ein breiter Streifen des einstigen Seerandes trockengelegt. Auf diesem Streifen nun überließ man, da man nichts mit ihm anzufangen wußte, die Natur sich selbst, und jetzt wuchert hier ein zum Teil noch sumpfiger, meilenlang sich hindehnender, struppiger und etwas krüppeliger Wald, ein aus angeflogenen Samen gewachsener Dschungel von Erlen, Birken, Weiden, Pappeln und manchen anderen Bäumen, welche langsam diesen ehemaligen sandigen Seeboden in Waldboden verwandeln. Auch Eichengestrüpp zeigt sich darin hier und dort, das sich auf diesem Boden nicht eigentlich wohl zu fühlen scheint. Und ich könnte mir denken, daß im Sommer hier manche Riedgewächse blühen, daß hier silbernes Wollgras steht und jene hohen, gefiederten Orchideen, die ich von den Sumpfwiesen am Bodensee kenne. Auch vielen Tieren bietet dieser Wildwuchs Zuflucht, es nisten in ihm außer Enten und andern Schwimmvögeln auch Schnepfen, Brachvögel, Reiher und Kormorane, ich sah Schwäne fliegen und sah vorgestern aus diesem Gehölz zwei Rehe kommen und gemächlich in kleinen spielerischen Sprüngen eine der weiten Rasenflächen unsres Parks durchqueren.

Was ich nun hier wenn nicht beschrieben, so doch summarisch aufgezählt habe, der stattliche gepflegte Park samt dem primitiven Jungwald im feuchten Neulande scheint eine ganze Landschaft zu sein und ist doch nur die allernächste Umgebung unsres Hauses. Wandle ich in dieser Umgebung für eine Viertelstunde die Wege auf und ab, so ist sie in der Tat eine Einheit, eine begrenzte kleine Welt, die uns, so wie etwa eine Parkanlage in einer Großstadt, für eine Weile genügen, Freude machen und die übrige Natur ersetzen könnte. In Wirklichkeit aber ist dies alles, Park, Gärtnerei, Obstgärten und Waldgürtel, nur Vordergrund und Stufe, die in etwas viel Größeres und Einheitlicheres führt. Geht man die hübschen Wege vom Hause abwärts unter den hohen Ulmen, Pappeln, Zedern hin, an den üppigen Kegeln der Wellingtonien vorbei, deren dicke, zimmetfarbene Stämme so warm und wohlgeborgen hinter dem Zelt der hängenden elastischen Äste ragen, am Affen- und Perückenbaum, an Trauerweiden und Christdorn vorüber zum Ufer hinab, dann steht man erst der echten und ewigen Landschaft gegenüber, deren Charakter nicht Hübschheit und Interessantheit, sondern Größe ist, einer weiten, offenen, einfachen, unabsehbar großen Landschaft. Hinter dem bräunlichen, im Winde wehenden und tanzenden Kleinwald des Uferschilfes dehnt sich manche Meilen weit der See, himmelfarben bei stillem Wetter und dunkel blaugrün wie Gletschereis bei stürmischem, und jenseits (falls nicht wie an vielen Tagen das Jenseits in grauem und opalfarbenem Dunst verborgen bleibt) ziehen niedrige, langgestreckte Jura-Bergzüge ihre ruhigen, aber energischen Linien in den Himmel, der über dieser scheinbar beinah flachen Weite unendlich groß ist. Seit meinen Bodenseejahren habe ich nicht mehr in einer solchen Landschaft gelebt, das ist bald fünfunddreißig Jahre her. See- und Himmelsweite, Duft von Wasser und Tang, wehendes Schilf, Schreiten auf feuchtem Ufersand, über mir im unendlichen Himmel die Wolken und ein paar Vögel – wie sehr habe ich das einst geliebt! Seither habe ich, ohne es so recht zu wissen, immer in Landschaften etwas näher beim Hochgebirge gelebt, deren Charakter das Feste, genau Umrissene war, die nicht wie die hiesige vor allem aus Himmel, Luft, Dunst, Wind, Bewegung bestanden. Es ist mir zur Zeit nicht eben um das Grübeln und Deuten zu tun, es ließe sich sonst über diese Rückkehr aus einer statischen in eine dynamische Welt manches Hübsche phantasieren. Da ist es denn nun wieder und spricht mich in unvergessener Sprache an, das Grenzenlose, Meerähnliche, Feuchte, Spiegelnde, sich

Verschleiernde und Entschleiernde, ewig Veränderliche und Wechselnde einer Welt, in welcher Wasser und Himmel alles andre beherrschen. Lang stehe ich oft am Ufer, den Hut in der Hand und den Wind im Haar, von Klängen und Düften der Jugendzeit angeweht, gestellt und angeblickt von einer Welt, die mich dringlich an Vergangenes mahnt, die mich prüft und mustert wie ein Vater den von langer Wanderschaft heimkehrenden Sohn, ohne daß ich doch mein langes Ferngebliebensein als Untreue empfände. Stets scheint ja das Dauernde auf das Vergängliche mit einer Überlegenheit zu blicken, die zwischen Spott und Duldung schwebt, und so finde ich alter Mann mich vom Geist dieser feucht-kühlen Weite geprüft und gemustert, geduldet und ein wenig bespöttelt, ohne daß ich mich gedemütigt fühle. Es ist jede neue Begegnung mit der Erde und Natur von ähnlicher Art, wenigstens für unsereinen, für uns Künstler: unser Herz kommt dem Elementaren und scheinbar Ewigen willig und voll Liebe entgegen, schlägt mit dem Takt des Wellenganges, atmet mit dem Winde, fliegt mit den Wolken und Vögeln, fühlt Liebe und Dankbarkeit für die Schönheit der Lichter, Farben und Töne, weiß sich zu ihnen gehörig, ihnen verwandt, und bekommt doch niemals von der ewigen Erde, dem ewigen Himmel eine andre Antwort als eben jenen gelassenen, halb spöttischen Blick des Großen für das Kleine, des Alten für das Kind, des Dauernden für das Vergängliche. Bis wir, sei es in Trotz oder Demut, in Stolz oder in Verzweiflung, dem Stummen die Sprache, dem Ewigen das Zeitliche und Sterbliche entgegenstemmen und aus dem Gefühl der Kleinheit und Vergänglichkeit das ebenso stolze wie verzweifelte Gefühl des Menschen wird, des abtrünnigsten, aber liebefähigsten, des jüngsten, aber wachsten, des verlorensten, aber leidensfähigsten Sohnes der Erde. Und siehe, unsre Ohnmacht ist gebrochen, wir sind weder klein noch trotzig mehr, wir begehren nicht mehr das Einswerden mit der Natur, sondern stellen ihrer Größe die unsre entgegen, ihrer Dauer unsre Wandelbarkeit, ihrer Stummheit unsre

Sprache, ihrer scheinbaren Ewigkeit unser Wissen vom Tode, ihrer Gleichgültigkeit unser der Liebe und des Leidens fähiges Herz.

Ich habe nun, so könnte es scheinen, diese großartige und zauberhafte, in ihren herbstlichen Tönen wunderbar malerische Landschaft andeutend skizziert. Aber noch bin ich damit nicht fertig. Außer dem flachen, schwerbodigen Bauernland, den vielen Gärten und Parken, dem Ufer, dem See, dem beinahe um den ganzen Horizont reichenden Ring von Waldhügeln und langhin gestreckten Jura-Hügelketten gehört noch etwas zu ihrem Bestande, herrscht und spricht noch etwas in ihr mit: die Berge, die Alpen. An den meisten Tagen freilich sind sie um diese Jahreszeit nicht zu sehen, oder es ragt nur für eine halbe oder ganze Stunde etwa einmal jenseits der Hügelzüge etwas Weißes oder Blaues oder Rosiges auf, ein Dreieck oder Vieleck, scheint Wolke zu sein und verrät doch für Augenblicke seine andre Materie und Struktur, rückt den weiten Horizont noch um ein beträchtliches weiter zurück und macht dennoch im selben Augenblick den Eindruck der Grenzenlosigkeit wieder zunichte, denn das Auge ahnt dort, durch das Blaue oder Rosige angedeutet, etwas Festes, eine Grenze, eine Mauer. Und zweimal sah ich gegen Abend nicht nur solche vage und vereinzelte Berggestalten sich flüchtig zeigen, sondern sah rötlich bestrahlt mit blauen Schattenseiten die mir so vertraute Bergreihe des Berner Oberlandes stehen, die Jungfrau in der Mitte. Sie zeichneten in jene Ferne, wo sich sonst über den Hügeln alles in Licht und Dunst und Himmel auflöst, eine Grenze, einen zwar sehr zarten doch entschiedenen Umriß, strahlten bis zum Sinken der Sonne in einem weichen lächelnden Licht und erloschen und verschwanden alsdann unversehens, und das Auge, so sehr es von ihnen entzückt und beschenkt worden war, vermißte sie nicht, so unirdisch und beinahe unwirklich war die holde Erscheinung gewesen.

Nun aber kam ein Tag, an dem mir unverhofft ein ganz und

gar anderes, neues, gewaltiges Bild der Alpen zu sehen bestimmt war. Es war Sonntag, ich hatte vor Tische den allzu kurzen Gang getan, den meine Kräfte mir erlauben, war sehr ermüdet zurückgekehrt, hatte zu Mittag gegessen, mich der Schuhe entledigt und auf den Diwan gelegt, hatte einige seit Tagen wartende Briefe und dann eines der Grimmschen Märchen gelesen (o! mit wie vielen seit einem Jahrhundert unverwelkt fortblühenden Gaben haben diese beiden Brüder ihr Volk beschenkt!), hatte begonnen, mir die Antwort auf einen der Briefe zu überlegen, war aber nicht weit damit gekommen, sondern eingeschlummert. Es wurde bald darauf sachte an meine Tür gepocht, der kleine Schlaf war ohnehin nicht tief gewesen, und es kam der Doktor, um mir zu sagen, daß er mit seinem Söhnchen ausfahren wolle und mich einlade, mitzukommen. Ich war rasch fertig, wir stiegen ein und fuhren auf den nächsten wegen seiner Alpenaussicht berühmten Juraberg. Schnell war die Ebene mit den großen Rübenfeldern und vielen Obstbäumen durchfahren, sauber gehaltene Weinberge mit niedrigen, genau nach der Schnur in gleichen Abständen gepflanzten Reben bedeckten die Südhänge der Hügel, dann stieg die Straße durch gemischten Wald mit braunem Buchenlaub, frischem Tannengrün und herbstgelben Lärchen rasch empor und brachte uns in kurzer Fahrt auf eine Höhe von etwa tausend Metern oder wenig mehr. Da hatten wir den Grat erreicht, die Straße lief von hier an beinahe eben weiter. Wir klommen noch einige Schritte auf einer kahlgeweideten Matte hinauf, und der Blick auf die Alpen, von dem wir einzelne Ausschnitte schon auf der letzten Strecke der Bergstraße im Fahren mehr geahnt als gesehen hatten, lag nun enthüllt und frei vor uns, ein ungeheurer und eigentlich erschreckender Anblick. Das ganze vor uns liegende Seetal und Tiefland war unsichtbar, es lag in einen noch nicht zu Nebel verdichteten Dunst versunken, der es uns beinahe ganz verhüllte, der sich da und dort leise atmend regte, zuweilen ein Stückchen Land freigab, im ganzen aber den Eindruck völliger Stille und Regungslosigkeit machte. Sah man eine Weile hinein, so konnte man der Täuschung verfallen, der in Wirklichkeit unsichtbare See dehne sich da unten und erstrecke sich Hunderte von Meilen bis an den Fuß dieses Kolosses von Gebirge, das sich dort drüben jenseits der Dunstwelt nackt und klar in den Himmel reckte. Man sieht von hier aus nicht eine Berggruppe oder einige, sondern das Ganze, sämtliche Alpen vom äußersten Osten des Landes bis zu ihren letzten Zacken und Graten im Savoyischen, das Rückgrat Europas, vor uns hingelegt wie das eines Riesenfisches, eine starre, klare, kalte, fremde, ja bittere und drohende Welt aus Fels und Eis, in kaltem feindseligem Blau mit vereinzelten hier oder dort für eine Weile hell bestrahlten Steilflächen, deren Firn dem Licht auf eine kalte, kristallne, nüchterne und beinah abstrakte Weise Antwort gab. Ungeheuer, stumm, eisig, eine strenge wehrhafte Barrikade durch die Mitte unsrer Welt, ragte hart und messerscharf, erstarrt wie ein hundert Meilen langer Lavazug, die Kette der Alpen in den kühlen Herbsthimmel. Es war eine Art Grausen, eine Empfindung eines mit Wonne gemischten Erschrecktwerdens und Frierens wie beim Empfang eines sehr kalten Wasserstrahls, womit ich auf diesen Anblick antwortete, es tat weh und wohl, es weitete und beklemmte zugleich. Wie man, nach Arbeit und Alltag, vor dem Schlafengehen noch ein Fenster öffnet und aus der Alltäglichkeit, Abgenütztheit und Geborgenheit des allzu Gewohnten einen Blick in den von Sternen kalt flammenden Winternachthimmel tut, so sahen wir von unsrem Berggrat, der mit seiner Fahrstraße und dem Hotel, mit Sommerhäusern und Kapelle einen recht wohnlichen und gezähmten Eindruck machte, über die weite See von Dunst hinweg auf dieses Große, Fremde, Starre, Überwirkliche hinüber. Etwas später, als sich jene erste heftige Empfindung etwas beruhigt hatte, kam mir ungesucht das Bild eines Malers in die Erinnerung. Es war aber weder Hodler noch Calame noch sonst einer unsrer großen Alpenmaler, sondern einer aus der Zeit lang vor der Entdeckung der Alpen, der alte Sieneser Maler Simone Martini; von dem gab es ein Bild, auf dem ein Ritter einsam der Weite und Ferne entgegenreitet, und quer durch das Bild zieht sich ein nacktes kahles Gebirge, hart und scharfkantig, grätig und dornig wie der Rücken eines Barsches. *(1947)*

[Aus dem »Rigi-Tagebuch«]

Aus dem vertrockneten und verbrannten Tessin, aus unsrem vertrockneten und verbrannten Garten sind wir für eine kleine Weile nach Rigi-Kaltbad geflohen, wo uns noch einige Tage warmen Sommers mit hellster Fernsicht gegönnt waren. Es ist sehr schön hier oben, ich muß mich bei dem Berge entschuldigen, den ich einst, vor fünfundvierzig Jahren, in Lauschers Tagebuch langweilig genannt habe. Ich hatte damals die Berge noch nicht entdeckt, und ich war mit jugendlicher Besessenheit in den See verliebt, in das Wasser und seine Farben, die ich Tag um Tag vom Ufer und vom Ruderboot aus belauerte. Ein einziges Mal fuhr ich damals nach Rigi-Kulm hinauf, fühlte mich fremd dort und abgestoßen von der Fremdenindustrie, und lief schleunigst zu Fuß wieder hinab, um mich wieder in meinen Seekult zu versenken. Die Beschwerden eines raschen Höhenwechsels, die mir heute ziemlich lästig sind, spürte ich damals noch nicht. Dafür aber fehlte mir die Ruhe und Geduld, mich wirklich um den Berg zu kümmern und mich gegen die Fremdenscharen, Hotels, Bahnen und Ansichtskarten gleichgültig zu machen. Ich tat, für damals, recht daran; Lauschers See war ein echtes und großes Erlebnis, und das damals Versäumte kann ich nun heute nachholen.

In den ersten, noch trocknen und warmen und ganz hellen Tagen zeigte der Berg sich von seiner prächtigen Seite. Man konnte sorglos schlendern, bequem auf jeder Matte im kurzen Grase lagern, und hatte die ungeheure Aussicht von früh bis spät beinahe ohne jede Trübung vor sich, konnte nach Belieben entweder sich am Feststellen oder Wiedererkennen der vielen Gipfel vergnügen oder, ausruhend, sich nur dem Wechsel von Farbe, Licht und Schatten, der bizarren Geometrie des riesigen Panoramas überlassen. Die Abwechslung von Fels und Schnee, besonnten Kanten und dunklen Schlünden an einer Gipfelkette, der launische Weg, den ein kleiner Wolkenschatten über diese zackige und zerklüftete

Vielfalt hin beschreibt, können einen fesseln und entzücken wie die Rhythmen und Zäsuren eines Gedichtes.
Aus dieser großen, gleißenden Ferne kehrt der Blick wieder in die Nähe zurück, zu der die Beziehung sich rascher und leichter einstellt, und die an Reizen und Zaubern nicht ärmer ist. Da gibt es märchenhafte Felsengruppen und Felsenkessel, manche pathetisch und tempelhaft, manche klein, putzig, ideale Räume für Kinderspiele, abgeschlossene grüne Stuben, Kammern und Höhlen, mit engen Felsentoren, gnomenhaften Krüppeltannen, Farnen und schlangenhaft gewundenem Wurzelwerk. Feucht, grün, moosig und streng duftend, erinnern mich diese vielen kleinen Landschäftchen sehr an meine Kindheit und den Schwarzwald. Kommt man dann aus einem dieser nach Tanne, Moos und Storchschnabel duftenden Verstecke heraus, so liegt alsbald die unendliche blaue, von den zahllosen fernen Bergen begrenzte Weite wieder da, der See, die Vorberge mit hell smaragdenen Matten, blinkenden Flußläufen, dunklen Waldungen, winzigen Siedlungen.
Wenn ich da irgendwo liege oder sitze, zwischen Gras, Tannen, Fels und spärlichen Blumen, sehe ich beinahe senkrecht unter mir, tausend Meter tief, eine halbrunde, blaugrüne Seebucht, ein Spielzeugdorf und eine gewundene Straße liegen. Das ist Vitznau, da habe ich vor fünfundvierzig Jahren am Tagebuch Lauschers geschrieben und die ersten Studien zum Peter Camenzind gemacht. Ich kann mich nicht mehr hineinversetzen, die Zeit und der junge Mann von damals liegen so fern, fremd und unwirklich wie dort drunten das winzige Dorf und die blaue Bucht, sie scheinen mich nichts anzugehen. Damals war es der Rigi, der mich nichts anging und abstieß; ich war dem Sommer, der Hitze, dem Wasser und Ruderboot verhaftet, dem träumerischen Rudern an stillen Ufern hin und um kleine felsige Halbinseln und Vorgebirge herum, dem Studium der Farbenspiele im Wasser, dem Baden in versteckten Buchten, dem Hindämmern in praller Sommersonne mit geschlossenen Augen. Ich war

allein, bekam nur selten einen Brief, las keine Zeitung, betrachtete die Gäste der großen Hotels und der Dampfer von weitem mit einer Mischung von Mißtrauen und Neugierde, und suchte ein Leben ohne Menschen, ohne Gegenwart, ohne Gesellschaft zu führen, suchte einen Weg vom Anschauen der Natur zum wirklichen Leben in ihr. Man hätte mir damals nicht sagen dürfen, ich werde einmal, ein alter Mann, dort droben auf dem Rigi in einem Grand-Hotel absteigen, Tee bei Unterhaltungsmusik trinken und kleine, langsame Spaziergänge machen, eine Viertel-, eine halbe Stunde weit, um dann lang auf einem Bänkchen auszuruhen oder im Hotelzimmer mich mit der Nachmittagspost zu plagen.

Ich habe sehr wenig Lektüre mitgenommen, darunter den Hesperus von Jean Paul, der auch zu Ninons Lieblingsbüchern gehört; es schien mir Zeit, ihn wieder einmal zu lesen. Jetzt, wo es unnütz und bequem geworden ist, die Deutschen zu hassen, jetzt, wo man das den Zurückgebliebenen und Dummen überlassen darf, kommt man erst allmählich zum Bewußtsein der Verluste, die Deutschland und die Welt erlitten hat, der Verluste an Heimat, an Schönheit, an Erinnerungsgut, an Quellen für die Phantasie, und inmitten dieser beinah unerträglichen Verarmung sucht man jene Quellen mit neuem Bedürfnis auf, die noch fließen, aus denen je und je zu trinken uns noch erlaubt ist: die deutschen Dichter der guten Zeit. Wir lagen in der Nähe eines Absturzes, dessen Rand sorgfältig umzäunt war und aus dem die Spitzen der Tannen eben noch bis zu uns heraufragten, und Ninon las vor. Wir lasen die sämtlichen Vorreden des Hesperus, ein Genuß und ein Spaß hohen Ranges. Was sind wir, solang wir dem Werk dienen, für geduldige, zähe und unermüdliche Schwerarbeiter, wir Literaten, wie plagen wir uns, und am meisten und geduldigsten grade um das, was die Leser gar nicht merken und was dem Erfolg unsrer Bücher mehr schadet als nützt, um das, was im Grunde nur für ein paar Kollegen und für die paar Jahrzehnte »Ewigkeit« vorhanden ist!

Es ist, als sei die Sprache eine Mutter oder Ahnherrin und wir Dichter ihre treuen und beflissenen Diener, Bewahrer, Erneuerer, ihr Leben mitlebend, ihre Sorgen teilend, ihr Wohlsein und Kranksein beobachtend und betreuend, sie zu immer neuen Versuchen und Spielen ermunternd. Sie, die Sprache, die unser Werkzeug und Gehilfe zu sein scheint, ist in Wahrheit unsre Herrin; einer Laune, eines kleinen Versuches wegen, den sie vielleicht morgen wieder vergißt, beschäftigt sie hundert Geister und Hände, und wir alle haben den Ehrgeiz, ihren Regungen und Anregungen zu folgen, ihr zu dienen und zur Verfügung zu stehen, sie vielleicht einen Augenblick lächeln oder lachen zu machen.
Zwischen dem Ehrgeiz des Künstlers, der es den Besten unter den Kollegen aller Zeiten gleichtun möchte, und dem Ehrgeiz des nach Erfolg, nach Erobern der Menge Zielenden ist der Unterschied nicht sehr groß. Aber der Unterschied zwischen einem schönen und einem gemeinen Mund, einer edlen und einer Alltagsnase ist ja auch nicht groß, es geht um Millimeter und weniger. Nehmen wir ruhig den winzig kleinen Unterschied weiterhin ernst!

Das Wetter will sich ändern, der Himmel hat Wolken, die auch Teile der Fernsicht zudecken, die Luft ist weich und feucht. Zauberhaft, bei weithin bedecktem Himmel und etwas Wind, spielen unten auf dem See die kühlen, flüchtigen Farbenschauer, alles ist farbiger, plastischer und heimlich belebter als an den prall sonnigen letzten Tagen. Aber von der Vergangenheit da unten, von Vitznau und Brunnen, von Lauscher und Camenzind steigt nichts mit herauf, es hat keine Stimme mehr und ich kein Ohr, und das ist beruhigend und gut, sonst risse es mir das Herz auf, und ich würde hier oben in meinem Hotel mit Verzweiflung dessen gedenken, was ich einst war oder doch sein wollte. Das Alter hat viele Beschwerden; aber es hat auch seine Gnadengaben, und eine von ihnen ist diese Schutzschicht von Vergessen, von Müdigkeit, von Ergebenheit, die es zwischen uns und unseren Problemen und Leiden wachsen läßt. Es kann Trägheit, Verkalkung, häßliche Gleichgültigkeit sein, aber es kann, ein klein wenig anders vom Moment beleuchtet, auch Gelassenheit, Geduld, Humor, hohe Weisheit und Tao sein. Da unten an der hübschen Seebucht lebt etwas fort, was mich angeht, was Forderungen an mich stellt und mir Leid bereiten will, was ich vielleicht doch noch irgend einmal ungemildert und bitter durchleben und klären muß; aber heute ist nicht die Stunde dafür, das da unten ist nicht Forderung noch Reue noch Vorwurf, es ist nicht mehr als ein Bild, eine Erinnerung unter andern. Sogar an die viel spätere Zeit, 1916, wo nochmals eine Weile die Luzerner Gegend Schauplatz meiner Krisen und Kämpfe war, kommen mir nur wenige und oberflächliche Erinnerungen, es ist, als habe ich keine Vergangenheit gehabt.

Wir sind in Wolken, es ist sehr kühl geworden. Die Bilder, die wir heute immer wieder sehen, erinnern oft sehr an chinesische und japanische: aus gewundenen Wolkenschlangen hervorragende Fels- oder Waldgipfel – eine einzelne bärtige und knorrige Fichte von Wolkenfetzen umflattert. Sogar die dünnen, stangenhaften, spielerisch altmodischen Architekturen der eisernen Pavillons und spitzen Hoteltürmchen passen dazu. Von Mittag an starke Regengüsse. Ninon erkältet. Das Frieren, vor dem ich mich bei der Fahrt in die Berge etwas gefürchtet hatte, fängt an.

Wir steigen nach Kulm hinauf, ich erinnere mich an die vor Jahrzehnten irgendwo gelesene Szene, wie Friedrich Rückert hier oben auftritt, und wir gedenken auch der schönen Frau, die Stifter hier erscheinen läßt. Unter einem dramatischen, stürmisch bewegten Himmel liegt das Land bald fahl und unwirklich, bald grell mit scharfen Umrissen unten, auf halber Höhe unsres Berges steht ein Wäldchen, in einer weiten Mulde halbrund und spitz zulaufend hingezeichnet wie ein Fuchsschweif oder Hahnenschwanz, und es fällt mir ein, daß dies einst zu den hübschesten Eindrücken auf meinen wenigen Luftreisen gehörte: ein Bachtal etwa mit vielen kleinen, launischen Krümmungen, mit Pappeln oder Erlen in kleinen Abständen bestanden; das Ganze dieses Bachlaufes oder dieses im Halbrund hingeschmiegten Waldes gleichzeitig zu sehen, ist eben nur aus der Vogelschau möglich. Wenn der Blick von den fernen Schneebergen zum flachern Lande wandert, wo die Farben wärmer und mannigfaltiger sind und wo aus dem Grün, Braun und Ocker helle Städtchen blicken und ferne kleinere Seen spiegeln, dann spüre ich an einem leicht beklemmenden Gefühl, daß dort hinten, wo Land und Wolken einander berühren, Deutschland liegt.

Nach kalten Regentagen kam ein Sonntag mit freundlichem Himmel, da wird unser ohnehin nicht eben einsamer Berg sehr gesellig. Es begegnen uns überall Fußwanderer, Einzelne und Familien, Gruppen von Kindern, Bauern aus der Gegend in Sennentracht, freundliche langbärtige Kapuzinermönche, kleine Gruppen von schwarzen, langröckigen Schwestern mit strengen Hauben, denn unser Berg ist auch sehr katholisch, und alle diese Wanderer und Spaziergänger haben gute, heitere Sonntagsgesichter, eine Blume im Knopfloch, im Munde oder auf dem Hut, alle grüßen und lächeln und loben den schönen Tag. Schließlich zeigt sich, daß es sogar ein besonderer Sonntag ist, ein Fest, es kommt ein Bähnchen voll Leute aus einem der Dörfer am See, sie tragen Fahnen, und eine der Fahnen ist neu und noch in eine Hülle gewickelt, sie soll heute geweiht werden. Das geschieht auf einem Plätzchen beim Kaltbad, vor einer andächtigen Menge mit entblößten Häuptern, viele der Männer, Burschen und Mädchen tragen Trachten. Es wird uns auf den Nachmittag ein Umzug mit Fahnenschwingen und Wettspielen versprochen, und wir lassen ihn uns nicht entgehen. Ich verzichtete auf meine Mittagsruhe, Ninon auf ihre griechische Lektüre, und mit schallender Musik zog die Festgemeinde auf. Das Schönste und Eigenartigste daran waren die drei Fahnenschwinger. Im langsamen Marsch, wie Tamboure, schwangen sie ihre rotweißen Fahnen am kurzen Stiel, einmal in der rechten, einmal in der linken Hand, warfen die Fahne hoch in die Luft und fingen sie einhändig wieder auf, senkten sie im langsamen Schwung bis zur Erde und stiegen über sie hinweg. Für den der Kunst nicht Kundigen sah es in den ersten Minuten etwas einförmig und schwerfällig aus, man konnte jedoch bald die Mehrzahl der Spielregeln erkennen, und erkannte vor allem, welche gewaltige Kraft und welch große Übung diese Kunst verlangte. Die drei schönen jungen Männer vollzogen die schwierige rituelle Zeremonie mit dem Ernst und der Akkuratesse japanischer Schwerttänzer, es war nicht nur ein virtuoses Sichzeigen von Kraft und Geschicklichkeit, es war auch ein geweihter symbolischer Akt, voll Würde, Ernst und Feierlichkeit. Zu unsrem Ergötzen folgte nun eine besondere Augenweide: die Nachahmung eines Alpaufzuges. Es wurde, Stück um Stück hintereinander, schönes Vieh mit blumenbekränzten Stirnen getrieben oder am Strick geführt, zuvorderst ein schöner junger Stier, der seinen Führer tüchtig in Atem hielt. Es folgten Kühe und Rinder, eine hübsche kleine Herde, und zuletzt ein Maulesel, der auf dem Rücken eine altmodische hölzerne Bettstatt trug.

In diesen Tagen war beständig großes Wolkentheater. Zuweilen freilich waren wir in die Wolken eingehüllt und sahen gar nichts, es wurde manchmal so dunkel, als wäre es Dezember. Aber es dauerte selten länger als eine Stunde, dann riß irgendwo ein Luftstrom ein Loch in den dicken Nebel, jagte die zerstiebende Wolke in Fetzen nach oben, öffnete ein Tor, ein Fenster, einen Ausblick, und plötzlich sah man die unwahrscheinlichsten und erregendsten Bilder: Landschaften, wie sie seit Altdorfer und Grünewald kaum wieder gemalt worden sind; paradiesische sowohl wie apokalyptische Landschaften: durch riesig aufgebaute schwarze Höllentore Blick in eine sonnig goldengrüne Ferne, oder umgekehrt: eine für kurze Zeit warm und leuchtend bestrahlte

Nähe mit blitzenden Tropfen an Gras und Stein hob sich grell von einer blauschwarz geballten Ferne ab, in der zuweilen Donner hörbar wurde oder ein einzelner Blitz aufzuckte.

(1945)

Erlebnis auf einer Alp

Ich stieg am Nachmittag zur heißesten Zeit den steilen kleinen Weg bergan, der nach Amalek führt. So nenne ich eine etwa 150 Meter über unserm Hotel liegende Wiesenmulde, halbrund in den dichten Fichtenwald geschmiegt, wo neulich einige Tage lang ein Zeltlager stand, dessen helle heitere Zeltreihen mich an ein Heerlager der Amalekiter oder Philister in der Schnorrschen Bilderbibel erinnerten. Dort in der Nähe des Amalekiterlagers sind einige meiner Lieblingsplätze zum Ruhen, zum Zeichnen oder Schreiben. Es war etwas schwül, über den Schneebergen waren ruhige massive Wolkengebirge gelagert und getürmt, oben im Zenit durchs dünne lichte Blau große Scharen von gewichtlosen, launisch gruppierten Federwölkchen, bald ruhend, bald sanft und stetig in einem unten nicht fühlbaren Winde gegen Osten unterwegs.

Ich suchte und fand einen Platz, der mir paßte, gar nicht weit von den Lagern anderer Müßiggänger, die hier, zwischen Schatten und Sonne wechselnd, ihren Nachmittag an den Waldrändern verliegen, schlafend, lesend, plaudernd, viele von ihnen halb oder ganz nackt. Die rasch aufeinanderfolgenden, eine von der andern aus schon nicht mehr sichtbaren Stufen des steilen Hanges und die immer wieder vortretenden Kulissen der Waldränder ermöglichen es, daß auf kleinem Raume ziemlich viele Menschen und Gruppen lagern können, ohne einander zu stören, ja ohne voneinander zu wissen. So war ich in meiner Mulde zwischen ein paar kleinen Felsstücken, auf Rasen und Heidekraut liegend oder sitzend, ganz allein und hatte den Waldschatten, den Wiesenhang, den Blick auf die paar Hütten unter mir, auf das dunstige Lauterbrunner Tal und den ungeheuren Luftraum bis zum Firn und Eis der großen Berge ganz für mich.

Nach einer Pause, der Rast und der Abkühlung gewidmet, klappte ich gemächlich die kleine Mappe auf, die mich auf solche Gänge begleitet; es ist der leinene Einbanddeckel des Rudolf Mosseschen Zeitungskataloges vom Jahr 1910, der mir über diese Jahrzehnte hinweg treu geblieben ist und noch nicht einmal sehr mitgenommen aussieht. Ich nahm die Füllfeder aus der Tasche, schlug den kleinen Papierblock auf und begann zu zeichnen: ein Mäuerchen und dahinter eine Berner Balkenhütte, überragt von zwei Ahornen, dahinter die steile Wand zu Füßen des Männlichen, mit dem scharfen zackigen Grat oben, und wieder hinter diesem Grat den Umriß der Jungfrau, dessen Linie aber über mein Papier hinausführen würde und nur angedeutet wird.
Während ich mich wieder ausstreckte, um von der Spielerei auszuruhen, denn die Augen brannten, wurden viele jugendliche Stimmen laut, und unter mir tauchte eine Schar Knaben auf, eine Schule oder Schulklasse, mit Rucksäcken, Berndeutsch redend, Buben von etwa vierzehn bis sechzehn Jahren nach meiner Schätzung. Sie waren erhitzt und verstrubelt und hatten keine Eile, und die paar letzten von ihnen blieben gerade eine Stufe über mir stehen, wischten sich die Stirnen mit farbigen Sacktüchern ab; einige setzten sich für einen Augenblick ins kurze Gras. Im Aufatmen und Zurückblicken auf die große Weite waren sie unversehens ganz still geworden, und jetzt, nach einer Pause, fing einer von ihnen aus dem Gedächtnis Verse aufzusagen an, stockend und suchend; aber er brachte sie richtig zusammen, ein kleines Gedicht, und da ich zwei von den Verszeilen nicht nur als rhythmischen Singsang hörte, sondern auch die Worte verstand, merkte ich, daß es ein Gedicht von mir war, ein Gedicht, das von den Wolken handelte und das ich selbst, sein Dichter, aus dem Gedächtnis nicht mehr zusammengebracht hätte. Ein wenig singend und etwas feierlich sprach er die Verse, die ich vor beinahe fünfzig Jahren geschrieben hatte; sie wurden von seinen Kameraden schweigend angehört, und als es nun still wurde und ich mich umwandte, um

sie etwa noch zu Gesicht zu bekommen, waren sie den Berg hinan verschwunden. – So waren meine Verse, beinah ein halbes Jahrhundert nach ihrer Entstehung, durch den Mund des unbekannten Knaben zu mir zurückgekehrt. *(1947)*

Zwei August-Erlebnisse

Am ersten August* sucht mich beinahe jedes Jahr eine kleine Erinnerung heim, und sie hat sich auch diesmal gemeldet und mir sachte auf die Schulter geklopft, eine Erinnerung noch aus jener unschuldigeren Zeit meines Lebens, da ich noch nicht zur verzweifelten Wirklichkeit, zum Erkennen der prekären Situation des Menschen in unsrer Zeit erwacht war. Es ist der Tag des ersten August 1914, des Weltkriegsbeginns, an den ich mich da erinnere, und die Art, wie ich jenen denkwürdigen Tag erlebt habe, eine trotz aller aktuellen Fanfaren vorwiegend private Art, zeigt mir meine eigene Person wie auf einer alten, etwas blaß gewordenen Fotografie, einen anderen als der ich zwei Jahre später, einen ganz anderen als der ich zehn Jahre später war oder heute bin.

An jenem ersten August 1914 war ich, der ich mich sehr wenig um das »Weltgeschehen« gekümmert und kaum jemals einen Leitartikel gelesen hatte, zwar ebenso wie jeder andre Durchschnittsbürger durch die Nachrichten über den unausbleiblichen, den schon erklärten und begonnenen Krieg tief erschreckt und erschüttert, ich war es mehr, als ich vor meinen Nächsten und vor mir selbst zugab, aber Schreck und Erschütterung war noch längst keine Wandlung, und mochte jetzt das politische und öffentliche Leben in der Welt plötzlich unter neue Sterne und Gesetze getreten sein, das kleine und tägliche Leben ging vorerst weiter, man konnte es nicht abstellen noch sich darum drücken, das war vorläufig erst Sache der Soldaten, die schon heute dem völlig Neuen und Furchtbaren entgegenkommandiert wurden und für die es ein Privatleben nicht mehr gab.

Ich war nicht Soldat noch war ich geistig mobilisiert, ich war noch völlig Privatmann, und für diesen ersten August wartete eine unumgängliche, übrigens angenehme Pflicht auf

* Der erste August ist der Nationalfeiertag der Schweizer, der abends mit festlichen Feuern und Feuerwerken begangen wird.

mich. Ich hatte damals meinen ältesten Sohn, der in den ersten Schuljahren eine Zeitlang sehr anfällig für fieberhafte Erkältungen und etwas lungenverdächtig war, aufs Land zu einem Lehrer gegeben, in ein Dörfchen bei Sigriswil über dem Thunersee, und diesem Sohn hatte ich mein Wort gegeben, ihn am ersten August zu besuchen und ein hübsches Paket Feuerwerk mitzubringen. Die Torheiten der Souveräne und Völker und das vermutlich bevorstehende große Unglück entbanden mich dieses Versprechens nicht, und auch, daß der Bundesrat tags zuvor eine Mahnung erlassen hatte, diesmal auf Festlichkeiten, Prunk und Lärm und Feuerwerk zu verzichten, konnte mich nicht dazu bewegen, den Knaben zu enttäuschen. So machte ich mich denn morgens von meinem Berner Hause aus auf den Weg zum Bahnhof, und unterwegs trat ich in den berühmten Laden des Herrn Blau, bei dem ganz Bern sein Feuerwerk zu kaufen gewohnt war. In diesem Laden nun bekam ich es zuerst vor Augen geführt, daß die Welt sich verändert habe und nicht die von gestern mehr sei. Der Blausche Laden war sonst am ersten August gedrängt voll, ich hatte auch schon damit gerechnet, eine Weile warten zu müssen. Nun aber war das Geschäft leer, ich war der einzige Kunde, verstörte Gesichter richteten sich hinter dem langen Ladentisch mir entgegen, und als ich, etwas verlegen geworden, mitteilte, daß ich eine Anzahl Raketen und römische Lichter zu kaufen begehre, fragte man mich zwar nicht geradezu, ob ich verrückt geworden sei, aber man tat, als sei in diesem Hause niemals Feuerwerk verkauft worden, und erinnerte mich daran, daß doch der Bundesrat gestern ausdrücklich bekanntgegeben habe ... Ich ließ mich aber nicht erschrecken, ich sagte, ich habe ein paar Buben und ihrem Lehrer im Oberland ein Feuerwerk versprochen und habe keine Zeit mehr, eine Erlaubnis dazu beim Bundesrat einzuholen, und man möge mir nun freundlichst die Raketen zeigen, da der Zug in einer Viertelstunde abgehe. Kopfschüttelnd ließ man mich denn eine Anzahl Raketen und Feuerräder und römische Lichter auswählen,

und ich reiste damit ab. Von Thun her kam mir schon der ganze Schwall der flüchtenden Fremden entgegen, Koffergebirge stauten sich in und vor den Zügen, aufgeregte Menschen, manche in Tränen, starrten in das Durcheinander und begannen auch schon, sich nach Nationen voneinander abzusondern.
Ich brauche es nicht weiter zu beschreiben, es ist hundertmal geschildert worden. Durch die flüchtenden Fremdenscharen und die ersten einrückenden Schweizer Soldaten fand ich mühsam einen Weg, von Gunten an zu Fuß, und da hing beinahe vor jedem Bauernhaus eine Uniform zum Lüften. Als ich mein Ziel erreichte, entschädigte mich die Freude meines Buben und seiner Kameraden für die Mühe, aber schon gehörte ich nicht mehr ganz mir, meinem Sohn und dem Zweck, zu dem ich hierhergekommen war, schon hatte sich ein Stück Welt mehr, ein Stück Wirklichkeit und Grauen mehr zwischen mich und mein Tun gedrängt, und wenn ich auch das kleine Abendfest der Knaben mit möglichst guter Miene mitmachte und sie mit meinen Raketen entzückte, so war ich doch nur halb dabei, und die schönen Raketen und die von den Knaben gesungenen Lieder waren nicht mehr so recht wirklich, es überzog sie ein Schleier von Trauer, von Angst, von Mitverflochtensein in kommende Nöte und Leiden, ein Schleier, der von da an für Jahre nicht mehr wich und immer dunkler wurde.

Was damals begann, dauert seither an, und immer wieder hat seit jenem Tag mit dem so bangen Fest der Krieg in unser Leben seine grellen Feuerscheine und seine tiefen Schatten geworfen, er ist das Gewohnte, der Friede und die Freude das Seltene und Unwahrscheinliche geworden.
Vorgestern, ziemlich früh am Morgen, sprach in meinem Hause ein Mann vor, einer von den vielen Getriebenen und Verfolgten, mit denen uns seit damals so oft das Leben für Stunden oder Tage zusammenführte. Sein Schicksal, obwohl es das von vielen ist, hat doch genug Individuelles, um es mir

des kurzen Aufzeichnens wert zu machen. Er war ein entlaufener deutscher Kriegsgefangener, entronnen aus einem Lager weit im Balkan. Er war soeben schwarz über die Grenze gekommen und sprach die Hoffnung aus, sich durch Arbeit das Fahrgeld bis zur deutschen Grenze zu verdienen. Ich riet ihm, er solle sich lieber direkt zur Polizei begeben, seine Geschichte dort erzählen und um Abschiebung an die deutsche Grenze bitten. Aber das war nicht, was er wollte. Würde er diesen Weg einschlagen, dann würden ihn an der Grenze die Schweizer den Franzosen übergeben, und diese würden ihn, einen entlaufenen Kriegsgefangenen, sofort wieder einsperren. Er aber wolle und müsse nach Hause, er müsse seine Frau suchen und Arbeit, und baldmöglichst auch etwas für seine Gesundheit tun, er sei herzkrank und habe Wasser in den Füßen, er habe drei Jahre lang Schwerarbeit tun müssen und außer Brot und Mais wenig zu essen bekommen, Gut, sagte ich, er habe recht, und ich wolle ihm weiterhelfen. Ob er heute schon etwas gegessen und ob er die Nacht irgendwo geschlafen habe? Nein, das hatte er nicht, und so schlug ich ihm vor, er solle den Tag bei uns bleiben, sich sättigen und möglichst viel schlafen, um dann abends, mit einer Fahrkarte bis zur deutschen Grenze ausgerüstet, sein Abenteuer zu Ende zu führen, dessen schwierigsten Teil er ja zum Glück überstanden habe. Für ihn, der sich auf vorsichtigen Nachtmärschen quer durch den Balkan geschmuggelt hatte, von Hunger und Hitze geplagt und noch weit mehr von der Furcht vor Entdecktwerden und Auslieferung, denn es sei für das Einbringen entlaufener Gefangener ein Kopfgeld ausgesetzt, für ihn hatte in der Tat diese letzte Etappe seiner Anabasis nicht viel Drohendes mehr.

Der Wanderer hatte, obwohl ein Hüne an Wuchs, jenes gedämpfte, etwas in sich versunkene, ergebene Wesen und jene leise, gedämpfte, beinah unterirdische Stimme und Sprechweise, die ich seit jenem Jahr 1914 an unzähligen Menschen mit ähnlichem Schicksal hatte kennenlernen. Auch von der

Fronarbeit, dem Hunger, der stetig zunehmenden Krankheit sprach er mit dieser Beiläufigkeit und Ergebenheit, wie Menschen in dieser Lage sie gegen solche Leiden haben und die anzudeuten scheint: »Nun ja, es ist häßlich, es ist nicht angenehm, aber es gibt Schlimmeres als das. Sprechen wir nicht davon!«

Für uns Nichtkriegsmenschen und Ahnungslose aber war nicht die Unsinnigkeit und Grausamkeit der dreijährigen Gefangenschaft, nicht die harte Zwangsarbeit, nicht das Hinsiechen und auch nicht das große Abenteuer der heimlichen Flucht über ungeheure feindliche Landstrecken hin das Merkwürdige und Ergreifende an diesem Schicksal, es hatten Millionen das gleiche und weit Ärgeres erduldet. Das Ergreifende und Unheimliche am Los dieses Odysseus war für uns nicht das, was er erlitten hatte, sondern das, was auf ihn wartete und dem er dennoch gefaßt und illusionslos entgegenging. Dieser Mann war vor vier Jahren von seiner Arbeit als Ingenieur in Berlin weg ins Feld geschickt worden und hatte seither von seiner Frau keine andere Nachricht als die, daß sie nach den schweren Bombenangriffen im Jahr 1944 Berlin verlassen und sich in ihre rheinische Heimat begeben hatte. Und weiter hatte er seit bald vier Jahren von ihr und von zu Hause nichts mehr erfahren. Er war mehr als drei Jahre in einem Gefangenenlager gewesen, und in diesen drei Jahren, trotz Rotem Kreuz und allen andern wohlgemeinten Einrichtungen und Konventionen, hatte weder er noch irgendeiner seiner Lagerkameraden jemals irgendwelche Post bekommen. Es hatte, wenigstens für Gefangene, die sich durch Fleiß und Gehorsam auszeichneten, zwar zu seltenen Malen die Erlaubnis gegeben, eine Postkarte nach der Heimat zu schreiben. Aber auch auf diese Postkarten hin war nichts erfolgt, sie waren Rufe ins Leere gewesen, es war niemals eine Antwort gekommen. *(1948)*

Im Auto über den Julier

Stein-Öde, Trümmerfelder tot,
Dünnfarbige Algen grün, grau, rot,
Felsgipfel steil ins Graue drängend,
Gewölk die Grate überhängend,
Kaltfeindlich scharf der mürrische Wind,
Moorwasserlachen stumm und blind,
An bleichen Wänden frische Wunden
Blutbraun und schorfig, felsgeschunden.
Müd aber streng und scharfgeschnitten
Zieht lang der Straße Band inmitten,
Einst Heer- und Pilgerweg, und jetzt
Von schnurrenden Maschinen abgewetzt
Mit Menschen drin, die alles hätten,
Sich aus dem Lärm ins Sommerglück zu retten,
Nur keine Zeit, nur keine Zeit.
Wir hasten mit, es ist noch weit
Bis Bivio, bis Chur, Paris, Berlin,
Wir hasten auf der hageren Straße hin,
Wir sehen grat-entlang die Wolken ziehn,
Das Steingeröll mit blinden Wasserlachen;
Die graue Kühle will uns schauern machen,
Doch die Maschine reißt uns ohne Gnade
Hinan, hinab, hinweg. Heroisch hart
Ins Grau empor die steile Steinwelt starrt.
Wir fliehen, fliehen, und wir fühlen: ›schade ...‹

(1949)

Engadiner Erlebnisse

Liebe Freunde,
je länger man sich darum bemüht, desto schwieriger und problematischer wird einem das Arbeiten mit der Sprache. Bald werde ich, allein schon aus diesem Grunde, nicht mehr imstande sein, irgend etwas aufzuzeichnen. So müßten wir uns, ehe ich euch von Engadiner Erlebnissen erzähle, eigentlich darüber einigen, was wir denn unter »Erlebnis« verstehen. Das Wort hat, wie so viele andere, während der relativ kurzen Zeit meines bewußten Lebens viel an Wert und Gewicht verloren, und von dem Goldgewicht, das es etwa im Werk von Dilthey einst hatte, bis zu der Entwertung durch den Feuilletonisten, der uns erzählt, wie er Ägypten, Sizilien, Knut Hamsun, die Tänzerin X. »erlebt« habe, während er all das vielleicht nicht einmal gut und treu gesehen und notiert hat, ist es ein weiter Weg nach unten. Aber ich muß, wenn ich meinem Verlangen folge und euch auf dem Umweg über Schrift und Druckerschwärze zu erreichen versuche, mich ein wenig blind machen und die Fiktion zu erhalten streben, es habe meine veraltete Sprache und Schreibweise noch immer für euch die selbe Gültigkeit wie für mich, und es sei ein »Erlebnis« für euch wie für mich mehr als ein flüchtiger Sinneneindruck oder ein beliebiger unter den hundert Zufällen des täglichen Lebens.

Etwas andres, das mit der Sprache und meinem Handwerk nichts zu tun hat, ist es mit der Erlebensweise alter Menschen, und hier darf und mag ich mir keine Fiktion und Illusion erlauben, sondern bleibe bei dem Wissen um die Tatsache, daß ein Mensch jüngeren oder gar jugendlichen Alters überhaupt keine Vorstellung von der Weise hat, in der alte Leute erleben. Denn es gibt für diese im Grunde keine neuen Erlebnisse mehr, sie haben das ihnen Gemäße und Vorbestimmte an primären Erlebnissen längst zugeteilt bekommen, und ihre »neuen« Erfahrungen, immer seltener werdend, sind Wiederholungen des mehrmals oder oft Erfahrenen, sind neue Lasuren auf einem längst scheinbar fertigen Gemälde, sie decken über den Bestand an alten Erlebnissen eine neue, dünne Farb- oder Firnisschicht, eine Schicht über zehn, über hundert frühere. Und sie bedeuten dennoch etwas Neues und sind zwar nicht primäre, aber echte Erlebnisse, denn sie werden, unter andrem, jedesmal auch zu Selbstbegegnungen und Selbstprüfungen. Der Mann, der das Meer zum erstenmal sieht oder den Figaro zum erstenmal hört, erlebt anderes und meist Heftigeres als der, der es zum zehnten oder fünfzigsten Male tut. Dieser nämlich hat für Meer und Musik andre, weniger aktive, aber erfahrenere und geschärftere Augen und Ohren, und er nimmt nicht nur den ihm nicht mehr neuen Eindruck anders und differenzierter auf als der andre, sondern es begegnen ihm beim Wieder-Erleben auch die früheren Male, er erfährt nicht nur Meer und Figaro, die schon bekannten, auf neue Weise wieder, sondern er begegnet auch sich selbst, seinem jüngeren Ich, seinen vielen früheren Lebensstufen im Rahmen des Erlebnisses wieder, einerlei ob mit Lächeln, Spott, Überlegenheit, Rührung, Beschämung, Freude oder Reue. Im allgemeinen ist es dem höheren Alter gemäß, daß der Erlebende seinen früheren Erlebensformen und Erlebnissen gegenüber mehr zur Rührung oder Beschämung als zum Gefühl der Überlegenheit neige, und namentlich dem produktiven Menschen, dem Künstler, wird in den letzten Stadien seines Lebens die Wiederbegegnung mit der Potenz, Intensität und Fülle seiner Lebenshöhe nur selten das Gefühl erwecken »o wie schwach und töricht war ich damals!«, sondern im Gegenteil den Wunsch: »O hätte ich noch etwas von der Kraft von damals!«

Zu den mir bestimmten, mir gemäßen und wichtigen Erlebnissen gehören nächst den menschlichen und geistigen auch die der Landschaft. Außer den Landschaften, die mir Heimat waren und zu den formenden Elementen meines Lebens gehören: Schwarzwald, Basel, Bodensee, Bern, Tessin habe ich einige, nicht sehr viele, charakteristische Landschaften mir durch Reise, Wanderung, Malversuche und andre Studien angeeignet und sie als für mich wesentlich und wegweisend erlebt, so Oberitalien und namentlich die Toskana, das Mittelländische Meer, Teile von Deutschland und andre. Gesehen habe ich viele Landschaften und gefallen haben mir beinahe alle, aber zu schicksalhaft mir zugedachten, mich tief und nachhaltig ansprechenden, allmählich zu kleinen zweiten Heimatländern aufblühenden wurden mir nur ganz wenige, und wohl die schönste, am stärksten auf mich wirkende von diesen Landschaften ist das obere Engadin.

Ich bin in diesem Hochtal wohl etwa zehnmal gewesen, einigemale nur für Tage, des öftern aber für Wochen. Ich sah es zum erstenmal vor beinah fünfzig Jahren, da brachte ich als junger Mann eine Ferienzeit in Preda über Bergün zu, zusammen mit meiner Frau und meinem Jugendfreund Finckh, und als es Zeit wurde, heimzukehren, entschlossen wir uns, noch eine tüchtige Wanderung zu machen. In Bergün unten schlug mir ein Schuster neue Nägel in die Sohlen, und zu dreien wanderten wir mit Rucksäcken über die Albula die lange schöne Bergstraße und dann die noch sehr viel längere Talstraße von Ponte nach St. Moritz, auf einer Landstraße ohne Automobile, aber mit unendlich vielen kleinen ein- und zweispännigen Wägelchen, in einem nicht aufhörenden Staubgewölk. In St. Moritz dann verabschiedete sich meine Frau und reiste mit der Bahn nach Hause. Während nun mein Kamerad, der die Höhe schlecht ertrug und nachts nicht schlief, immer stiller und mißlauniger wurde, kam mir trotz Staub und Hitze das oberste Inntal wie ein vorgeträumtes Paradies entgegen. Ich spürte, daß diese Berge und Seen, diese Baum- und Blumenwelt mir mehr zu sagen habe, als bei diesem ersten Anblick voll aufzunehmen und mir anzueignen möglich sei, daß es mich irgend einmal hierher zurückziehen würde, daß dieses so strenge wie formenreiche, so ernste wie harmonische Hochtal mich angehe, mir etwas Wertvolles zu geben oder etwas von mir zu fordern habe. Nach einem Übernachten in Sils Maria (wo ich heute wieder bin und diese Notizen schreibe) standen wir am letzten der Engadiner Seen. Ich forderte meinen reisemüden Freund vergeblich auf, er möge doch die Augen auftun, über den See weg nach Maloja und gegen das Bergell blicken und sehen, wie unerhört edel und schön dies Bild sei, es war vergeblich, und gereizt sagte er, mit ausgestrecktem Arm in die gewaltige Raumtiefe weisend: »Ach was, das ist eine ganz gewöhnliche Kulissenwirkung.« Worauf ich ihm vorschlug, er möge die Landstraße nach Maloja gehen, während ich auf der andern Seeseite den Fußweg nahm. Am Abend saß auf der Terrasse der Osteria Becchia jeder von uns beiden, weit vom andern, allein an einem Tischchen und aß seinen Imbiß, erst am nächsten Morgen versöhnten wir uns und sprangen vergnügt die Abkürzungen der Bergellstraße hinab.

Das zweitemal war ich wenige Jahre später in Sils zu einer Zusammenkunft mit meinem Berliner Verleger S. Fischer, nur für zwei oder drei Tage, und wohnte als sein Gast im selben Hotel, das ich in den letzten Jahren jeden Sommer wieder aufsuche. Dieser zweite Aufenthalt hinterließ nur wenige Eindrücke, doch erinnere ich mich eines schönen Abends mit Arthur Holitscher und seiner Frau, wir hatten einander damals viel zu sagen.

Und dann war noch ein andres Erlebnis da, ein Anblick, der mir seither bei jedem Wiedersehen wieder teuer und wichtig wurde und das Herz bewegte: Das dicht an den Felshang gedrückte etwas düstere Haus, in dem Nietzsche seine Engadiner Wohnung hatte. Inmitten der lauten bunten Sport- und Touristenwelt und der großen Hotels steht es heute trotzig und blickt etwas verdrossen, wie angewidert, Ehrfurcht und Mitleid weckend und dringlich mahnend an das hohe Menschenbild, das der Eremit auch noch in seinen Irrlehren aufgerichtet hat.

Darauf vergingen Jahre, ohne daß ich das Engadin wiedergesehen hätte. Es waren meine Berner Jahre, es waren die traurigen Kriegsjahre. Da, als ich zu Anfang des Jahres 1917 vom

Arzt dringend wegkommandiert wurde, krank von meiner Kriegsarbeit und noch mehr vom Kriegselend überhaupt, war ein schwäbischer Freund von mir in einem Kurhaus über St. Moritz und lud mich dorthin ein. Es war mitten im Winter, dem bitteren dritten Kriegswinter, und ich lernte das Tal, seine Schönheiten, seine Schroffheiten und seine Heil- und Trostkräfte von einer neuen Seite kennen, lernte wieder schlafen, wieder mit Appetit essen, brachte die Tage auf Skiern oder Schlittschuhen zu, konnte nach einer kleinen Weile wieder Gespräch und Musik ertragen, sogar ein wenig arbeiten, stieg zuweilen allein auf Skiern zur Corvigliahütte hinauf, zu der noch keine Seilbahn führte, und war meistens der einzige Mensch oben. Und dort erlebte ich, im Februar 1917, auch einen unvergessenen Morgen in St. Moritz. Ich hatte dort etwas zu besorgen, und als ich den Platz vor der Post betrat, kam aus dem Postgebäude, vor dem auffallend viele Menschen sich gesammelt hatten, ein Mann mit Pelzmütze heraus und begann laut aus einem soeben eingetroffenen Extrablatt vorzulesen. Die Leute umdrängten ihn, auch ich lief zu ihm hinüber, und der erste Satz, den ich verstehen konnte, lautete: »Le czar démissiona.« Es war die Nachricht von der russischen Februarrevolution. Ich bin seither hundertmal durch St. Moritz gefahren oder gegangen, aber selten ohne an jener Stelle des Februarmorgens von 1917 zu gedenken, und meiner damaligen Freunde und Wirte, von denen längst keiner mehr lebt, und jenes Rucks und Schocks in der Seele, den ich empfand, als nach einem kurzen Patienten- und Rekonvaleszentendasein im Frieden der Chantarella die Stimme jenes Vorlesers mich drohend und mahnend in die Gegenwart und Weltgeschichte zurückrief. Und so ist es überall, wohin ich in dieser Gegend komme, es blickt mich überall das Ehemals und mein eigenes Gesicht und Wesen an, das einst dieselben Bilder vor Augen hatte; ich begegne dem noch nicht Dreißigjährigen, der seinen Rucksack fröhlich die vielen Kilometer durch die Augusthitze trug, und dem zwölf Jahre älteren, der in schwerer Krise, vom Erleiden des Krieges geweckt, gefoltert und gealtert, hier oben eine kurze Pause der Erholung, der Stärkung und Neubesinnung fand, und dann wieder jene späteren Stufen meines Lebens, in denen ich das liebe Hochtal wiedersah, Skikamerad von Thomas Manns jüngstem Töchterchen, Abonnent der inzwischen erbauten Corviglia-Bahn, manchmal begleitet von Freund Louis dem Grausamen und seinem klugen Dachshund, des Nachts stiller Arbeiter über dem Manuskript des »Goldmund«. O was für ein geheimnisvoller Rhythmus von Gedenken und Vergessen spielt in unsern Seelen, geheimnisvoll und ebenso beglückend wie beunruhigend auch für den, der die Methoden und Theorien der modernen Psychologie einigermaßen kennt! Wie gut und tröstlich, daß wir vergessen können! Und wie gut und tröstlich, daß wir die Gabe des Gedächtnisses haben! Jeder von uns weiß um das, was sein Gedächtnis aufbewahrt hat, und verfügt darüber. Keiner von uns aber kennt sich aus im ungeheuren Chaos dessen, was er vergessen hat. Manchmal kommt nach Jahren und Jahrzehnten, wie ein ausgegrabener Schatz oder wie ein vom Bauern aufgepflügtes Kriegsgeschoß, ein Brocken des Vergessenen, des als unnütz oder unverdaulich Weggeschobenen wieder an den Tag, und in solchen Augenblicken (im »Goldmund« ist solch ein großer Augenblick geschildert) will uns all das Viele, Kostbare, Herrliche, was den Bestand unsrer Erinnerung ausmacht, wie ein Häufchen Staub erscheinen. Wir Dichter und Intellektuellen halten sehr viel vom Gedächtnis, es ist unser Kapital, wir leben von ihm – aber wenn uns solch ein Einbruch aus der Unterwelt des Vergessenen und Weggeworfenen überrascht, dann ist stets der Fund, er sei erfreulich oder nicht, von einer Wucht und Macht, die unsern sorgfältig gepflegten Erinnerungen nicht innewohnt. Mir kam zuweilen der Gedanke oder die Vermutung, es könnte der Trieb zum Wandern und Welterobern, der Hunger nach Neuem, noch nicht Gesehenem, nach Reise und Exotik, der den meisten nicht phantasielosen Menschen zumal in der Jugend bekannt ist, auch ein Hunger nach Vergessen sein, nach Wegdrängen des Gewesenen, soweit es uns bedrückt, nach Überdecken erlebter Bilder durch möglichst viele neue Bilder. Die Neigung des Alters dagegen zu festen Gewohnheiten und Wiederholungen, zum immer erneuten Aufsuchen derselben Gegenden, Menschen und Situationen wäre dann ein Streben nach Erinnerungsgut, ein nie ermüdendes Bedürfnis, sich des vom Gedächtnis Bewahrten zu versichern, und vielleicht auch ein Wunsch, eine leise Hoffnung, diesen Schatz an Bewahrtem vielleicht noch vermehrt zu sehen, vielleicht eines Tages dieses und jenes Erlebnis, diese und jene Begegnung, dies oder jenes Bild und Gesicht, das vergessen und verloren war, wiederzufinden und dem Bestand an Erinnertem beizufügen. Alle alten Leute sind, auch wenn sie es nicht ahnen, auf der Suche nach dem Vergangenen, dem scheinbar Unwiederbringlichen, das aber nicht unwiederbringlich und nicht unbedingt vergangen ist, denn es kann unter Umständen, zum Beispiel durch die Dichtung, wiedergebracht und dem Vergangensein für immer entrissen werden.

Eine andre Art von Wiederfinden der Vergangenheit in neuer Gestalt ist es, wenn man nach Jahrzehnten Menschen wiedertrifft, die man einst jünger und anders gekannt und geliebt hat. So hatte ich in einem überaus schönen und behaglichen Engadiner Haus mit Arvenstuben und Specksteinöfen einst einen Freund wohnen, den mit Klingsor befreundeten Magier Jup. Er hat mich oft und fürstlich bewirtet und verwöhnt, als ich noch Skiläufer und Stammgast der Corvigliahütte war. Es spielten damals in seinem Hause drei liebe Kinder, zwei Knaben und ein Jüngstes, ein Mädchen, bei dem mir schon beim ersten Anblick auffiel, daß jedes seiner Augen größer war als sein Mündchen. Den Magier selbst habe ich zwar seit Jahrzehnten nicht wiedergesehen, er sucht die Berge nicht mehr auf, aber vor einigen Jahren geschah es, daß ich mit seiner Frau wieder zusammentraf und bei ihr auch die nun erwachsenen Kinder wiedersah, einen

Musiker, einen Studenten und das Mädchen, das noch immer durch die großen Augen und das kleine Mündchen auffiel und eine aparte Schönheit geworden war, und mit Begeisterung von ihrem Pariser Professor sprach, bei dem sie vergleichende Literaturwissenschaft studierte. Sie war auch dabei, als Freund Edwin Fischer uns im Hause ihrer Mutter einen Nachmittag Bach, Mozart und Beethoven spielte. Auch er, der Musiker, ist mir seit der Zeit, da er mir in Bern, ein noch ganz junger Mann, seine Vertonungen meiner Elisabeth-Gedichte vorführte, immer einmal wieder begegnet, jedesmal auf einer anderen Lebensstufe, und die kollegiale Freundschaft hat sich mit jedem Mal bewährt und gestärkt.

So kam und kommt bei jeder Wiederkehr mir hier geliebte Vergangenheit entgegen, unwiederbringliche und doch beschwörbare. An ihr das Heute und mein heutiges Ich zu messen, bringt Freuden und Beschwerden, beglückt und beschämt, macht traurig und tröstet. Die Hänge zu sehen, die ich einst zu Fuß oder auf Skiern viele Male mühelos erstieg und deren kleinster mir jetzt unersteigbar wäre, der Freunde zu denken, mit denen ich viele meiner Engadiner Erlebnisse habe teilen dürfen und die nun längst in ihren Gräbern ruhen, tut ein wenig weh. Jene Zeiten und jene Freunde aber im Gespräch oder im einsamen Gedenken zu beschwören, im reichen Bilderbuch der Erinnerungen zu blättern (immer mit der ganz leisen Hoffnung, es könne auch einmal ein verlorenes, vergessenes Bild wieder auftauchen und alle anderen überglänzen) ist Freude, und wie die Kräfte abnehmen und die Spaziergängchen von Jahr zu Jahr kürzer oder mühsamer werden, so wächst andrerseits mit jeder Wiederkehr und jedem Jahr diese Freude am Beschwören und Gedenken, und immer vielfältiger wird die Freude daran, das heute Erlebte in das tausendfältige Geflecht des Erinnerten einzubeziehen. An der Mehrzahl dieser Erinnerungen hat mein Lebenskamerad, hat Ninon teil, seit jenen Skiwintern vor bald dreißig Jahren bin ich nie ohne sie hier oben gewesen, und wie die Abende im Magierhause und die mit S. Fischer, mit Wassermann und Thomas Mann, hat sie auch vor zwei Jahren die herrliche Wiederbegegnung mit meinem Maulbronner Schulkameraden Otto Hartmann miterlebt, dem erfreulichsten und edelsten Vertreter guten Deutschtums und Schwabentums unter meinen Freunden. Es war ein hoher Festtag, der Freund schenkte uns einen Tag seiner kurzen Ferien, wir führten ihn im Wagen nach Maloja und auf den Julier, unterm hohen Augusthimmel standen die Berge kristallen, schweren Herzens sagte ich ihm abends Lebewohl. Aber unser eher schüchtern ausgesprochener Wunsch, wir möchten uns doch vielleicht noch einmal wiedersehen, ist in Erfüllung gegangen: wenige Tage vor seinem Tode war er noch einmal in Montagnola mein Gast, dona ferens, ich habe euch in einem Gedenkblatt davon erzählt.

Und nun bin ich auch in diesem Sommer wieder hier heraufgekommen, auf einem neuen Wege diesmal, denn am Tag unsrer Reise war im Bergell die Straße verschüttet, die Brükken zerstört, und wir mußten den uns bis dahin unbekannten Umweg über Sondrio, Tirano, das Puschlav und den Berninapaß nehmen, einen weiten, aber überaus schönen Umweg, dessen tausend Bilder mir jedoch bald wieder in Unordnung und ins Schwinden gerieten; am besten erhalten hat sich der Eindruck der gewaltigen, hundertfach gefältelten und terrassierten oberitalienischen Weinhügel, ein Bild, das mir in jüngeren Jahren wenig interessant gewesen wäre. Damals war es die menschenlose, ungezähmte, wilde und womöglich romantische Landschaft, auf die ich begierig war, viel später erst und mit den wachsenden Jahren immer mehr ist mir auch das Zusammen von Mensch und Landschaft, ihre Formung, Überlistung und friedliche Eroberung durch Acker- und Weinbau lieb und interessant geworden: Terrassen, Mauern und Wege, den Hängen angeschmiegt und deren Formen verdeutlichend, Bauernklugheit und Bauernfleiß im stillen zähen Kampf mit den zerstörerischen Wildheiten und Launen der Naturgewalten.

Die erste wertvolle Begegnung dieses Bergsommers war eine menschliche und musikalische. Schon seit Jahren war in unsrem Hotel der Cellist Pierre Fournier gleichzeitig mit uns Sommergast gewesen, nach dem Urteil vieler heute der Erste in seinem Fach, nach meinem Eindruck der gediegenste aller Cellisten, im Virtuosen seinem Vorgänger Casals ebenbürtig, im Künstlerischen ihm eher überlegen in der Strenge und Herbheit des Spiels sowohl wie in der Reinheit und Konzessionslosigkeit seiner Programme. Nicht daß ich, was diese Programme betrifft, immer und überall mit Fournier übereinstimmen würde, er spielt manchen Komponisten mit Liebe, auf den ich ohne Schmerz verzichten könnte, etwa Brahms, aber auch diese Musik ist ja eine ernste und ernstzunehmende, während der berühmte Alte einst neben der ernsten und echten auch allerlei Prunk- und Mätzchenmusik gespielt hat. Also Fournier mit Frau und Sohn war uns nicht nur vom Hören, sondern seit Jahren auch vom Sehen wohlbekannt, doch hatten wir einander jahrelang in Ruhe gelassen, einander nur aus der Ferne zugenickt und einer den andern leise bedauert, wenn er ihn von Neugierigen belästigt sah. Diesmal aber, nach einem Konzert im Rathaus von Samaden, ergab es sich, daß wir näher miteinander bekannt wurden, und er bot mir freundlich an, einmal für mich privat zu spielen. Da er schon bald reisen mußte, mußte dies Zimmerkonzert gleich am nächsten Tage stattfinden, und es traf sich, daß dies ein Unglückstag war, ein Tag des Unwohlseins, des Ärgers, der Müdigkeit und Verstimmung, wie sie auch noch auf der Stufe der Alters-Scheinweisheit uns von unsrer Umgebung und von unbeherrschten Strebungen des eigenen Herzens beschert werden können. Beinahe mußte ich mich dazu zwingen, zur vereinbarten Stunde am Spätnachmittag das Zimmer des Künstlers aufzusuchen, mit meiner Verstimmung und Traurigkeit kam ich mir vor, als sollte ich mich ungewaschen mit an eine festliche Tafel setzen. Ich ging hin, trat ein, bekam einen Stuhl, der Meister setzte sich, stimmte, und statt der Luft von Müdigkeit, Enttäuschung,

Unzufriedenheit mit mir und der Welt umgab mich alsbald die reine und strenge Luft Sebastian Bachs, es war als sei ich aus unserm Hochtal, dessen Zauber sich heute an mir wenig bewährt hatte, plötzlich in eine noch viel höhere, klarere, kristallnere Bergwelt gehoben worden, die alle Sinne öffnete, anrief und schärfte. Was ich selber diesen Tag über nicht vermocht hatte: aus dem Alltag heraus den Schritt nach Kastalien zu tun, das vollzog die Musik an mir in Augenblikken. Eine Stunde oder anderthalbe weilte ich hier, zwei Solo-Suiten von Bach anhörend, mit kurzen Pausen und wenig Gespräch dazwischen, und die kraftvoll, genau und herb gespielte Musik schmeckte mir wie einem Verschmachteten Brot und Wein, sie war Nahrung und Bad und half der Seele wieder zu Mut und zu Atem zu kommen. Jene Provinz des Geistes, die ich mir einst, im Dreck der deutschen Schande und des Krieges erstickend, zur Rettung und Zuflucht erbaut hatte, tat mir ihre Tore wieder auf und empfing mich zu einer ernst-heiteren, großen, im Konzertsaal nie ganz zu verwirklichenden Feier. Geheilt und dankbar ging ich davon und habe noch lange daran gezehrt.

In früheren Zeiten habe ich ein ähnliches ideales Musizieren oft erlebt, ich habe zu den Musikern immer ein nahes und herzliches Verhältnis gehabt und habe viele Freunde unter ihnen gefunden. Seit ich zurückgezogen lebe und nicht mehr reisen kann, sind diese Glückstage natürlich selten geworden. Übrigens bin ich im Genießen und Beurteilen von Musik in mancher Hinsicht anspruchsvoll und rückständig. Ich bin nicht mit Virtuosen und in Konzertsälen aufgewachsen, sondern mit Hausmusik, und die schönste war immer die, bei der man selber mittätig sein konnte; mit der Geige und ein wenig Singen habe ich in den Knabenjahren die ersten Schritte ins Reich der Musik getan, die Schwestern und namentlich Bruder Karl spielten Klavier, Karl und Theo waren beide Sänger, und wenn ich die Beethovensonaten oder die weniger bekannten Schubertlieder in der frühen Jugend von Liebhabern zu hören bekam, deren Leistung keine virtuose war, so war es doch auch nicht ohne Nutzen und Ergebnis, wenn ich etwa Karl lange Zeit im Nebenzimmer um eine Sonate werben und kämpfen hörte und schließlich, wenn er sie »hatte«, den Triumph und Gewinn dieses Kampfes miterleben durfte. Ich bin später, in den ersten Konzerten berühmter Musikanten, die ich hörte, allerdings für eine Weile dem Zauber der Virtuosität manchmal wie einem Rausch erlegen, es war hinreißend, die großen Könner das Technische bewältigen zu hören mit dem Anschein lächelnder Mühelosigkeit gleich jener der Artisten auf dem Seil und am Trapez, und es schmeckte bis zum Wehtun süß, wenn sie an dankbaren Stellen einen kleinen Drücker und Hochglanz zugaben, ein schmachtendes Vibrato, ein wehmütig hinsterbendes Diminuendo, aber es dauerte doch nicht allzu lange mit diesem Bezaubertsein, ich war gesund genug, um die Grenzen zu spüren und hinter dem sinnlichen Zauber eben doch das Werk und den Geist zu suchen, nicht den Geist des blendenden Dirigenten oder Solisten, sondern den der Meister. Und mit den Jahren wurde ich eher überempfindlich gegen den Zauber der Könner und jenes vielleicht winzige Zuviel an Kraft, Leidenschaft oder Süße, das sie einem Werk hinzufügten, ich liebte weder die geistreichen noch die traumwandlerischen Dirigenten und Virtuosen mehr und wurde ein Verehrer der Sachlichkeit, jedenfalls ertrage ich seit Jahrzehnten ein Übertreiben nach der asketischen Seite hin weit leichter als das Gegenteil. Dieser Einstellung und Vorliebe nun entsprach Freund Fournier vollkommen.

Ein andres Musikerlebnis, mit einer heiteren, ja lustigen Episode, erwartete mich bald darauf bei einem Konzert von Clara Haskil in St. Moritz. Es war, von drei Scarlatti-Sonaten abgesehen, nicht ganz das Programm, das ich mir gewünscht hätte, das heißt: es war ein durchaus schönes und edles Programm, nur enthielt es, eben außer Scarlatti, keines meiner Lieblingsstücke. Ich hätte, wäre »der Wünsche Gewalt« mir gegeben gewesen, zwei andere Sonaten von Beethoven gewählt. Und dann versprach das Programm die

»Bunten Blätter« von Schumann, und ich flüsterte Ninon noch grade vor dem Beginn des Konzertes zu, wie leid es mir tue, daß nicht statt der »Bunten Blätter« die »Waldszenen« uns erwarteten, sie seien schöner oder doch mir weit lieber, und mir läge so viel daran, das mir liebste, kleinere Stück von Schumann, den »Vogel als Prophet«, noch einmal oder mehrere Male zu hören. Das Konzert war dann sehr schön, und ich vergaß meine allzu privaten Liebhabereien und Wünsche. Aber der Abend war noch darüber hinaus glückbringend. Die Künstlerin, die sehr gefeiert wurde, schenkte am Ende noch eine Zugabe, und siehe, es war nichts andres als mein lieber »Vogel als Prophet«! Und wie bei jedem Wiederhören dieses holden und geheimnisvollen Stückes erschien mir die Stunde wieder, in der ich es einst zum erstenmal gehört habe, erschien mir die Stube meiner Frau im Gaienhofener Haus mit dem Klavier, erschienen mir Gesicht und Hände des Spielers, eines lieben Gastes, ein großes bärtiges und bleiches Gesicht mit dunklen traurigen Augen, tief über den Tasten geneigt. Er hat sich, dieser liebe Freund und feinfühlige Musikant, bald danach das Leben genommen, eine Tochter von ihm schreibt mir noch heutzutage zuweilen und war froh, als ich ihr Liebes und Schönes von ihrem Vater erzählen konnte, den sie kaum mehr gekannt hat. So war auch dieser Abend, in einem Saal voll eher mondänen Publikums, für mich ein kleines Gedächtnisfest und voll von Anklängen intimer und teurer Art. Man trägt vieles durchs lange Leben in sich herum, das erst mit uns selbst erlöschen und verstummen wird. Der Musikant mit den traurigen Augen ist seit nahezu einem halben Jahrhundert tot, mir aber lebt er und ist mir zuzeiten nah, und das Stück vom Vogel aus den »Waldszenen« ist, wenn ich es nach Jahren wiederhöre, noch über seinen eigenen, Schumannschen Zauber hinaus stets ein Quell von Erinnerungen, von denen das Klavierzimmer in Gaienhofen samt dem Musikanten und seinem Schicksal nur Bruchstücke sind. Es klingen dabei noch viele andre Töne auf bis in die Knabenzeit zurück, wo ich vom Klavierspiel meiner älteren Geschwister her manches kleine Schumannstück im Kopf hatte. Und auch das erste Bildnis von Schumann, das mir noch in Kinderzeit vor Augen gekommen ist, ist unvergessen geblieben. Es war farbig, ein heute wohl nicht mehr genießbarer Farbdruck der achtziger Jahre, und war ein Blatt in einem Kinder-Kartenspiel, einem Terzett mit Porträts von berühmten Künstlern und Aufzählung ihrer Hauptwerke; auch Shakespeare, Raffael, Dickens, Walter Scott, Longfellow und andre haben für mich zeitlebens jenes kolorierte Kartengesicht behalten. Und jenes Terzettspiel mit seinem für die Jugend und einfache Leute eingerichteten Bildungs-Pantheon von Künstlern und Kunstwerken mag vielleicht die früheste Anregung zu jener Vorstellung einer alle Zeiten und Kulturen umfassenden Universitas litterarum et artium gewesen sein, die später die Namen Kastalien und Glasperlenspiel bekam.

In den Jahrzehnten meiner Beziehungen zu unsrem Hochtal, dem schönsten mir bekannten Geburtshause eines großen Stromes, habe ich natürlich auch das Fortschreiten der Mechanisierung, der Überschwemmung mit Fremden und der Spekulation beobachten können, beinahe ebenso sehr wie in der Umgebung meines Tessiner Wohnortes. St. Moritz war schon vor fünfzig Jahren nichts andres mehr als ein betriebsames Fremdenstädtchen, und der schiefe alte Kirchturm schien schon damals betrübt und senil über dem Gedränge der öden Nutzbauten zu hängen, gewärtig einer nutzbringenderen Verwendung seiner geringen Grundfläche und jede Stunde bereit, vollends der Statik verlustig zu gehen und einzustürzen. Indessen steht er heute noch unverändert und hält gelassen sein Gleichgewicht, während manche der überdimensionierten, brutalen Spekulationsbauten der Zeit um 1900 schon wieder verschwunden sind. Aber überall innerhalb des nicht großen Raumes zwischen St. Moritz und Sils und bis weit ins Fex hinein schreitet die Parzellierung und Ausschlachtung des Bodens, die Besiedelung mit großen und kleinen Wohnhäusern, die Überfremdung der Bevölkerung mit jedem Jahre rascher fort. Es stehen da eine Menge von Häusern, in denen nur wenige Monate, ja oft nur wenige Wochen des Jahres Menschen wohnen, und diese an Zahl immer wachsenden neuen Mitbewohner der Talgemeinden bleiben zum großen Teil den alten Bewohnern, deren Heimat sie aufkauften, fremd, auch die Wohlgesinnten sind den größten Teil des Jahres nicht da, sie erleben die bitteren Zeiten des Einwinterns, der Lawinen, der Schneeschmelze nicht mit und haben kaum teil an den oft schweren Sorgen und Nöten der Gemeinden.

Gelegentlich tut es wohl, im Wagen eine Gegend aufzusuchen, an der die letzten Jahrzehnte nichts oder wenig verändert haben. Meine Spaziergänge reichen nicht mehr weit, aber mit dem Auto läßt sich mancher Wunsch erfüllen. So habe ich mir seit Jahren gewünscht, einmal den Ort wiederzusehen, an dem einst meine jugendliche erste Wanderung in diesen Bergen begann, den Albulapaß und Preda. Die Fahrt ging diesmal in umgekehrter Richtung als einst der Fußmarsch, und jenes staubige Sträßchen zwischen St. Moritz und Ponte, auf dem einst die vielen lustigen Kutschen fuhren, war nicht wiederzuerkennen. Aber über Ponte, das heute La Punt heißt, waren wir bald in einer stillen strengen Steinwelt angelangt, in der ich, eine nach der andern, Formen und Situationen von damals wiederfand; auf der Höhe des Passes saß ich lang abseits der Straße auf einem Grashügel und fand im Anblick der langen, kahlen, aber vielfarbigen Bergzüge und der kleinen Albula (deren hübscher Name mich immer an die »animula vagula blandula« gemahnt) einzelne völlig verloren geglaubte Erinnerungen an die Wanderung in jenem Sommer 1905 wieder. Unverändert blickten die kahlen schroffen Steinrücken und Geröllfelder herab, und wir hatten für eine kleine Weile jenes ebenso wohltuende wie mahnende Gefühl, das der Aufenthalt am Meere oder in einer menschen- und kulturlosen Bergwelt geben kann, das Gefühl außerhalb der Zeit geraten zu sein oder doch in einer Art von Zeit zu atmen, die keine Minuten,

Tage und Jahre kennt und zählt, sondern nur übermenschliche, jahrtausendweit voneinander entfernte Meilensteine. Es war schön, dies Hin und Her des Empfindens zwischen zeitloser Urwelt und den kleingeteilten Zeitstrecken des eigenen Lebens, doch ermüdete es auch, machte traurig und ließ alles Menschliche, alles Erlebte und Erlebbare so vergänglich und gewichtlos erscheinen. Am liebsten wäre ich nach unsrer Rast auf der Höhe umgekehrt, ich hatte genug an Eindrükken, übergenug an beschworener Vergangenheit in mich eingelassen. Aber da war in meinem Gedächtnis noch das winzige Preda, die paar Häuser am Eingang des Tunnels, wo ich damals, ein junger, noch kinderloser Ehemann, Ferienwochen verbracht hatte. Und dann war da, noch weit stärker rufend, das Erinnerungsbild eines kleinen tiefgrünen Bergsees mit dunkelblauen Pfauenaugen. Den wollte ich wiedersehen, und wir hatten uns ja darauf eingerichtet, über Tiefencastel und den Julier zurückzufahren. Bald waren wir bei den ersten Arven und Lärchen, bald auch begann ich auf dieser Seite des Passes kleine Zeichen von Zeit und Zivilisation zu spüren; bei einer nochmaligen Rast fanden wir die bisher vollkommene Stille des Tals vom hartnäckigen Geräusch eines Motors durchschnitten, den ich für einen Bagger oder Traktor hielt, doch war es nur, winzig in der Tiefe, eine kleine Mähmaschine in den Wiesen. Und nun tauchte der See auf, der Palpuogna-See, in dessen glatter kühlgrüner Fläche sich Wald und Berghang spiegelten, überragt von den drei düster-wilden Schroffen. Er war beinahe so schön und verzaubert wie vor Zeiten, wenn auch an seinem Abfluß allerlei gedämmt und korrigiert war und am Straßenrand eine Anzahl rastender Autos stand. Doch mit der Annäherung an Preda schwand meine Aufnahmebereitschaft und meine Freude am Wiedersehen und am Erwecken alter Erinnerungen vollends dahin. Ich hatte daran gedacht, dort einen Augenblick Halt zu machen, das kleine Haus zu suchen, in dem wir damals gewohnt hatten, und nach den Bewohnern zu fragen. Aber das mochte ich jetzt nicht mehr, es schien mir unnötig zu erfahren, daß natürlich der alte Nicolai und die Seinen längst gestorben seien. Auch war es einer der ersten heißen Tage dieses kühlen Regensommers, und hier wehte schon keine Höhenluft mehr. Es ist auch wohl möglich, daß hier sich Vergessenes aus der Zeit meiner Jugend und ersten Ehe in mir regte, daß es nicht nur Reisemüdigkeit und Sommerhitze war, die mich so lähmte und traurig machte, sondern ebenso ein Gefühl von Unzufriedenheit und Reue über manche Strecke meines Lebens, und eine Trauer über die Unkorrigierbarkeit alles Getanen und Gewesenen. Ich fuhr ohne Halt durch das kleine Preda, das ich eigentlich hatte wieder aufsuchen wollen, und drängte nur noch auf die Rückkehr. Während ich in Gedanken jene Unzufriedenheit und Reue ein wenig zu prüfen bemüht war, kam ich, ohne auf bestimmte Taten oder Versäumnisse meines früheren Lebens zu stoßen, die vergessen gewesen wären, wieder einmal auf jenes merkwürdige, dumpfe und nie ganz zu bewältigende Schuldgefühl zurück, das Menschen meiner Generation und meiner Art anfallen kann, wenn sie der Zeit vor 1914 gedenken. Wen die Weltgeschichte seit jenem ersten Zusammenbruch der Friedenswelt erweckt und durchgerüttelt hat, der wird die Frage nach der Mitschuld nicht völlig los, obwohl sie eigentlich eher dem Jugendalter angemessen ist, denn Alter und Erfahrung sollten uns gelehrt haben, daß diese Frage mit der nach unsrem Anteil an der Erbsünde identisch ist und uns nicht beunruhigen sollte, man kann sie den Theologen und Philosophen überlassen. Aber da innerhalb meiner Lebensdauer die Welt, in der ich lebte, aus einer hübschen, spielerischen und etwas genießerischen Friedenswelt zu einem Ort des Grauens geworden ist, werde ich gelegentliche Rückfälle in dies schlechte Gewissen wohl noch einigemale erleiden. Vermutlich ist ja dies Sichmitverantwortlichfühlen am Weltlauf, das der von ihm Befallene zuweilen gern als Zeichen eines besonders wachen Gewissens und einer höhern Menschlichkeit deutet, nur ein Kranksein, nämlich ein Mangel an Unschuld und Glauben.

Der völlig wohlbeschaffene Mensch wird nicht auf den hochmütigen Gedanken kommen, er müsse die Laster und Krankheiten der Welt, ihre Friedensträgheit und ihre Kriegsroheit mitverantworten, er sei groß und wichtig genug, um das Leid und die Schuld in ihr mehren oder mindern zu können.
Es war mir in diesem Engadiner Sommer noch eine andre Begegnung mit der Vergangenheit bestimmt, an die ich nicht gedacht hätte. Ich hatte nicht viel Lektüre mitgenommen, lasse mir in die Ferien auch nur die Briefpost nachschicken. So war ich überrascht, als eines Tages von meinem Verleger ohne den Umweg über Montagnola ein Päckchen eintraf. Es enthielt eine neue Ausgabe des »Goldmund«, und indem ich das Buch betrachtete, Papier, Einband und Umschlag zur Kenntnis nahm und mir schon zu überlegen begann, wem ich das Buch schenken könne, um nicht mein Gepäck damit zu beschweren, fiel mir ein, daß ich es ja seit seiner Entstehung, vielmehr seit den Korrekturen zur ersten Auflage vor wohl fünfundzwanzig Jahren nie mehr gelesen habe. Einst hatte ich das Manuskript dieser Dichtung zweimal von Montagnola nach Zürich, von da nach der Chantarella mitgeschleppt, auch erinnerte ich mich an zwei, drei Kapitel, die mich Mühe und wache Nächte gekostet hatten, aber das Ganze war mir, wie die meisten Bücher es mit den Jahren für ihre Autoren werden, ein wenig fremd und unbekannt geworden, und ich hatte bisher nie das Bedürfnis gespürt, die Bekanntschaft zu erneuern. Jetzt, indem ich ein wenig darin blätterte, schien es mich dazu aufzufordern und fand mich dazu willig. So war denn »Goldmund« wohl zwei Wochen lang meine Lektüre. Er war eines meiner erfolgreicheren Bücher gewesen, er war eine Zeitlang, wie der unangenehme Ausdruck heißt, »in der Leute Mund«, und der Leute Mund hatte nicht immer mit Dank und Lob darauf geantwortet, sondern der gute »Goldmund« ist, nächst dem »Steppenwolf«, dasjenige meiner Bücher gewesen, über das ich die meisten Vorwürfe und Entrüstungsausbrüche geerntet habe.

Es erschien nicht lang vor der letzten Krieger- und Heldenepoche Deutschlands und war in hohem Grade unheldisch, unkriegerisch, weichlich und, wie man mir sagte, zur zuchtlosen Lebenslust verführend, es war erotisch und schamlos, deutsche und schweizerische Studenten waren dafür, daß es verbrannt und verboten werden müsse, und Heldenmütter teilten mir, unter Anrufung des Führers und der großen Zeit, ihre Entrüstung in oft mehr als unartigen Formen mit. Doch waren es nicht diese Erfahrungen, die mich zwei Jahrzehnte lang das Wiederlesen meiden ließen, es hatte sich einfach und absichtslos aus gewissen Änderungen in meiner Lebensführung und Arbeitsweise ergeben. Früher hatte ich die meisten meiner Bücher bei Gelegenheit von Neuausgaben, der Korrektur wegen, wiederlesen müssen, hatte manche auch bei diesem Anlaß etwas bearbeitet und namentlich gekürzt. Aber mit der Zunahme der Augen-Schwierigkeiten hatte ich diese Arbeit später möglichst vermieden, und seit langem war sie mir durch meine Frau abgenommen worden. Zwar hatte ich eine gewisse Liebe zu »Goldmund« nie verloren, er war in einer eher schönen und beschwingten Zeit entstanden, und die Schimpfworte und Ohrfeigen, die er hatte über sich ergehen lassen müssen, sprachen, wie beim »Steppenwolf«, in meinem Herzen mehr für als gegen ihn. Aber das Bild von ihm, das ich in mir trug, hatte sich wie alle Erinnerungen im Lauf der Zeit etwas verändert und verwischt, ich kannte ihn nicht mehr gut, und jetzt, wo das Bücherschreiben längst ein Ende genommen hatte, durfte ich wohl eine Woche oder zwei an die Erneuerung und Richtigstellung dieses Bildes wenden.

Es war ein freundliches und wohltuendes Wiedersehen, und nichts in dem Buche forderte mich zu Tadel oder gar Reue auf. Nicht daß ich mit allem ganz und gar einverstanden gewesen wäre, das Buch hatte natürlich Fehler, und es schien mir, wie beinah alle meine Schriften beim Wiederlesen nach sehr langer Zeit, ein bißchen zu lang, ein wenig zu gesprächig, es war vielleicht zu oft das gleiche mit etwas anderen

Worten wiederholt. Auch blieb mir die schon oft erlebte, etwas beschämende Einsicht in die Mängel meiner Begabung und die Grenzen meines Könnens nicht erspart, es war ja eine Selbstprüfung, und so zeigte auch diese Lektüre mir meine Grenzen wieder einmal deutlich. Es fiel mir vor allem wieder einmal auf, wie die meisten meiner größeren Erzählungen nicht, wie ich bei ihrer Entstehung glaubte, neue Probleme und neue Menschenbilder aufstellten, wie das die wirklichen Meister tun, sondern nur die paar mir gemäßen Probleme und Typen variierend wiederholten, wenn auch von einer neuen Stufe des Lebens und der Erfahrung aus. So war mein Goldmund nicht nur im Klingsor, sondern auch schon im Knulp präformiert, wie Kastalien und Josef Knecht in Mariabronn und in Narziß. Aber diese Einsicht tat nicht weh, sie bedeutete nicht nur eine Minderung und Verengung meiner Selbsteinschätzung, die vor Zeiten freilich erheblich größer war, sie bedeutete auch etwas Gutes und Positives, sie zeigte mir, daß ich trotz mancher ehrgeiziger Wünsche und Strebungen im ganzen meinem Wesen treu geblieben war und den Weg der Verwirklichung auch durch Engpässe und Krisen hindurch nicht verlassen hatte. Und der Tonfall dieser Dichtung, ihre Melodie, das Spiel der Hebungen und Senkungen, war mir nicht entfremdet und schmeckte nicht nach Vergangenheit und abgewelkter Lebensepoche, obwohl ich die Leichtigkeit des Flusses heute nicht mehr aufzubringen fähig wäre. Diese Art von Prosa entsprach mir auch heute noch, und von ihren Haupt- und Nebenstrukturen, ihrer Phrasierung, ihren kleinen Spielen hatte ich nichts vergessen; es war die Sprache weit mehr als die Inhalte des Buches, was ich treu und unverfälscht im Gedächtnis behalten hatte.

Im übrigen aber: wie unglaublich viel hatte ich vergessen! Ich stieß zwar auf keine Seite und keinen Satz, der mir nicht sofort wieder bekannt gewesen wäre, aber beinahe bei keiner Seite und keinem Kapitel hätte ich vorauszusagen gewußt, was auf der folgenden Seite stehen werde. Genau aufbewahrt hatte das Gedächtnis kleine Einzelheiten wie den Kastanienbaum vor der Klosterpforte, das Bauernhaus mit den Toten darin. Goldmunds Pferd Bleß, auch Wichtigeres wie einige der Freundesgespräche, den nächtlichen Ausflug »ins Dorf«, das Wettreiten mit Lydia. Aber vergessen, unbegreiflicherweise vergessen hatte ich das meiste von dem, was Goldmund mit dem Meister Niklas erlebt, vergessen den pilgernden Toren Robert, vergessen die Episode mit Lene und wie ihretwegen Goldmund zum zweitenmal einen Menschen tötet. Einiges, was ich als gelungen und schön in Erinnerung hatte, enttäuschte ein wenig. Einige Stellen, die mir einst beim Schreiben Kummer gemacht hatten und mit denen ich nicht recht zufrieden gewesen war, hatte ich Mühe wiederzufinden, und fand sie in Ordnung.

Es fielen mir während dieser Lektüre, die ich langsam und gründlich vornahm, auch Erlebnisse aus der Zeit der Entstehung ein, die mit dem Buch zusammenhingen. Eines davon teile ich euch mit, da einige von euch wahrscheinlich mit dabei gewesen sind. Es war gegen Ende der zwanziger Jahre, ich hatte eine Vorlesung in Stuttgart versprochen, weil ich die Jugendheimat wiedersehen wollte, und war Gast eines meiner dortigen Freunde, der nicht mehr lebt. »Goldmund« war damals noch nicht erschienen, aber der größere Teil des Buches war im Manuskript fertig, und ich hatte, nicht sehr klug, ausgerechnet das Kapitel mit dem Bericht von der Pest zum Vorlesen mitgebracht. Es wurde mit Achtung angehört, mir war damals diese Schilderung besonders wichtig und lieb, und meine Geschichten vom schwarzen Tod schienen Eindruck zu machen, es verbreitete sich ein gewisser Ernst im Saale, vielleicht war es auch nur ein Schweigen des Unbehagens. Aber als die Vorlesung beendet war und sich der »engere Kreis« in einem beliebten Wirtshause zum Abendessen zusammenfand, kam es mir vor, als habe Goldmunds Wanderung durch das große Sterben die Lebenstriebe der Zuhörer gewaltig angeregt. Ich selber war noch ganz voll von meinem Pestkapitel, zum erstenmal hatte ich ein Stück

meiner neuen Dichtung, nicht ohne inneres Widerstreben, öffentlich vorgezeigt, ich war noch mitten darin und war nur sehr ungern der Einladung zu diesem freundschaftlichen Zusammensein gefolgt. Und nun hatte ich, einerlei ob mit Recht oder nicht, den Eindruck, als stürzten sich die hier Zusammengekommenen, erlöst aufatmend nach dem Anhören meiner Geschichte, mit verdoppelter Gier ins Leben. Es war ein lärmend wildes Gedränge um die Plätze, um die Kellner, um die Speise- und Weinkarte, lachende vergnügte Gesichter und schallende Begrüßung ringsum, auch die beiden Freunde zu meiner Seite hörte ich mit angestrengten Stimmen gegen das Getöse ankämpfen, um ihre Platten mit Omeletten, mit Leber oder Schinken zu bestellen, mir schien, ich sei mitten in eines der Gelage hineingeraten, bei denen Goldmund im Kreise der Lebensgierigen, die Todesangst betäubend, den Becher leerte und die aufgepeitschte Fröhlichkeit noch höher zu stacheln verstand. Aber ich war nicht Goldmund, ich fühlte mich verloren und von dieser Fröhlichkeit ausgestoßen und angewidert, es war mir nicht möglich, sie zu ertragen. So schlich ich mich zur Türe hinaus und war verschwunden, ehe jemand mich vermissen und zurückholen konnten. Das war kein kluges und kein heldenhaftes Verhalten, ich wußte es auch damals schon, aber es war eine instinktive, nicht zu beherrschende Reaktion.
Ich habe daraufhin noch ein- oder zweimal öffentlich vorgelesen, weil ich mein Wort schon gegeben hatte, dann aber niemals mehr.

Über diesen Aufzeichnungen ist nun auch dieser Engadiner Sommer dahingegangen, es wird Zeit zum Packen und Abreisen. Die paar Blätter vollzuschreiben hat mir mehr Mühe gemacht, als sie wert sind, es will mir nicht recht mehr gelingen. Etwas enttäuscht reise ich wieder heim, enttäuscht über manches physische Versagen und noch mehr darüber, daß ich mit allem Bemühen und großem Aufwand von Zeit nichts Besseres zustande gebracht habe als diesen Rundbrief, den ich doch vielen von euch längst schuldig war. Wenigstens steht etwas Schönes, etwas sehr Schönes mir noch bevor, die Heimfahrt über Maloja und Chiavenna, die jedesmal neu bezaubernde Fahrt aus der kühlklaren Berghöhe in den warmen sommerdunstigen Süden, der Meira nach und den Buchten und Städtchen, den Gartenmauern, Ölbäumen und Oleandern des Comersees entgegen. Dies will ich noch einmal dankbar schlürfen. Habt Nachsicht und lebt wohl!

(1953)

Vierzig Jahre Montagnola

Als ich vor einundvierzig Jahren, auf der Suche nach einer Zuflucht, zum erstenmal nach Montagnola kam und eine kleine Wohnung mietete, unter deren Balkönchen damals neben späten Magnolien ein gewaltig hoher Judasbaum in Blüte stand, war ich ein Mann »in den besten Jahren« und war gesonnen, nach einem vierjährigen Krieg, der auch für mich mit Niederlage und Bankrott geendet hatte, von vorn anzufangen. Und Montagnola war damals ein Dörfchen, zwar kein ärmliches und geducktes wie manches andere in der Gegend, aber doch ein bescheidenes, kleines und stilles, in dem es ein paar herrschaftliche Häuser aus älterer Zeit und zwei, drei neuere Landhäuser gab, das aber einen vorwiegend bäuerlichen Anblick bot. – Heute, ein paar Jahrzehnte später, bin ich kein Mann in guten oder besten Jahren mehr, sondern einer von den gebrechlichen und etwas komischen Gemeinde-Greisen, der nicht daran denkt, mit irgend etwas von vorn zu beginnen, der sein Grundstück kaum mehr verläßt und drunten auf dem Friedhof von St. Abbondio einen hübschen kleinen Platz gekauft hat. Montagnola ist kein Dorf und macht keinen bäuerlichen Eindruck mehr, es ist ein Vorstädtchen mit etwa viermal so vielen Einwohnern, mit einem stattlichen Postamt und Konsumladen, einem Café und einem Zeitungskiosk geworden, wir nennen es unter uns »Stadt Segelfoss«, an Hamsun denkend.

So ändern sich mit den Jahren die Menschen und die Dinge, es läßt sich nichts dagegen tun. – Aber in diesen paar Jahrzehnten habe ich in Montagnola viel Gutes, ja Wunderbares erlebt, von Klingsors flackerndem Sommer bis heute, und habe dem Dorf und seiner Landschaft viel zu danken. Ich habe meiner Dankbarkeit auch immer wieder Ausdruck zu geben versucht. Ich habe oft und oft das Lied dieser Berge, Wälder, Rebenhänge und Seetäler gesungen, auch jenes Balkönchen in Klingsors Wohnung und jener hohe Judasbaum – er war der höchste, den ich je gesehen, und ist später einem

Föhnsturm zum Opfer gefallen – sind beschrieben und gepriesen worden. Ich habe Hunderte von Bogen guten Malpapiers und viele Farbtuben verbraucht, um mit Aquarellfarben oder Zeichenfeder den alten Häusern und Hohlziegeldächern, den Gartenmauern, dem Kastanienwald, den nahen und fernen Bergen meine Reverenz zu erweisen. Auch manchen Baum und Strauch habe ich hier gepflanzt, ein kleines Bambusgehölz am Waldrande und viele Blumen, und so hoffe ich, wenn ich auch kein Tessiner geworden bin, die Erde von St. Abbondio werde mich freundlich beherbergen, wie es Klingsors Palazzo und das rote Haus am Hügel so lange Zeit getan hat. *(1960)*

[Rede, gehalten am 1. Juli 1962
anläßlich der Verleihung des Ehrenbürgerrechts
der Gemeinde Montagnola]

Non sono mai stato un oratore e lo sono ancora meno di prima, adesso, nella mia età avanzata.
Vorrei, però – come meglio posso – salutare cordialmente i miei ospiti e dire a loro quanto mi commuove e come mi fa piacere l'onoranza resomi dal Comune di Montagnola.
Esprimo al Consiglio Comunale e al Signor Sindaco i miei ringraziamenti e la mia stima e di il mio benvenuto a tutti qui riuniti.
Mi è un particolare piacere, che si trova presente anche la pregiatissima padrona di questa casa, la Signora Bodmer, vedova del mio caro amico e protettore, che ha messo a mia disposizione casa e giardino finchè sono in vita.
Più di quarant'anni ho vissuto e lavorato a Montagnola. Come scrittore e pittore dilettante ho spesso lodato il Ticino e la Collina d'Oro. Ho sempre amato il paese, il popolo e il clima del Ticino.
Se ripenso agli decenni passati qui, dovrei enumerare tanti nomi di Montagnolesi, chi meritano il mio affetto e la mia stima ed ai quali mi sento impegnato per gratitudine. Invece dei molti vorrei dare i nomi di solo pochi:
mia fedele Natalina Cavadini
mio bravi giardiniere e coetaneo Lorenzo Cereghetti
la famiglia Camuzzi
il nostro bravo ex-sindaco Gilardi, che nell'anno 1931 ha celebrato il mio matrimonio con la mia cara consorte, – per non dimenticare sua madre, intelligente e veneranda,
Daché questa casa fu costruita sono anche in rapporti continui ed amichevoli con la famiglia Brocchi, padre e figlio,
e non devo dimenticare la famiglia Petrini della Posta di Montagnola, che con me ha avuto qualche fatica.
Che la simpatia ed il rispetto, che io sento per Montagnola, non restano irrisposti e che il Comune mi conferma come

compatriota, mi fa piacere e mi commuove molto. Vi prego, Signori, di ricevere ancora i sentimenti della mia gratitudine.

Schweizer Freunde und Künstlerkollegen

Ein Schweizer Dichter.

Albert Steffen

Das, was man in Deutschland und auch in der Schweiz selber von heutigen Schweizer Dichtern liest und kennt und bespricht, hat wenig mit dem zu tun, was eigentlich wichtig ist und übrig bleiben wird. Was man heute Schweizer Dichtung nennt, ist eine sympathische, leidlich geschmackvolle angenehme Art von Heimatkunst, ein hübscher, fruchtreicher Zweig am Baum der Dichtung, aber kein Leittrieb, der in die Zukunft weist. Von jenen Schweizern, die abseits vom literarischen Kunstgewerbe auf eigene Faust reine Kunst betreiben, und die, wäre es auch nur in ihren Wirkungen, mit zu unserer geistigen Geschichte zählen, von denen ist selten die Rede. Nun wird es ja immer so sein, daß Unterhaltungsschriftsteller mehr gelesen werden als Dichter, aber je und je sollte doch auch von diesen die Rede sein, ohne welche unser literarisches Leben arm und steril wäre. Solche gibt es auch unter den heutigen Schweizern. Der älteste und verhältnismäßig bekannteste von ihnen ist Spitteler. Ihn hat man durch Jahrzehnte unbeachtet gelassen und geradezu zu einem weltfernen Poetentum genötigt, und neuerdings wird er, wie es Märtyrern geht, von einer Gruppe der Jüngsten ebenso unnützerweise zu einem Gott gemacht, und es wehen ihm, statt eines lebendigen Echos, ziemlich leere Weihrauchwolken entgegen. Unter den jungen Schweizern aber sind wieder einige aparte und rassige Erscheinungen, deren Weizen langsam wächst, denen aber doch vielleicht die Zeit mehr Gunst entgegenbringen wird. Ich denke an Jakob Schaffner, an Robert Walser und andere, und zu ihnen gehört der Berner Albert Steffen, der bis jetzt das bekannte zweifelhafte Schicksal gehabt hat, von Kollegen und Kritikern je und je mit Achtung genannt zu werden, ohne daß darüber hinaus jemand von ihm wüßte. Man sollte ihn aber kennen, weit mehr als die vielgelesenen Kollegen, und für ihn wäre es Zeit, daß seine Dichtungen aus der unfruchtbaren Literatenberühmtheit erlöst würden und in lebendige Wirkung träten. Denn es sind Dichtungen, wie wir sie brauchen.

Vor etwa 7 Jahren kam das erste Buch von Albert Steffen heraus, und ich erinnere mich genau der Wirkung, die es auf mich tat. Ich las den seltsamen Roman »Ott, Alois und Werelsche« mit jenem reinen, oft lächelnden Vergnügen ohne Kritikbedürfnis, mit dem man einen ganz neuen Autor selten empfängt. Ich fand das Buch überaus poetisch, vor allem, weil es in einer eigenen, starken Atmosphäre schwamm, die voll Farbe und Spielerei schien, voll Jugend und unverlorener Naivität, mit einem großen Reichtum an lieben, kleinen Schönheiten, wie er genialen Jugenddichtungen eigen ist. Daneben aber atmete, zunächst über all dem Liebenswerten und malerisch Schönen wenig beachtet, durch das ganze Buch eine ebenfalls jugendliche ethische Begeisterung, ein gläubiger Puritanismus der Seele, der am Schluß des Romans als Hauptsache übrig blieb und als stärkster Eindruck nachklang. Geliebt habe ich das Buch seiner Musik wegen, wegen der eigenen Anmut seines Lächelns und Lachens, seiner Kindlichkeit und süßen Frische; es war ein Buch, dessen Landschaften zu erlebten wurden, und mit dessen Menschen man in der Einsamkeit und im Traume zusammentreffen und reden konnte. In der Tiefe aber klang die Mahnung jenes ethischen Enthusiasmus, die ernstfrohe Menschheitsgläubigkeit dieser Dichtung immer stärker fort, und als ich sie nach Jahren nochmals las, da waren viele hübsche Bilder und Gruppen darin zu finden, die ich vergessen hatte, aber vom eigentlichen, seelischen Inhalt war mir nichts verloren gegangen.

Von da an zweifelte ich nicht mehr daran, daß dieser Dichter, wenn er überhaupt weitermachte, immer mehr zum Mahner und Prediger werden müsse; aber ich traute ihm die Kraft zu, dieser Bestimmung nicht die Kunst zu opfern. Er,

der uns Liebe lehren will, würde selber der Künstlerliebe nicht ermangeln, die am Kleinsten hängt und jedes Gebilde kristallisch zu durchhellen sucht. Er würde knapper werden, sparsamer und bewußter, er würde dabei gewiß auch manches von dem naiven Reiz des ersten Jugendwerkes verlieren, aber er würde wachsen und uns immer mehr zu sagen haben. Diese stillen Erwartungen hat Steffen seither ganz erfüllt: er ist, wenn nicht ein Meister, so doch ein tief und treu strebender Künstler geworden; und das Lied von der Liebe zu allem Menschlichen, das in seinem ersten Werk mich rührte und ergriff, ist jetzt der lichte Mittelpunkt seiner Kunst geworden, ohne den sie nicht zu leben wüßte, und von dem sie alle Kraft und allen Zauber nimmt.
Es kam das Buch »Die Bestimmung der Roheit«. Das ist eine Art von Rahmenerzählung, aber mit durchbrochenem Rahmen so daß eine Reihe von Geschichten übrig bleibt die dadurch zusammengehören, daß sie alle denselben Gegenstand haben und in derselben Lehre oder Erkenntnis gipfeln. Schon der Titel kündet die fast dogmatisch strenge Lehre an, und etwas von der nüchternen Reinheit dieses Titels geht durch das ganze Werk. Hier blühen nicht mehr die hübschen, spielenden Zufälligkeiten am Wege, hier ist alles geradlinig auf das Ziel gerichtet, und das Ziel ist die Lehre von der selbstlosen Liebe, von der Möglichkeit der Sühne und seelischen Genesung. Wie ein Traumwandler geht der Dichter durch die Höhen und Tiefen der Menschheit, mit gleicher Liebe und gleicher Treue weilt er beim Gelehrten und beim Mörder, und überall sieht er nichts anderes als irrende Menschlichkeit, und überall glaubt er mit froher Inbrunst an die Möglichkeit der Heilung, an die Macht der Güte, der Freudigkeit, der Nächstenliebe. Das ist kein objektiv naturwissenschaftliches Betrachten und Darstellen der Wirklichkeit, es liegt sogar eine gewisse Verachtung der Realität darin, indem alles äußere Tun und Geschehen zu nichts wird vor dem als Höchstes anerkannten Wert menschlicher Seelenkraft und Liebe. Hingegen ist in des Dichters Anschau-

ung gar nichts von moralischer Enge, von Richtersinn und Unverständnis zu finden. Das Leben ist für ihn kein Naturschauspiel, sondern ein ewiges Tun, Kämpfen und Leiden eben jener höchsten Liebesfähigkeit, an deren Sieg und Sinn er glaubt; aber kein Irrender und Übeltäter, kein Stumpfer und Roher ist für ihn erledigt und wertlos, vielmehr ist es eben die Bestimmung der Roheit, durch Güte überwunden zu werden.
Zugleich mit dieser Entschiedenheit des Wollens zeigt dies zweite Werk eine Vereinfachung der Komposition und des Stils, welche bei einem noch jungen Autor erstaunlich ist; zuweilen ist auf alle Epik ganz und gar verzichtet, und manche Seiten muten verblüffend an wie kühne, rasche Querschnitte durch menschliche Seelen; solche Querschnitte sind nur möglich von einer äußerst reinlich zentrierten Weltanschauung aus, und nur am sichern Faden jener Liebeslehre, behält auch die Darstellung überall Form und Wert, ja schöne Notwendigkeit. Und nun ist vor kurzem das dritte Buch von Albert Steffen erschienen (wie die früheren bei S. Fischer, Berlin). Es heißt »Die Erneuerung des Bundes« und erweist sich als eine neue, womöglich noch klarere Formulierung von Steffens Lebensgedanken. In seinem ersten Roman hatte noch viel Zufall gewaltet, im zweiten war alles schon auf einen genau bestimmten Augenpunkt eingestellt; hier im dritten Buch sind die beiden Prinzipien des Lichten und Dunkeln, des Guten und Bösen, des Frohen und des Kranken überall gegeneinander gestellt und balanciert, der Kampf des Lichtes mit der Finsternis ist zum Inhalt und Sinn der ganzen Menschenwelt geworden, und hier tritt auch zum ersten Mal das Böse als bewußte Macht auf. Menschen des Hasses und Todes stehen Menschen der Liebe und des heiteren Lebenswillens gegenüber, frohe, hübsche Kinder triumphieren über müde Alte, schwache, lächelnde Frauen siegen über grobe, dumpfe Männer, überall ist die Welt in Gut und Böse gespalten, überall waltet eine streng durchgeführte Mythologie. Aber jeder, auch der Schwärze-

ste, hat die Ahnung des Lichtes heimlich im Herzen glimmen, und jeder, auch der Lichteste, hat irgendwo teil an den Schatten des Bösen. Es gibt da nicht Engel und Bösewichte, sondern nur ringende, kämpfende, leidende, irrende Menschen, über denen des Dichters Liebe wie eine Sonne steht. Ich lese diese eigenwilligen, von einer übermächtigen Zentralidee beherrschten Seiten mit dankbarem Erstaunen und bewundere das naive Pathos dieser klar orientierten Lebensauffassung, wobei mir nicht verborgen bleibt, daß unter dem Pathos ein klein wenig Nüchternheit und schweizerisch-calvinistischer Puritanismus verborgen ist. Aber ich denke auch, und ganz ohne jeden ironischen Beiklang, an den zweiten Teil des Faust und an Dante, und ich finde hier wie dort einen lebendigen Mythus am Werk, und schon damit steht die Dichtung dieses Berners hoch in den Reihen der echten, erlösenden Kunst und weit über allem, was man heut und morgen zur Unterhaltung liest.

Die Bücher von Albert Steffen sind eine Kriegserklärung an jene Weltanschauung des Individualismus und verantwortungslosen Determinismus, dessen wir alle so müde sind. Sie atmen einen Geist und Willen, der uns dienen und helfen kann. Wir sollten schon darum dem Dichter dankbar sein. Und wenn ich an die Lektüre dieser höchst eigenartigen Bücher zurückdenke, ist es keineswegs nur Wortlaut und Inhalt seiner Lehre, keineswegs nur das Pathos des Lehrers oder die schöne rührende Gebärde des selbstlos Liebenden, was mir in der Erinnerung geblieben ist und als starker Nachklang übrig bleibt, sondern es ist – und das entscheidet für den Dichter Steffen – eine ganze Reihe von süßen Augenblicken, von starken Momentbildern, von farbenschönen verlorenen Träumen, die in mir fortleben und mich mit tiefer Nachfreude erfüllen. Das ist der Unterschied zwischen Kunst und Feuerwerk, daß von den Gebilden wahrer Kunst uns ein Niederschlag bleibt, der sich mit Erlebtem, Schönstem, mit tiefsten Kindheitserinnerungen und persönlichsten Lieblingsträumen zu mischen und neue Farben in unser Seelenleben zu bringen vermag, auch noch lange, nachdem wir die Dichtung gelesen und vielleicht die Namen der Bücher und den des Dichters wieder vergessen haben. Etwas davon ist mir von Steffen geblieben – ein paar Bilder, aufglänzende Farben schöner Falterflügel, traumhafte Seelentöne, deren einige vielleicht ganz mein eigen werden und eines Tages in mir wohnen werden wie die Bewegung einer Figur von Mantegna oder die Stimmung einer Abendlandschaft bei Jean Paul, oder auch wie das Lächeln eines Freundes, der Duft eines Gartens, der Glanz eines Taumorgens aus der eigenen Kindheit. *(1914)*

Robert Walser

Seit ein paar Jahren gibt es eine jungschweizerische Literatur, die mit der bisherigen nichts gemein zu haben scheint und weder im bösen noch im guten Sinn den Namen Heimatkunst verdient oder nötig hat. Es sind einige Neue aufgetaucht, mit neuen Manieren und Gesichtern, eine kühne und liebenswürdige Jugend, welche gleich wieder unter einen Hut und Namen bringen zu wollen, töricht und unrecht wäre. Immerhin haben diese neuen Schweizer Dichter, bei großer Verschiedenheit der Persönlichkeiten, viel auffallend Gemeinsames. Sie sind modern, sie scheinen freier von Humanistik und Schulästhetik als noch die letzten der vorigen Generation, sie haben eine besondere Liebe zur sichtbaren Welt, und sie sind Städter. Das heißt, sie lieben, kennen und schildern weniger die einst beliebte Welt der Dörfer und Sennhütten als die der Städter und des modernen Lebens, und ihr Schweizertum tritt nicht absichtlich und betont hervor, sondern äußert sich ungewollt, wenn schon deutlich genug, teils in der Denkart, teils in Wortwahl und Satzbau. Zu diesen Jungschweizern, von denen hier nur Jakob Schaffner und Albert Steffen im Vorübergehen mit Hochachtung genannt seien, gehört auch Robert Walser.

Sein erstes Büchlein, ein kokett elegantes Ding mit lustigen Zeichnungen des Bruders Karl Walser, erschien vor fünf Jahren im Inselverlag. Ich kaufte es damals auf sein nettes, originelles Aussehen hin und las es auf einer kleinen Reise. Es hieß *»Fritz Kochers Aufsätze«*. Zunächst schienen diese merkwürdigen, halb knabenhaften Aufsätze spielerische Abhandlungen und Stilübungen eines rhetorisch veranlagten jungen Ironikers zu sein. Was an ihnen auffiel und fesselte, war ihr gepflegt nachlässiger, flüssiger Vortrag, die Freude am Hinsetzen leichter, netter, lieber Sätze und Satzteile, die bei deutschen Schriftstellern erstaunlich selten gefunden wird. Es standen auch einige Bemerkungen über sprachliche Dinge darin. Zum Beispiel in einem sehr lustigen Aufsatz

über den Kommis die Sätze: »Beim Ansetzen der Feder zaudert ein tüchtiger Kommis einige Augenblicke, wie um sich gehörig zu sammeln, oder wie um zu zielen wie ein kundiger Jäger. Dann schießt er los, und wie über ein paradiesisches Feld fliegen die Buchstaben, Worte, Sätze, und ein jeder Satz hat die anmutige Eigenschaft, meist sehr viel auszudrücken. Im Korrespondieren ist der Kommis ein wahrer Schelm. Er erfindet in raschem Fluge Satzbildungen, die das Erstaunen von vielen gelehrten Professoren erwecken dürften.« – Neben dieser Koketterie und Redelust, diesem Spielen mit Worten und leichtem Ironisieren kam aber schon in jenem ersten Büchlein gelegentlich ein Aufleuchten von Liebe zu den Dingen, von wahrer, schöner Menschen- und Künstlerliebe zu allem Existierenden und warf über leichte, kühl helle Seiten rednerischer Prosa den warmen, innigen Schein der echten Dichtung.
Indessen stand das hübsche Büchlein im Schrank und wurde allgemach vergessen. Zwei Jahre später hörte ich in Zürich die jungen Leute heftig über ein neues Buch reden, so begeistert und wieder gehässig, daß ich neugierig ward und mir das Buch kommen ließ. Es war der Roman *»Geschwister Tanner«* von Walser. Ich wußte seinen Namen nicht mehr; aber als ich die entzückenden ersten Seiten gelesen hatte, fiel mir sofort jenes Aufsatzbüchlein wieder ein, und es war richtig derselbe Dichter. Alles was dort mir gefallen und mißfallen hatte, war hier im neuen Buch, einem stattlichen Roman, noch stärker und farbiger ausgedrückt. Diesmal las ich schon mit warmer Herzensteilnahme, nicht mehr bloß mit stilistischem Interesse, sondern gefesselt durch das Wesen des Dichters selbst, das bald in einem raschen Zuge seelenhaft aufzuleuchten, bald halbabsichtlich von kühlen Gebärden versteckt schien. Wieder genoß ich den leisen, selbstverständlichen Fluß der Prosa, den die deutschen Schriftsteller meist so sehr geringschätzen, wieder fand ich entzückend Lustiges und innig Rührendes nebeneinander, und wieder ärgerten mich gewisse Sorglosigkeiten und

Frechheiten grimmig. Bald waren es freche Naivitäten in der Betrachtung der Dinge selbst, bald sprachliche Bummeleien. Im übrigen war das Buch eine einfache, sanft erzählte Jugendgeschichte, und es war hier wie in »Kochers Aufsätzen« nicht irgend ein »Stoff« behandelt, sondern der Autor begehrte nichts, als sich und seine Art auszusprechen, die Gebärde für sein inneres Wesen zu finden. Ich gewann das Buch so lieb, daß ich über seine Vorzüge und Fehler viel nachdenken mußte, namentlich über die Fehler, oder was ich dafür hielt, und am Ende wußte ich selber nicht mehr sicher, ob ich wirklich diese »Fehler« hätte vermissen mögen.

Das waren die »Geschwister Tanner«. Mit diesem Buch gewann Walser eine Art von literarischem Ruf und Achtungserfolg, der seither gewachsen ist, ohne daß doch seine Bücher wirklich unter die Leute gekommen wären.

Trotz der scheinbaren Beweglichkeit und artistischen Sachlichkeit der »Aufsätze« zeigte schon das zweite Buch seinen Dichter als einen Lyriker und Subjektiven, der vor allem sich selber darzustellen und auszusprechen trachtet und dessen Vorstellungen und Gedanken den Kreis eines umhegten Bezirkes eigener Erlebnisse und Erinnerungen nicht gern verlassen. Der »Commis« der Kocher'schen Aufsätze war zum Symbol geworden. Er war der Held der »Geschwister Tanner« und trat wieder auf in Walsers nächstem Roman *»Der Gehülfe«*.

Ob dieser Gehilfe wesentlich besser und reifer ist als die Tanner, oder ob nur mein stilles inneres Verhältnis zum Dichter sich seither befestigt und geklärt hat, weiß ich nicht zu sagen. Jedenfalls habe ich es aufgegeben, mich mit den »Fehlern« dieser Bücher zu beschäftigen, obwohl einzelne mich immer noch ärgern können. Dieser gelegentliche Ärger ist aber nichts als die Kehrseite und notwendige Ergänzung einer richtigen Liebe. Man muß Walsers Bücher, falls man sie überhaupt lesen mag und verträgt, richtig lieben. Im »Gehülfen« sehen wir wieder monatelang einem armen Teufel von Commis zu, in die rührende Kleinheit seiner Verhältnisse und Sorgen aber lacht seine Liebe zur Welt und sein offenes Kinderherz. Dabei läuft die Geschichte selber wieder ihren leisen, schlanken Gang mit stiller Meisterschaft. Während des Lesens achtet man nur der Stücke, der schönen Stellen und Einzelheiten, erst nachher steht das Ganze als ein ansehnlicher Bau vor uns. Dann wundert und freut man sich, wie die Durchschnitts- und Alltagsmenschen des Buches einem lieb und wichtig werden konnten, und nimmt nachträglich den Hut ab vor dem Dichter, dem man während der Lektüre häufig meinte auf die Schultern klopfen zu dürfen wie seinem Commis. Ach, und wie leuchtet und wechselt und atmet das bewegliche Lebensgefühl dieses heimlichen Lyrikers! Wie gut weiß er den Ausdruck und die Farbe und den Geruch der Jahreszeiten, Tage und Tageszeiten! Wie wohl unterscheidet er zwischen den Tagen, wie wird er jedem Sommer und jedem ersten Schnee gerecht! Das kann man keinem Professor klar machen, wenn er es nicht in sich hat, dieses Erstaunen vor dem Selbstverständlichen, dieses Bewundern des Natürlichen, dieses hingegebene Schwimmen und Atmen im Blauen oder Grauen, Heißen oder Kühlfeuchten. Wie beim Duft einer alten feuchten Mauer vergangene Lebensjahre heraufsteigen und wieder da sind, wie beim blechernen Klang einer umgeworfenen Gießkanne lange reiche Ketten von Vorstellungen heraufraumeln und leben und ihr Recht verlangen, das kennt und versteht Robert Walser merkwürdig fein, und das macht ihn zu einem bedeutenden Dichter, nicht seine hübsche Stilsicherheit und alles andere Äußerliche, das man von einander lernen oder abschreiben kann. Das Verstehen und Liebhaben und Mitlebenkönnen des »Gehülfen« bleibt aber nicht bei Landschaft, Jahreszeit und Witterung stehen, sondern umfaßt die Menschen seiner Nähe, von denen er keinen hassen kann, von denen jeder ihm merkwürdig und interessant und irgendwie lieb wird. In dieser Hinsicht ist mir das Gespräch des Gehilfen mit seinem besoffenen und verelendeten Vorgänger ernstlich lieb geworden.

Schon »Kochers Aufsätze« waren mit Zeichnungen von des Dichters Bruder Karl Walser geschmückt, originellen, sorglosen, lustig krausen Blättchen von großer Frische, und sie paßten in ihrer ganzen Art vortrefflich zum Buch. Man fühlte deutlich, daß sie aus derselben Familie kamen. Auch sie waren träumerisch-lässig, dabei ironisch, voll Gefühl für die charakteristische Gebärde und von einer gewissen schwerfälligen Grazie. Nun hat dieser Bruder zu Walsers *Gedichten* eine Anzahl kleiner Radierungen gemacht. Sie wurden kokett und kühn in den Text gedruckt und ergaben ein sehr hübsches, amüsantes, elegantes Buch in kleinem Quartformat, recht ein Vergnügen für Bücherhechte und Sammler. Das Sonderbare und wahrhaft Schöne an dem Buch ist, daß Text und Bilder nicht nur erträglich zusammengehen, wie es ja auch sonst gelegentlich einmal glückt, sondern daß sie ihre Brüderlichkeit erweisen und bewähren und fein und einträchtig beieinander hausen. So hat man seine Freude daran und findet auch den Dichter mit allen seinen wesentlichen Zügen erfreut in seinen Gedichten wieder. Sonst aber ist wenig darüber zu sagen. Die Gedichte sind originell, empfunden, erlebt, aber sie sind nicht gut. Wenn man schon Verse macht, dann lieber gleich gute. Hier reicht das Ideal des flottschreibenden Commis nicht aus. Damit ist nicht gesagt, daß das Buch keine schönen Gedichte enthalte. Aber sie sind rar darin, und wenn man sich das Häuflein Gedichte ohne die Bilder einfach in Oktav gedruckt vorstellt, was freilich eine Roheit ist, so machen sie einen etwas armen Eindruck. Dem Manne, dessen Prosa so voll Lyrik steckt, quellen die Verse nicht leicht und zwingend. Wohl empfindet man den Rhythmus als echt, die Sachen sehen aus wie im Schlendern leis gesummt. Auch begegnet man gleich auf der ersten Seite mit Schmunzeln dem wohlbekannten Commis wieder, dessen erste Strophe schon im Fritz Kocher anklang:

Der Mond sieht zu uns herein,
er sieht mich als armen Commis
schmachten unter dem strengen Blick
meines Prinzipals,
ich kratze verlegen am Hals.

Das ist drollig und lieb, in seiner ungenierten Naivität oder naiven Pose ganz Walserisch.

Und soeben kam Walsers neues Buch, der *»Jakob von Gunten«*. Er bringt die alte Geschichte, der Jakob ist Kocher, ist Tanner, ist der Gehilfe Marti, ist Robert Walser. Auch der Ton ist der alte. Wieder diese schlaue Freude darüber, daß man die Welt reflektierend betrachten und dabei zugleich das Unnötige und Luxuriöse dieses Tuns empfinden kann. Und wieder dieses echte Dichtererstaunen darüber, wie sonderbar die Welt uns ansieht, wie wechselnd und beredt ihr Ausdruck ist, wie im eigenen Wesen gutmütig Selbstverständliches und erschreckend Tolles ruhig nebeneinander liegt. Hier ist alles, was in den früheren Büchern zum Teil hübscher und liebenswürdiger klang, vertieft und herber geworden, die Menschen sehen uns verzerrt und dennoch unheimlich lebenswahr wie aus allzu nah aufgenommenen Photographien an, wo jede Falte und Runzel eines augenblicklichen Zuckens erschreckend tief und fest und bedeutsam aussieht. Die Tagebuchform entspricht dem Konfessionsbedürfnis des Dichters, der im Wiederholen und beinahe verbrecherhaften Umkreisen dunkler Punkte im eigenen Wesen oft an Knut Hamsun erinnert.

Was sich eigentlich bei einem Dichter ganz von selbst verstehen sollte, meistens aber nicht versteht, die Originalität des Ausdrucks und Freimütigkeit des persönlichen Auftretens, das hat Walser, und da er nebenher bei aller frechen Sorglosigkeit mit der Sprache doch respektvoll umgeht wie mit einem hochgeachteten, doch vertrauten Freund, wird es nicht mehr lang angehen, ihn zu übersehen. Man kann ihn lieben, man kann über ihn lachen, man kann sich über ihn ärgern und sich wieder mit ihm versöhnen – mit wie vielen von unseren berühmten Dichtern können wir das? *(1909)*

Erinnerungen an Othmar Schoeck

(Geschrieben zu Schoecks fünfzigstem Geburtstag)

Der Aufforderung, einige Erinnerungen an Begegnungen mit Othmar Schoeck aufzuzeichnen, leiste ich gern Folge. Nur bin ich ein schlechter Memoirenschreiber, denn es fehlt mir dazu eine der wichigsten Begabungen: die Zuverlässigkeit des Gedächtnisses. Wohl bewahrt mein Gedächtnis erlebte Einzelheiten ganz gut, aber das Ganze einer Beziehung in seiner Kontinuität entzieht sich ihm: ich bewahre die Bilder, vergesse aber die Zeiten, das heißt die Daten und ihre Reihenfolge.

Die Bekanntschaft mit Schoeck verdanke ich unsrem Freund Alfred Schlenker in Konstanz. Damals war Schoeck kaum über zwanzig Jahre alt, und es wurde in Zürich sein »Postillon« aufgeführt, er war meinem Freunde Albert Welti gewidmet, und ich habe noch vieles aus diesem lieben Jugendwerk in Erinnerung, das ich seit wohl fünfundzwanzig Jahren nicht wieder gehört habe. Die Soli sang damals der Tenor Flury, den ich bei jener Aufführung kennenlernte und der dann einige Jahre lang mir in Schoecks nächster Umgebung oft begegnet ist. Er gefiel mir nur mäßig, aber den Postillon sang er prachtvoll, und die süße Innigkeit und unschuldige Melodik des Werkes, samt dem Lenauschen Text und samt der Widmung an Welti, gewann mich von der romantischen und idyllischen Seite her sofort. Ich fühlte mich bei dieser Musik zu Hause wie bei Schubert, und wenn ich auch schon zu jener Zeit viel Problematik in mir trug, so war doch gerade die Musik nicht die Kunst, von welcher ich mir meine Problematik bestätigen lassen mochte. Sondern ich war in der Musik eher konservativ, wie die meisten Dichter, und zur musikalischen Romantik hatte ich damals auch noch ein jugendlich-verliebtes Verhältnis, das mir erst viel später verlorenging. So wirkte denn das erste Schoecksche Werk, das ich hörte, auf mich noch unproblematischer und zeitabgewandter als es wirklich war; dazu kamen die beinah zehn Jahre, um die ich älter war als Schoeck, und so nahm ich ihn im ersten Augenblick, obwohl ich ihn sofort gern hatte und auch seine Kraft ahnte, ganz von dieser harmlosen Seite. Das hielt allerdings nicht lange vor, und schon nach wenigen Begegnungen tauchte in unsern Gesprächen als Hauptfigur ein geliebter, dämonischer Schatten auf, den wir beide glühend liebten und über den wir oft und oft gesprochen haben: Hugo Wolf.

In jenen Jahren meines ziemlich abseitigen und bewußt stadtfeindlichen Lebens am Untersee war ich zwar nicht ohne Musik, meine Frau spielte viel und gut Klavier, aber es fehlte mir ein musikalischer Freund, mit dem ich nicht nur über Musik sprechen, sondern der mir Musikwerke aller Art rekapitulierend, kürzend und gelegentlich erläuternd hätte vorführen können. Dies nun konnte Schoeck, mit dem ich mich rasch und herzlich befreundete, in einer so universalen und dabei so entzückenden Weise, wie sie mir bisher trotz mancher Musikerbekanntschaften nie begegnet war. Und nun war er für mich durch mehrere Jahre der Türhüter und Schatzbewahrer einer Welt, die ich auf keine andere Art so unmittelbar und frei hätte durchschweifen können. Jeder seiner Freunde erinnert sich dankbar solcher Stunden, in denen Schoeck ihm zu Hause auf seiner Bude, oder auf irgendeinem Wirtshausklavier den »Figaro«, »Die Zauberflöte«, den Rossinischen »Barbier« oder den »Corregidor«, oder auch »Die Fledermaus« oder Lieder von Schubert und von Wolf vorführte, leise andeutend alle Stimmen gab, die charakteristischen Themata betonte, sogar die Instrumentierung andeutete, mit Worten, Blicken und Gesten den Gang jedes Werkes miterzählend und zugleich erläuternd. Ein sehr großer Teil von dem, was ich in jenen Jahren an guter Musik näher kennengelernt und woran ich meine Auffassung vom Wesen der Musik gebildet habe, ist mir aus dieser Quelle geflossen. Manches Werk, das ich im Theater oder Konzertsaal nur ein- oder zweimal im Leben hören konnte, habe ich

von ihm wieder und wieder gehört, besonders unsern damaligen Liebling, den »Corregidor«. Ich habe für Schoeck in jenen ersten Jahren unsrer Freundschaft, aus dem Bedürfnis des Beschenkten nach Betätigung seiner Dankbarkeit, sogar den Text zu einer romantischen Oper geschrieben, und bedaure weder, daß ich das getan habe, noch daß er den Text nicht brauchen konnte.
In meinem Dorf am Untersee hat Schoeck mich des öfteren besucht, und wenn wir uns, sehr viel später, je und je einmal jener Besuche im Gespräch wieder erinnerten, bekam er manchmal, an damals denkend, einen träumerisch verklärten Ausdruck. »Damals«, sagte er sinnend, »hast du immer einen Meersburger Wein im Keller gehabt, einen wunderbaren Wein, weißt du noch?« Es stimmte, wir haben manchen Krug von diesem Meersburger miteinander genossen. Noch sehe ich Schoeck, wie er an jenen Gaienhofener Abenden je und je bei einer Gesprächspause von der Wandbank aufstand und ins Nebenzimmer zum Klavier ging, um ein Lied von Wolf, oder ein neues von ihm selber, oder auch einen Straußwalzer zu spielen.

In den Jahren vor dem Weltkrieg war ich gewohnt, in jedem Frühling einen kurzen Ausflug nach Italien zu machen, und auf mehreren Reisen, meist in kleinere oberitalienische oder toskanische Städte, war Schoeck dabei. Einmal brachten wir – es war außer Schoeck und mir noch der Maler Fritz Widmann dabei – einige Tage in der città alta von Bergamo zu und saßen an den Abenden in einem kleinen, recht verfallenen Café, dessen Wirt einmal Musikant gewesen war. In der düsteren Kneipe stand ein heruntergekommenes altes Tafelklavier, mit dünnem schleirigem Ton und mancher gesprungenen Saite, auch reichlich verstimmt. Auf diesem Klavier spielte uns Schoeck halbe und ganze Opern, entzückt lauschte die Wirtsfamilie; und einmal bekam auch unser Reisekamerad Widmann Lust, das Instrument zu probieren, setzte sich davor und griff mutig in die Tasten, aber entsetzt sprang er gleich wieder auf, und auch ich probierte es nun und schlug ein paar Töne an – es war ganz und gar unmöglich, aus dieser Ruine etwas wie Ton zu locken. Und doch hatte Schoeck es fertiggebracht, uns darauf Musik zu machen, er hatte das Ding bezaubert, er hatte die Geister der Meister beschworen, und unter seinen Händen war der brave alte Kasten wieder ein Klavier geworden, hatte Rossini und Verdi von sich gegeben und hatte sogar seinen alten Herrn, den Exmusiker, überrascht und entzückt. Es war eins der Beispiele für Schoecks suggestive Kraft: mochte er nun das kaputte Klavier behext haben oder die Zuhörer, jedenfalls war der Zauber gelungen.

Auf einer andern Reise, damals war Fritz Brun mit dabei, sahen wir den jungen Schoeck noch einen anderen Apparat siegreich bezaubern. Es war in Orvieto. Wir hatten den Dom und den Signorelli gesehen, waren durch das Städtchen geschlendert, hatten den Gang in die Tiefe des Pozzo di San Patrizio hinab gemacht, und ruhten jetzt in einem Café an der Piazza aus. Dort stand eine merkwürdige Maschine, ein mechanisches Glücksspiel. Dieser Automat hatte kleine Schlitze, in welche man Zwanzigrappenstücke stecken konnte. Je nachdem man das Loch wählte, konnte man, falls man Glück hatte, für seinen Zwanziger zwei, oder fünf, oder zehn, ja sogar zwanzig und vierzig solche Geldstücke zurückgewinnen. Nur kamen natürlich die höheren Zahlen entsprechend selten heraus, und die anwesenden Stammgäste versicherten uns, daß schon mancher von ihnen die Fünf, auch die Zehn, und je und je sogar einer auch die Zwanzig gewonnen habe, obwohl natürlich auf Zwanzig zu spielen schon recht gewagt sei. Die Vierzig aber, meinten sie, sei zwar irgend einmal auch schon herausgekommen, aber ein vernünftiger Mensch setze natürlich auf diese Nummer nicht. Wir faßten allmählich Interesse, standen von unsrem Wermut auf und begannen den Apparat zu betrachten, und schließlich ließen wir uns zwei oder drei Franken wechseln und fingen an, der Maschine unsre Zwanziger in den Rachen zu stoßen, welche sie willig fraß, und einmal sogar eine Zwei oder eine Fünf von sich gab. Da erklärte Schoeck, beim Spielen müsse man aufs Ganze gehen, stellte auf die Vierzig ein, spendete sein Geldstück und drückte los. Die Maschine grollte heftig, und in die unten angebrachte muschelförmige Geldschale, und über sie hinaus ins Café ergoß sich ein Wasserfall von Münzen, vierzig Stück. Der Wirt sprang auf, die Gäste machten Augen, Schoeck erntete mit beiden Händen den Münzenschwall in seine Taschen. Wir lachten sehr und gratulierten ihm, nahmen noch einen Wermut, und ehe wir das Café verließen, steckte er noch einmal Spaßes halber eine Münze hinein, setzte auf die Vierzig, und mit Getöse spie der Apparat nochmals vierzig Geldstücke aus. Wir kamen am nächsten Vormittag wieder, und ein drittes Mal tat Schoeck, was kein vernünftiger Mensch tut, und gewann die Vierzig nochmals. Jetzt war es Zeit abzureisen, die Stammgäste und die Nachbarschaft waren beunruhigt. Noch auf dem Weg zum Bahnhof faßte mich ein Mann auf der Straße höflich am Arm, deutete auf den vorausgehenden Schoeck und fragte flüsternd: »Sagen Sie, ist es der dort, der junge Blonde, der dreimal die Vierzig gewonnen hat?«

Manche Male habe ich Freund Schoeck in seinem Elternhaus in Brunnen besucht oder bin von ihm dorthin mitgenommen worden. Da war sein Vater, ein heiterer alter Weiser, in seinem Atelier zurückgezogen lebend, ein stiller Künstler und ein Mann des Maßes und der Harmonie, ich habe ihn sehr geliebt und bewundert, und einst hat er mir von einem seiner süditalienischen Bilder, das ich besonders gerühmt hatte, eine Kopie gemacht und geschenkt; sie hängt in meinem Arbeitszimmer, nicht weit von den beiden kleinen Landschaften von Othmars Hand. Dann war da die Mutter Schoeck mit dem Falkenprofil und den leidenschaftlichen Augen, eine besorgte alte Frau, aber zu manchen Stunden war sie beschwingt und feurig. Mehrmals hat sie mich beiseite genommen und mich innig beschwörend, voll Liebe und voll Sorge, über ihren Sohn ausgefragt, was ich von ihm, von seiner Begabung und von seiner Zukunft halte, und ob er nicht gar zu leichtsinnig lebe, sie sei oft sehr in Sorge um ihn. Und dann hörte sie zu, wie ich ihn lobte oder verteidigte, fühlte, wie ich an ihn glaube, und begann in dem sorgenvollen Gesicht mehr und mehr zu strahlen. Ferner war Fräulein Suter da, der gute Hausgeist, und die Brüder Schoeck, zuweilen alle vier zugleich, und nach den Mahlzeiten im kleinen »Stubli« saß man noch stundenlang in fürchterlichem Zigarrenqualm und stritt miteinander und schrie einander an in den heftigsten Diskussionen über Politik und über Religion und Kunst, es ging oft großartig wild zu, ängstlich schmiegte sich der Dachshund Waldi zu Ralphs Füßen, die schöne Katze mit dem Namen Lady saß unbekümmert.

Und dann löste das Konklave sich auf, meistens in Frieden, der Vater verschwand in sein Atelier, und wir schlenderten waldwärts bergan oder nach Brunnen hinein, und gern machten wir dort der achtzigjährigen Großmutter Faßbind einen Besuch, durch deren Fenster man auf den Platz und die Schifflände hinuntersah und die im vornehmen Frieden ihres Alters auf die Gasse und die Menschen und unsre jugendlichen Wichtigkeiten hinabsah, fein und klug und schon ein wenig entfernt.

Im Schoeckschen Haus in Brunnen gab es außer den Menschen noch viel Schönes und Merkwürdiges zu sehen. Über dem Hotel und von seinem Betrieb vornehm distanziert hauste Vater Schoeck in den höchsten und prächtigsten Räumen des Hauses, umgeben von seinen Bildern und von den tausend Erinnerungsstücken, die er von seinen weiten Malerfahrten vor Jahrzehnten mitgebracht hatte. Gleich im Treppenhaus vor dem Eingang zum großen Atelier schwebte ein riesiger Kondor, den hatte er in Amerika geschossen, und im Atelier gab es ein stattliches Schrankgebäude, das enthielt in vielen, vielen Schubladen eine unendlich große

Sammlung von Schmetterlingen aus allen Ländern. Vor allem aber waren da, in unerschöpflicher Fülle, Früchte eines stillen Fleißes und einer großzügigen Wanderleidenschaft und Weltneugierde, die Naturstudien von des Alten Hand, meisterhafte Studien aus vielen Ländern und Breitegraden, namentlich aber aus Süditalien und aus dem hohen Norden: Felsenküsten und farbige Hafensiedlungen auf den Lofoten, norwegische Fjorde, violett blühende nordische Heide. Inmitten dieser Sachen empfing uns zuweilen der alte Herr, die Mütze über dem weißen Haar, die hellen klugen Augen freundlich blickend, von uns und der Außenwelt nicht mehr erregbar, aber keineswegs weltfremd. Oft habe ich ihn an der Staffelei gesehen, sorgfältigst mit seiner Palette beschäftigt; manchmal blickte er über den blaugrünen See zum Urirotstock hinüber, dann mischte er wieder prüfend seine abgetönten Blau und Grau. Das Hotel unter ihm und die Welt unter ihm mochten ihren Gang gehen, er ging den seinen.

Einmal brachte Schoeck einen Sommer in einer einsamen kleinen Pension im Zürcher Oberland zu, und ich habe ihn dort einmal besucht. Es regnete viel, man konnte wenig draußen sein. Im Hause war ein kleines Schulmädchen, Schoeck hatte es gern und gab sich viel mit ihm ab, brachte ihm auch hie und da eine Melodie bei, ich hörte ihn mit der Kleinen zweistimmig das Lied einstudieren: »Wer hat die schönsten Schäfchen?« Dort sprachen wir einst auch über Meinrad Lienert, und Schoeck sang und spielte mir sein Lied:

Nüd Schöiners as wäns dimmered
Äs schöins wildgwachses Liedli.

An jenem Ort lernte ich meinen Freund auch als Maler kennen. Ich wußte zwar längst, daß er zuweilen male, und war davon keineswegs überrascht gewesen, denn im Haus seines Vaters war das kein Wunder, und auf unsern Reisen hatten wir auch oft und intensiv über Malerei gesprochen. Jetzt sprach er mir auch vor der Natur davon, das heißt wir betrachteten gelegentlich die Landschaft daraufhin, wie sie malerisch wiederzugeben wäre, und hier wie überall ging Schoeck nicht von Theorien und Gedanken aus, sondern vom Sinnlichen. Er sprach gern von dem Reiz und der Qual, die das Suchen eines Farbtones mit sich bringt; und einmal, als er davon sprach, welche sinnliche Wonne das Malen auf den frischen Kalk der Wände den italienischen Meistern der Freskenmalerei bereitet haben müsse, bewegte er dazu die Hand wie zu satten breiten Pinselstrichen, und machte zugleich mit den Lippen ein schlürfendes Geräusch, als höre man, wie der Kalk begierig die Farbe einsauge. Es ist gesunden und sinnenfrohen Genies gegeben, eine Menge von dem, was sie gerade mitteilen wollen, auf solchen Wegen mitteilen zu können, es macht einen großen Teil ihres Zaubers aus, und bei Schoeck war nicht selten der Höhepunkt eines Gesprächs eben der Moment, wo das nicht mehr Sagbare durch Mimik oder Tonmalerei ausgedrückt wurde. Ich weiß solche Reize zu schätzen, ich unterliege ihnen wie jeder andre; das Gewinnende und Seltene an Schoeck aber waren für mich nie diese Gaben und Künste selbst, sondern das Maß, mit dem er sie anwendete. Was mich, über die erste Sympathie hinweg, immer wieder an Schoeck angezogen hat, war nicht mehr die naive sinnliche Genialität seines Empfindens und seiner Art, es zum Ausdruck zu bringen – das konnten auch andre, namentlich Frauen konnten es oft fabelhaft, und begabte Tiere konnten es noch besser. Nein, was mich an Schoeck erfreute und mir ihn so wertvoll machte, war das Nebeneinander und die Spannung von Gegensätzen in seinem Wesen, das Beieinander von Robustheit und Leidensfähigkeit, das Verständnis für die naivsten Freuden gepaart mit dem Verständnis fürs Geistige, die hohe und nicht schmerzlose Differenzierung der Persönlichkeit, die sinnliche Potenz im Verein oder auch im Kampf mit der geistigen. Dieser Mann konnte nicht bloß vorzüglich musizieren und sich in alle andern Künste spielend hineinfühlen, er konnte nicht bloß Frauen scharmieren und mit Genuß ein Bankett mitmachen (ja nachts drei Uhr nach reichlichem Bankett und vielen Gläsern Wein, mit der brennenden Zigarre im Mund, auf den Händen durch einen ganzen Speisesaal marschieren!) – nein, er konnte auch weitgehend sich seine Fähigkeiten, seine Konflikte und Probleme bewußt machen, und konnte manchmal (es klingt komisch, aber es stimmt) geradezu: denken, und das ist bei Künstlern ebenso selten wie bei andern Menschen. Daß sein Sinnlich-Seelisches am Ende doch stärker ist als das Geistige, daß bei ihm nie das Bewußtsein ernstlich den Instinkt störte oder gar überwog, gehört mit zu seiner Gesundheit und zu seiner Stärke, er ist ja Musiker, nicht Philosoph. Aber er hatte die Fähigkeit zu hoher Differenzierung, zur Einsamkeit, zum Abstrahieren, zum Leiden in sich, er war nicht bloß der charmante liebe Kerl, den man mehr liebt als ernst nimmt, und er war nicht bloß Musikant, sondern auch Schöpfer. Das alles hielt unser Verhältnis in beständiger Lebendigkeit, und wenn man sich einmal übereinander geärgert hatte, war alsbald die Anziehungskraft zwischen uns wieder da.

Aber ich bin abgeschweift, ich wollte noch etwas über Schoecks Malerei sagen. In jenen Gesprächen bekannte er sich zur größten Delikatesse und Sorgfalt im Suchen der Töne, und lehnte jedes kindliche oder auch expressionistische Drauflosgehen mit heftigen, wenig gebrochenen Farben ab. »Sieh«, sagte er etwa, »dort ganz in der Ferne siehst du die Vorberge mit den beleuchteten Matten. Sie scheinen grün zu sein, nicht wahr? Sie sind ja schon grün, aber in unendlicher Verdünnung, und eigentlich sehen wir sie gar nicht so sehr grün, aber wir wissen: Matten sind grün, also sehen wir sie grün.« Jetzt bückte er sich, brach ein Blatt von einer Wiesenpflanze ab und hielt es vor die Aussicht. »Das ist grün!« rief er, »schau, wie das knallt! Daneben ist die Ferne dort farblos.« Für einen großen Genuß erklärte er es, auf der Palette die Töne auszupröbeln, bis der Moment erreicht sei, wo sie haarscharf stimmen.

Ich besitze seit langen Jahren zwei Landschaften von

Schoeck, zwei winzig kleine Ölbilder. Sie haben ihren hohen Reiz und Wert für mich in all den Jahren nicht verloren, und es ist nicht selten passiert, daß Maler, die mich besuchten und ohne viel Neugierde die Bilder an meinen Wänden betrachteten, plötzlich lebhaft wurden und nach dem Namen des Malers fragten, wenn sie eins dieser Bilder entdeckten. Das eine von ihnen, ein sehr frühes, hat einen ganz merkwürdigen Klang und hat sich eine ganz eigene Aufgabe gestellt: es ist eine Landschaft, ein tief eingeschnittenes Alpental gegen Abend, großenteils schon im Schatten, und ein ganz eigenes Licht herrscht in dieser schweigsamen Landschaft: auf einigen Gipfelkanten und einem Teil des Vordergrundes scheint noch die Sonne, am Himmel über den noch warm beschienenen Felsgipfeln aber steht schon der mehr als halbvolle Mond; sein kühles Weiß steht noch im Gegensatz zu allen Farben der Erde, macht aber doch schon den Himmel kälter und tritt in Beziehung zu den Schatten. Das winzig kleine Bild – man kann es nach Belieben als naiv oder als raffiniert empfinden – hat schon manchen Betrachter nachdenklich gemacht. Und wenn ich, seit langen Jahren räumlich von Schoeck getrennt und noch mehr von ihm getrennt durch seine schon mehr als geniale Schreibfaulheit, etwa einmal ihn vermisse oder wieder einmal durch das Ausbleiben jeder Antwort enttäuscht bin, so habe ich mir angewöhnt, eins seiner Bilder anzusehen und ihn mir dabei zu vergegenwärtigen.

Das zweite Bild von ihm, das bei mir hängt, stammt aus jenem Sommer im Zürcher Oberland, es stellt einen Blick nach der Innerschweiz dar, unter einem verstürmten grauen Regenhimmel herrscht jene Stimmung, die Gottfried Keller so gezeichnet hat:

Es ist ein stiller Regentag,
So weich, so ernst, und doch so klar
Wo durch den Dämmer brechen mag
Die Sonne weiß und sonderbar.

Vom dunklen Wald des Vordergrundes hebt sich, weit zurückweichend, die Ferne in bleicher Klarheit ab, grell und doch müde bestrahlt von der Sonne weiß und sonderbar, zuhinterst stehen vor einem hellen Himmelsstreifen zart, aber klar die beiden Mythen. Auch dieses Bild ist eine Dichtung, es ist klein wie das andre, aber wenn es auch mit spitzem Pinsel zart gemalt ist, die Pinselschrift ist dennoch ganz frei und spielend, ohne alle Ängstlichkeit.
Die beiden Bilder gehören für mich mit zum Bild meines Freundes, ebenso wie seine Handschrift, ebenso wie mancher Witz und manches gute Wort auf einer rasch auf Reisen geschriebenen Ansichtspostkarte. Einmal war er in Lucca und schrieb mir von dort auf einer Karte nichts anderes als den ersten Satz aus dem »Marmorbild« von Eichendorff.
Und damit wären wir bei den Dichtern. Das wäre ein großes Kapitel, aber es ist mir unmöglich, das heute in Worte zu bringen. Ich habe mit Schoeck des öfteren über Dichter und Dichtungen gesprochen, am häufigsten über die Texte seiner Lieder, und ich darf sagen, daß sein Gefühl für Dichtung und sein Urteil über sie mich oft erfreut und bestätigt und in keinem wichtigen Punkte je enttäuscht hat.

Noch ein letztes Blatt sei diesen Erinnerungen hinzugefügt. Es war im April des Jahres 1916, mitten im Weltkrieg, ich hatte die Einladung zu einer Vorlesung in Winterthur angenommen und war dorthin unterwegs; von Bern, wo ich damals wohnte, war ich nach Zürich gefahren, wollte am Abend zu Freunden nach Winterthur weiter und dort übernachten, am nächsten Tag sollte die Vorlesung sein. In Zürich hatte ich allerlei zu besorgen, Schoeck konnte ich diesmal nicht aufsuchen. Es hatte schon für mich die schreckliche Zeit begonnen, in der ich die Berührung mit dem Schönen, und vor allem mit der Musik, kaum mehr ertragen konnte. Brun in Bern war oft sehr unwillig über mich, wenn er mich zu einem Konzert einlud und ich mich entzog. Aber Musik war für mich damals die stärkste, unmittelbarste Mahnung an alles Zarte, Holde und Heilige, von dem die Welt nichts mehr wissen wollte. Ich konnte zur Not den Krieg noch eine Weile ertragen, weil ich einen Platz in ihm gefunden hatte, wo ich mir einbilden konnte, Menschlichkeit zu üben und Wunden heilen zu helfen; Musik aber konnte ich kaum mehr ertragen, ein paar Takte Musik brachten die ganze notwendige Ordnung und Zucht, in der ich mich hielt, zum Einsturz und weckten eine nicht auszuhaltende Sehnsucht nach Flucht aus dieser Welt und diesem Kriege.

Müde und von meiner Reise und meinem Vorhaben wenig befriedigt, fand ich mich gegen Abend auf dem Zürcher Bahnhof ein, um mein Köfferchen abzuholen und weiterzufahren. Ich war früh gekommen und stand eine Weile müßig auf dem Bahnhof herum, ein wenig froh über die Aussicht, den Abend wenigstens bei sehr lieben Freunden zubringen zu dürfen, aber weit mehr bedrückt als froh. Es drückte so vieles, es drückte auf die Welt, auf die Schweiz, auf mein eigenes kleines Leben, der Krieg hatte mir sehr wenig übriggelassen, namentlich sehr wenig vom Sinn meines Lebens und Tuns, man atmete Gift statt Luft, man trank Leid und Angst statt Wasser, man aß Gram statt Brot. Nun, ich stand also da herum und dachte unnütze Gedanken, da spürte ich plötzlich eine Hand sich auf meine Schulter legen, schreckte auf und sah Schoeck vor mir. Freundlich fragte er mich, ob ich denn wirklich wegfahren wolle, ich solle doch den Abend in Zürich bleiben und mit ihm verbringen. Ich lachte und sagte, daran dürfe ich nicht denken, ich sei in Winterthur erwartet und mein Zug gehe bald.

Da sah er mich merkwürdig an und sagte mit einer großen, eindringlichen Herzlichkeit: »Nein, nein, fahre du nicht nach Winterthur, wir müssen miteinander sprechen.«

In diesem Augenblick spürte ich, daß etwas Besonderes und Schlimmes auf mich warte, ich fühlte eine Beklommenheit und Kälte in mir aufsteigen, die ich selber nicht verstand, und sagte: »Was ist denn los? Sage es mir nur gleich!«

Da sagte er leise: »Du, dein Vater ist gestorben.«
Ich war ahnungslos gewesen, die Nachricht kam ganz unerwartet. Sie war gleich nach meiner Abreise in Bern eingetroffen, meine Frau hatte sie an Schoeck weitergeleitet, und er war seit Stunden auf der Suche nach mir.
Und so fuhr ich denn nicht nach Winterthur, sondern schnell nach Bern zurück, denn nach Deutschland zu reisen und meinen Vater vor dem Begräbnis noch einmal zu sehen, das war damals nicht einfach, es stand der Krieg und die Grenzsperre und eine Menge kleiner und großer zäher Widerlichkeiten dazwischen. Für den Augenblick aber, in dem jener erste Schreck und Schmerz ertragen werden mußte, war ein Freund bei mir. Dafür war ich dankbar, und bin es noch heut. *(1936)*

Erinnerung an Albert Welti

Wann und wo ich zuerst Weltis Namen gehört habe, ist mir nicht erinnerlich. Desto deutlicher erinnere ich mich des ersten Werkes von ihm, das ich sah. Es war die Radierung »Mondnacht« und bald darauf eine Abbildung des Hochzeitszuges auf der Brücke. Ich hatte aus den Bechern des Impressionismus, zumal der Franzosen, damals schon manchen tiefen Trunk getan und war keineswegs unbedingt auf »Heimatkunst« und dergleichen eingestellt, aber diese Werke sprachen gleich beim ersten Anblick stark und klar zu mir als schöne und wohlabgewogene Gebilde nicht nur, sondern vor allem als Äußerungen eines Geistes, den ich als verwandt empfand, dessen Kleid und Mundart mir ohne weiteres vertraut und verständlich war. Seit der Stunde, in der ich die »Mondnacht« gesehen, hat Welti für mich zu den Künstlern gehört, mit denen ich lebte, deren Stimme ich zuweilen in der Natur zu hören glaubte, an deren Art ich mich und andere maß. Dabei war ein gewisser Mangel an bestechender Technik, den ich sonst leicht peinlich empfand, mir bei ihm von allem Anfang an lieb und rührend, ich habe bei ihm niemals artistische Entzückungen des Pinsels und der Nadel gesucht. Sein Wesen empfand ich vom ersten Kennenlernen an als ganz und gar deutsch, als deutsch mit einem Beiklang von Romantik und mittelalterlicher Seelenkultur. Daneben war aber noch etwas, was ihn mir erst ganz lieb machte, etwas was er mit niemand teilte, ein ganz eigener Zug, eine eigene Sprache und Gebärde, in welcher die Gabe einer tüchtigen Rasse und Stammesart noch mit dem köstlichen Stempel einer eigenen, sehr eigenwillig verzweigten Geistesart ausgezeichnet schien. Dieser Künstler konnte sich keines Ausdrucks, keines Symbols, keiner noch so verbrauchten Allegorie bedienen, ohne daß sie in seinen Händen neu und anders wurde, einen Unterton und Reiz mitbekam. Man mußte, so schien mir, zu diesem Manne unbedingt Vertrauen haben und ihn lieben, weil so viel Geradheit, so viel Natur, so viel Kindheit in ihm war; aber man hatte ihn damit noch lange nicht erschöpft, es war außerdem in diesem Künstler eine seltene Gewalt der persönlichen Phantasie, eine urtümlich-wilde Stärke des Trieb- und Traumlebens, ja ein auffallender Zug von Dämonie vorhanden. Dieser Mann konnte kein Naturalist und kein Impressionist sein; er sah die ganze Welt aus einem Herzen heraus, dessen Leidenschaftlichkeit und Träumerei alle Wirklichkeiten überwog und verlachte. Vielleicht hatte man recht, wenn man ihn mehr einen Dichter als einen Maler nannte, dann war er also ein verirrtes Talent, eine Art von Dilettant und Eindringling, und gerade das paßte ausgezeichnet zu der urwüchsigen Rassigkeit und Wildheit mancher seiner Einfälle und Launen. Doch fühlte ich schon damals, daß auch dies, trotz seinem guten Kern von Wahrheit, nicht die Formel für diesen Menschen war, der innerhalb seiner Art oder Unart eine Meisterschaft, Treue und Selbstbezwingung in seiner Arbeit erreicht hat, wie sie einem bloßen Wildling und Naturspiel versagt wären.

Alles, was ich so über ihn gedacht und phantasiert hatte, fand ich später treu bestätigt. Es vergingen noch Jahre, ehe ich etwas Näheres über ihn erfuhr oder ein Originalgemälde von ihm zu sehen bekam. Als ich verheiratet war und mich am Bodensee niedergelassen hatte, lernte ich beim Maler Würtenberger in Zürich und bei Emil Strauß in Überlingen noch mehrere Blätter Weltis kennen, von denen namentlich die Lithographie »Das Haus der Träume« mir wieder einen tiefen, lang nachhallenden Eindruck machte. Hier erfuhr ich auch zum erstenmal Persönliches über den Maler, sah seine Handschrift und seine radierten Postkarten, und wenn ich zuweilen durch die Gäßchen des alten Zürich ging, mußte ich neben Gottfried Keller oft auch an ihn denken.

Und nun dauerte es nimmer lange, bis ich ihn selber in München kennenlernte. Ich trat ihm mit einer leisen Furcht entgegen. Diese Furcht, beruhend auf einer hohen Verehrung des Mannes, war doch auch gemischt aus einem Bangen vor der Möglichkeit einer Enttäuschung, vor der möglichen Erschütterung und Änderung eines inneren Bildes, das ich fest in mir trug, und aus der Schüchternheit einem Manne gegenüber, den ich als einen Meister kannte und liebte und in dem ich junger Mensch einen überlegenen, reifen, vielleicht ablehnenden Charakter vermutete. Daß man sich vor einen verehrten Künstler einfach hinstelle, ihn mit seiner Verehrung belästige und sein Interesse in Anspruch nehme, schien mir eigentlich unerlaubt, und ohne vermittelnde Freunde hätte ich es nicht unternommen.

Aber kaum hatten wir uns begrüßt, so war alle Bangigkeit verschwunden. Von Enttäuschung war keine Spur, er war fast ganz so, wie ich ihn gesucht und erwartet hatte, nur freundlicher, herzlicher, aufgeschlossener, und zu den erwarteten zeigte er noch eine ganze Reihe von überraschenden neuen kleinen Zügen. Eine kleine Beschämung und Kritik freilich, wie ich sie halb und halb gefürchtet hatte, blieb mir nicht erspart. Gleich im ersten Gespräch kamen wir auf Wohnungswechsel und Umzüge zu sprechen, und ich gestand meine tiefe Abneigung und Furcht vor solchen Prozeduren, denen ich mich nicht gewachsen fühlte, fügte aber hinzu, ich sei einigermaßen gesichert, da meine Frau mir längst versprochen habe, im Notfalle so etwas allein zu besorgen. Da blitzte mich Welti aus seinen leuchtend hellblauen Augen kampflustig an und rief kräftig: »Was, so ein Feigling sind Sie?!« Aber wir verstanden uns gut und wurden am selben Abend Freunde. Ich besuchte ihn in Solln draußen, ich saß einen Abend mit ihm in einer Italienerkneipe, ich brachte einen Vormittag mit ihm in der Druckerei beim Druck einer Radierung zu. Und von da an waren wir oft beisammen, in München, am Bodensee und in der Schweiz, unsere Frauen wurden ebenfalls Freundinnen, und es ging mit Besuchen, Briefen und Sendungen alle die Jahre bis zu seinem Tode ein Freundesverkehr zwischen uns und unsern Häusern hin und wider. Dabei mußte man mit ihm nur in einer Hinsicht vorsichtig sein: er war so freigebig, daß er blindlings wegschenkte, und wenn man ihm eine Radierung lobte, so rollte er sie sofort zusammen und gab sie her. Wehrte man sich, so konnte er grimmig werden und sagen, wenn man das Blatt nicht haben wolle, so sei offenbar das Lob vorher nicht aufrichtig gewesen. Etwas von ihm zu kaufen, selbst im Auftrag anderer, war immer schwierig und kostete Diplomatenschweiß.

Als ich Weltis Bekanntschaft machte, war er auf der Höhe seines reichen Lebens, die herrlichen »Penaten« hingen im Glaspalast, und zu Hause auf seiner Staffelei stand das Basler Eremitenbild, damals noch mit Einzelheiten, die er später weggetilgt hat, aber im ganzen schon durchaus so still und fertig, so kühlblau und schweigsam fromm, wie wir es heute sehen. Er wollte es für mich, als Beigabe zu einem geplanten Buche, in kleinem Format radieren; weder Radierung noch Buch sind aber zustande gekommen.

Zu den späten Auszeichnungen und Erfolgen, die Albert Welti erlebte, gehörte der Auftrag zu den Berner Fresken, an dem er damals eine rechte Freude hatte. Aber schon begann sein Leben sich zu senken, der Wegzug von München und den dortigen treuen Freunden fiel ihm bitter schwer, in Bern gab es manche Schwierigkeiten (sein Freund und Mitarbeiter Balmer stand ihm treulich bei), und bald nach dem Beginn der großen Arbeit für den Ständeratssaal begann Weltis schon unfest gewordene Gesundheit ihm und den Seinen Sorge zu machen. Im Jahre 1908 war ich im Frühling eine Woche in dem tief in alten Bäumen eingewachsenen Bernerhäuschen zu Gast; damals lachte durchs Haus noch der alte frohe Geist, Kinder und Hunde, Gäste und Ausflüge und schöne Abendstunden mit Schubertliedern. Er führte mich weit in der Landschaft herum und bis nach Freiburg hinüber. In dieses romantische Nest, das er sehr liebte, hat Welti mich auch noch drei Jahre später als kranker Mann begleitet.

Später sah ich ihn nur noch krank und verfallend, doch immer für die Freunde aufgeschlossen und immer wieder für

einen Witz, für eine gute Musik, für ein Buch empfänglich. Manchmal grollte er mit dem alten wilden Temperament über die neueste Kunst, mit der er ganz zerfallen war, und manchmal, in unvergeßlich lichten Stunden, sprach er bescheiden und fein von Plänen künftiger Arbeiten. Nach dem Radieren, das über der Berner Arbeit ganz beiseite gelegt worden war, spürte er einen wahren Hunger. Unersetzlich ist der Verlust zweier seiner schönsten Blätter, des »Gang zum Hades« und der Lithographie »Das Haus der Träume«. Die Steine dazu waren, da das Blatt seinerzeit keinen Erfolg hatte, vom Verleger wieder abgeschliffen worden. Die vorhandenen Abzüge sind heute Kostbarkeiten. Und die Platte des »Gang zum Hades« hat ein Drucker durch falsche Behandlung verdorben.
Als ich Welti zuletzt sah, hatte er seine Frau, nächst der Kunst das beste Stück seines Lebens, vor kurzem verloren und lag selber krank und abgezehrt in dem verödeten Häuschen, er sprach milde und gut, aber müde, und ich sah mit tiefem Erschrecken dies kraftvolle und saftige Leben an den Wurzeln verletzt. Einige Monate später ist er gestorben, kurz nachdem ich mich entschlossen hatte, vor allem seinetwegen, nach Bern zu ziehen. Im Jahre 1912, an einem blaudunstigen Sommertag, haben wir ihn begraben. Viele Freunde standen am Grab, denen sein Andenken zum Besten gehört, was sie vom Leben erhielten.
Ich schreibe diese Worte in Weltis einstigem Atelier, das nun mein Studierzimmer ist, draußen schütteln meine Buben die Äpfel von seinen Bäumen. Manchmal hat mich mein Weg in die Stadt an seinem Grab vorbeigeführt, und wenn ich in Leid oder in Hast und Sorgen war, sah ich oft sein gutes Gesicht mit den kristallenen Augen wieder, voll von Begütigung und heiterem Spott. Er hat in einer Welt gelebt, die keine häßliche Hast und Wirrnis kannte, obwohl Abgründe genug, und er hat denen, die ihn kannten, außer seinem Werk auch noch ein Andenken und Beispiel hinterlassen, das sich in der Not bewährt. Die beiden Quellen seiner Mei-

sterschaft waren eine starke, eigenwillige, aus tiefen Seelengründen genährte Phantasie und ein altmeisterlicher Formwille. In den Radierungen hat diese kühne, ganz männliche, aber tief musikalische Phantasie sich fast ohne Schranken ausgelebt. In der Mehrzahl der Tafelbilder hat der Formwille sie in langen Kämpfen gereift und vereinfacht. An einigen seiner Bilder, an den meisten sogar, hat er Jahre gemalt; das Eremitenbild habe ich zwei Jahre auf seiner Staffelei stehen sehen, ohne daß er in dieser Zeit an einem anderen Bilde gemalt hätte. Was er an fertig ausgeführten Tafelbildern hinterließ, ist an Zahl nicht eben viel, aber es sind keine Zufallsstücke und Halbgeburten darunter. Und die Meisterwerke seiner Höhezeit, obenan die Penaten, sind von einer wahrhaft magischen, kristallnen Reife und Durchglühtheit. In jeder Arbeit seiner Hände aber, noch im verlorensten Skizzenblatt, spricht unmittelbar seine rassige, starke Natur und ein edles Herz, dem die frohe Unschuld der Kindheit auch in den trübsten Tagen niemals ganz erloschen ist.
Als Maler hat Albert Welti zu seinen Lebzeiten auf viele als ein Altmodischer und Unzeitgemäßer gewirkt. Man hat das »Altmeisterliche« seiner Bilder oft schlecht verstanden. Nun aber sehen wir mehr und mehr, daß sein Weg und seine Gedankenwelt nur scheinbar unmodern waren. Wertvolle Neubildungen im persönlichen wie im Kulturleben haben stets eine Abwendung vom Gestrigen und ein Wiederaufnehmen älterer, vergessener Werte zur Grundlage. In diesem Sinne soll uns ein Wort aus einem von Weltis Briefen wichtig sein: »Viel ist der deutschen Kunst seit dem Mittelalter verloren gegangen. Mit dem will ich nicht sagen, daß ich jene Zeiten zurückwünsche, aber das viele Gute, das im Laufe der Zeiten verlernt wurde über dem Neuen, muß zurückgewonnen und von dem Neuen muß viel hohles Zeug auf die Seite geschafft werden.« *(1917)*

Zum fünfzigsten Geburtstag Ernst Kreidolfs

Ernst Kreidolf wird am 9. Februar fünfzig Jahre alt, und ich bin überzeugt, die Öffentlichkeit wird sich recht wenig darum kümmern. Jene Korrespondenzen aus Kunst und Wissenschaft, die jeden Orden eines dekorativen Berliner Professors buchen und jedes Unwohlsein eines geringen, aber erfolgreichen Lustspieldichters uns so freundlich zur Kenntnis bringen, jene Korrespondenzen werden wenig oder nichts über Kreidolf mitzuteilen haben. Man wird vielleicht das Datum da und dort bemerken, und Kreidolfs Verehrer haben das delikate Vergnügen, in aller Bescheidenheit das Jubiläum eines großen Künstlers zu feiern, der noch nicht jedermann gehört. Wir sind stolz auf ihn und freuen uns des Anlasses, ihm unseren Dank und unsre herzlichen Wünsche zuzurufen.

Der Ostschweizer Ernst Kreidolf ist einer der ältesten und nächsten Freunde von Albert Welti gewesen, und allem Anschein nach wird es ihm einmal ähnlich gehen, wie es dem Zürcher Meister gegangen ist: er wird so lange das verborgene Dasein eines Ungekannten führen, bis er eines Tages von denen, in deren nächster Nähe er zuvor jahrzehntelang gelebt hat, entdeckt werden wird. Und dann, wenn es für ihn längst zu spät ist, wird man jedes kleine Blatt von ihm, das heute für einige Taler zu haben wäre, mit dem Zwanzigfachen bezahlen, genau wie es bei Welti auch gegangen ist, und das wird dann ganz in der Ordnung sein, nur wird er nichts mehr davon haben.

Unsere Zeit redet und schreit mehr über Kunst, als je eine frühere es getan hat, aber sie hat darum zur Kunst keineswegs ein näheres oder gar reineres Verhältnis als gewesene Generationen. Im Gegenteil! Und ein Beweis dafür ist unter anderem der ganz fatale Mangel an Sinn für die Mannigfaltigkeit der Kunst. Man freut sich nicht am schönen Einzelnen, man konstatiert nicht mit Dankbarkeit Gegensätze und

Ergänzungen im Kunstleben der Zeit, man schafft Moden und Programme und verachtet aus Bequemlichkeit und Herzensenge alles, was nicht mit der momentan gültigen Schablone übereinstimmt. Was hätte Goethe zum Kunstleben und gar zur Kunstkritik unsrer Tage gesagt?

In der Schweiz, der Heimat Kreidolfs, ist es nicht besser als anderwärts, augenblicklich eher schlimmer. Das reiche kleine Land bringt mannigfaltige Talente hervor; der Geschmack jener kleinen Kreise aber, auf welche die Künstler im wesentlichen angewiesen sind, leidet stark an Einseitigkeit und Abhängigkeit von der Mode. Auf die Böcklinzeit folgte als Reaktion eine schöne, aber exklusive Verehrung der delikaten Franzosen, auf sie wieder ist die Hodler-Verehrung und die Zeit des Momumentalen gefolgt. Dabei hat Hodler zwar endlich sein verdientes Recht gefunden, aber nebenbei ist jeder anders gerichteten Kunst das Leben so sauer gemacht worden, wie man es einst dem jüngeren Hodler gemacht hatte. Ich glaube, daß unter dieser schablonierten Einseitigkeit, die ich getrost eine Mode nenne, niemand mehr zu leiden bekommen hat als Albert Welti und Kreidolf.

Wäre dieser ein englischer Ästhet oder ein vor achtzig Jahren gestorbener Japaner, so würden die Sammler tageweit reisen, um ein paar Blätter von ihm sehen oder gar kaufen zu können. So ist er nur ein Thurgauer, er lebt noch und für die »Kenner« ist er als Schöpfer liebenswürdiger Bilderbücher rubriziert. Seine wundervollen Lithographien liegen in den Depots der Kunsthandlungen im untersten Fach, und seine erstaunlichen fast unheimlich beseelten Aquarelle verschwinden fast unbeachtet auf den Ausstellungen, obwohl sie gewiß zum Originellsten gehören, was zurzeit von Schweizer Künstlern gemacht wird.

Genug des Klagens! Wenn dieser feine Maler in den Ausstellungen und in seiner Ration an Tagesruhm zu kurz kommt, so hat er dafür mit seinen Bilderbüchern sich den Weg zu einer soliden Popularität geschaffen, die ihm niemand mehr

streitig machen kann. Es gibt eine junge Generation, die heute noch nicht stimmfähig ist, die aber auch einmal ans Ruder kommen wird, und diese Generation ist mit den »Blumenmärchen«, mit den »schlafenden Bäumen«, mit den »Sommervögeln« und dem »Gartentraum« aufgewachsen, mit den schönsten, stärksten, schöpfermächtigsten Bilderbüchern, die Deutschland seit Jahrzehnten gesehen hat. Sie hat von ihm gelernt, sie hat ihr Herz an seiner großen Liebefähigkeit und Phantasie, ihr Auge an seinem zarten Formensinn und an seiner untrüglichen Beobachtungskraft, ihren Geschmack an seiner tiefen Originalität und poetischen Erfindergabe gebildet, und das wird nicht umsonst gewesen sein.
Daß Tiere und Pflanzen reden und handeln, ist uralter Märchenbrauch; ich weiß aber keinen einzigen Künstler (Japan und Indien ausgenommen), der diese Poesie der Metamorphosen und Belebungen auch nur annähernd so rein und wahrhaft schöpferisch mit Linien und Farben ausgedrückt hätte wie Kreidolf. Mit einer großartigen Mischung von treuestem Wirklichkeitssinn und souveräner Phantastik hat er vor allem die kleine, reiche Welt der Blumen und des Insektenlebens in ungezählten meisterhaften Blättern neu entdeckt und gestaltet. Das ist keine Spielerei mit Naturformen, das ist keine billige Vermenschlichung des Naturgeschehens. Nirgends ist ein Verwischen der Formen, nirgends ein literarisches Spielen und Karikieren, nirgends ein Vergewaltigen oder gar Entwürdigen der Natur zu finden: alles lebt, alles ist verdeutlicht, gehoben, verstärkt, gedichtet und gerade die kühnsten und freiesten Übersetzungen (eine spazierengehende Blume, ein Geige spielender Käfer) sind wieder am nächsten bei der Natur, zeigen und enthüllen am treuesten das originale, charakteristische Wesen der Urbilder. In diesen Blättern, deren dichterischer Kraft und Tiefe ich viele beglückte Stunden verdanke, treibt ein durchaus organischer, aus eigener Kraft lebender Mikrokosmus sein geheimnisvolles Wesen. Und wenn es zum Wesen der Kunst

gehört, daß sie die Realität zu gesteigertem Ausdruck bringt und einen geheimen Sinn der Natur enthüllt, den zu finden oder zu erdichten, ein uraltes Menschenbedürfnis ist, dann ist eben Kreidolf schlechthin ein ganz großer Künstler.
Er wird sich, denke ich mir, wenig aus dem machen, was über ihn geschrieben wird. Aber er soll sein Fest nicht begehen, ohne ein Echo der Dankbarkeit und Liebe zu vernehmen. *(1913)*

Die Bilderbücher von Ernst Kreidolf

Es gibt Eltern, die ihren Kindern grundsätzlich keine Märchen zu lesen geben, da solche ihnen erlogen und für den herauszubildenden Charakter der Jugend gefährlich erscheinen. Diese weisen Eltern dürfen natürlich den Kleinen auch keinerlei Bilderbücher, ja überhaupt kein Spielzeug in die Hände geben. Denn es gibt kein Bild, es sei noch so »naturgetreu« gemacht, das nicht ebenso erlogen und gefährlich wäre wie jedes Märchen, keines das nicht den alleinigen Zweck hätte zu täuschen und etwas vorzustellen, was es nicht ist. Der hölzerne Hund und der gemalte Papagei, der tuchene Elefant und das Puppenhaus, der Hanswurst und alle Puppen, sie sind ohne Ausnahme Täuschungen und sind, genau wie die Gemälde und Skulpturen großer Künstler, desto besser und desto echter, je weniger sie die Modelle der zufälligen Wirklichkeit und je mehr sie die platonischen Ideen der Dinge darstellen, um mich an Schopenhauers Kunstlehre zu halten. Daß meines Kindes hölzerner Dachshund nicht ein Stück bemaltes Tannenholz, sondern ein wirklicher Hund, ja ein viel echterer, überzeugenderer Hund sei als alle lebendigen, das hängt nicht von seiner Naturähnlichkeit ab, sondern davon, daß sein Verfertiger die charakteristischen Merkmale des Dachshundes gut im Kopf gehabt und nur diese, nicht die nebensächlichen und zufälligen Formen betonte. Ein guter Dachshund für die Kinder-

stube, eine gute Puppe, ein gutes Bauerndorf und ein guter Nußknacker werden immer Märchen sein, wie alle wirklich guten Kinderdichtungen Märchen sind. Ihre Schöpfer werden nicht mit unzulänglichen Mitteln die Natur nachahmen, sondern in Freiheit etwas Neues machen, das an die Natur erinnert und sie heiter paraphrasiert. Und die Eltern, die ihre Kinder mit Sorgfalt vor dem verlogenen Märchenwesen bewahren wollen, werden zwar die Bücher vermeiden, die sich im Titel geradezu als Märchen zu erkennen geben, doch werden sie den Kleinen in hundert anderen Formen doch immer nur Märchen geben können, wenn sie ihnen Freude machen und sie wirklich erziehen wollen. Und täten sie es nicht, so würden die Kinder sich doch unbeirrt ihre Märchen selber schaffen, wie sie ja so leicht und großartig aus einem Stück Holz ein Roß, aus einem Lappen eine Puppe, aus zwei Stühlen eine grausige Höhle zu machen wissen. Daß Tiere reden, Bäume gehen, Sterne singen, Blumen Reigen tanzen, das alles haben die Kinder nicht von den Dichtern und Lügnern gelernt, sondern wissen es selber und finden es selbstverständlich in jenen träumenden Jahren, solange sie noch nicht das Bewußtsein des Ich und Du erlangt haben und noch naiv im Reiche des *»Tat twam asi«* [Das bist du] wandeln, das erst wieder der höchsten bewußten Erkenntnis zugänglich wird.
Eben darum darf man den Einfluß der Bücher und Bilder auf Kinder nicht zu sehr überschätzen. Es ist kein Dichter und Maler je so phantastisch, daß ein Kind ihn nicht im Erfinden überbieten könnte, und es ist auch kein Buch und kein Ding der Welt so nüchtern und tot, daß nicht Kinder noch etwas für sich daraus zu machen und zu holen wüßten. Für das Kind ist es vielleicht nahezu einerlei, woher es seine Nahrung und Anregung bekommt, da es das Beste dazu doch selber gibt. Aber allerdings ist auch hier das Bessere des Guten Feind und das Beste eben gut genug. Denn was für den momentanen Eindruck, für die Unterhaltung der Kinder kaum in Betracht kommt, spielt erzieherisch doch eine große

Rolle, und wenn das Kind auch am Guten wie am weniger Guten vielleicht dieselbe Freude findet, später wird sich doch zeigen, daß es nicht einerlei war. Vor allem ist die Erziehung des Geschmacks, die Lektüre, das Spielzeug, das Bilderbuch von Wichtigkeit. Ein früheres und sichereres Verstehen des Künstlerischen und damit eine reiche Quelle der Erholung und Erhebung kann für ein Leben wichtig werden.

Es wird nun heute viel getan, um den Kindern gute, künstlerische Sachen zu geben. Dabei bemerkt man freilich meistens die Absicht und sieht vieles, worin der aufgebotene gute Wille alles andere erstickt. Unsere ganze moderne Jugendliteratur mit ihren vortrefflichen Absichten wiegt das Märchen vom Hans im Glück oder vom tapfern Schneiderlein noch lang nicht auf. Und auch bei den Bilderbüchern hat man nur selten einmal das Gefühl, hier sei das der Jugend Gemäße nicht aus Absicht, sondern frei und selbstverständlich entstanden.

Ich weiß einen Maler, der solche Bilderbücher gemacht hat: Ernst Kreidolf. Er hat sie gewiß nicht gemacht, um Kinder eines bestimmten Alters belehrend zu erfreuen, um zu erziehen und zu bilden, sondern er hat sie gemalt wie jeder rechte Künstler, unbekümmert und rein zu seiner eigenen Lust und Erbauung. Er hat die Natur mit dem Bedürfnis des Dichters, aber mit den Fähigkeiten des Malers betrachtet und ist so sehr Künstler, daß er aus allem, was seinem Wesen gemäß ist und ihn verwandt anspricht, Mythen machen muß. So ist er ein Märchendichter geworden, der einzige ganz echte, den ich heute kenne. Wie das Kind in seinem rechenschaftslosen Hinleben alles belebt, alles als seinesgleichen fühlt und sorglos anredet, so ist dieser kluge und feine Künstler nicht mehr aus traumhafter Naivität, sondern aus inniger Hingabe und Liebe wieder zum kindlichen Schöpfer geworden, der mit Pflanzen und Tieren als mit seinesgleichen redet und selbstherrlich seine Sprache mit der der Schöpfung vermischt. Seine Märchen und Mythen, sie sind Metamorphosen, aber

nicht künstliche und gewollte. Er trägt nicht in das Naturleben menschliche Gewohnheiten hinein und mißbraucht nicht die Tiere und Pflanzen zu Masken. Er läßt sie Tiere und Pflanzen sein und erzählt ihre Geschichten nur eben in einer Sprache, die uns Menschen näher liegt und verständlicher ist. Der Beweis dafür ist leicht zu führen. Man sehe irgend ein Blatt von ihm genau an, so wird man finden, daß überall gerade das, was dem ersten Blick recht phantastisch erscheint, durchaus naturgetreu ist. Er hat Schmetterlinge und Käfer gezeichnet, die menschliche Handlungen vollziehen und darum im ersten Augenblick grotesk anmuten; sieht man sie ganz genau an, so sind ihre Bewegungen und ihr ganzer Ausdruck aber keineswegs vermenschlicht, sondern unheimlich naturhaft. Wenn er einen kleinen Käfer zeichnet, der Flöte spielt oder die Pauke schlägt, so wird das Tier dadurch keineswegs zur karikierenden Maske des Menschlichen, sondern wird eben durch die Überzeugung doppelt echt und käferlich. Gerade wie ein Mensch, der Charakter hat, diesen am deutlichsten und reinsten offenbart, wenn er seinem gewohnten Kreis entrückt sich vor etwas ganz Neues gestellt findet, so offenbart jener Kreidolfsche Käfer seine Art mit gesteigerter Sichtbarkeit, indem er seine Bewegungen einem ihm sonst fremden Zweck anpassen muß. Da gibt es Blumen und Tiere, die in ihrer Verkleidung ihr wahres Wesen wunderbar enthüllen, also weit echter und überzeugender tierhaft und blumenhaft sind, als jede genaueste Naturwiedergabe sie darstellen könnte.
Kreidolfs erste selbständige Publikationen waren die *»Blumenmärchen«*, die schon vor mehr als zehn Jahren unter Kennern Aufsehen erregten und seither große Verbreitung fanden. Dann folgten die *»Schlafenden Bäume«*, die *»Wiesenzwerge«*, ein *»Schwätzchen«* und *»Alte Kinderreime«*. Sie sind alle bei Schaffstein in Köln erschienen, der sie vorzüglich druckt. In den »Blumenmärchen« war Kreidolf schon so gut wie fertig, da war schon kein Probieren mehr, sondern volle Sicherheit, und dabei ist es seither geblieben; er hat

nichts Unfertiges, eilig Gemachtes herausgegeben. Langsam fanden seine schönen Bücher den Weg, doch ist man trotz verdienten Erfolgen erstaunt, ihn noch nicht mehr gekannt zu finden.

Und jetzt ist sein neuestes Werk gekommen, sein schönstes und liebstes, in dem ich an Bildern und Text keinen Strich vermissen oder anders wissen möchte. Es heißt *»Sommervögel«* und ist eine Darstellung und Geschichte unserer Schmetterlinge, vom ersten frühen Zitronenfalter und Bläuling bis zu den Herbstnachtfaltern, ein Buch voll Sommer und Farbe, Käferschwirren und Falterflattern, an dem Kinder und unverdorbene Alte ihre reine, helle Freude haben müssen. Man kann es in diesen Wintertagen nicht anschauen, ohne begehrlich an den Sommer zu denken und alle Farbenlust und zarte Glut der sonnigen Monate nachzuerleben. Wenn seinerzeit die »Blumenmärchen« den lieben Maler bekannt gemacht und die spätern Werke seinen Ruf befestigt haben, so muß dies neue Bilderbuch mit seinem Reichtum vollends das letzte tun und dem Künstler die ganze Anerkennung bringen, die er längst verdient. Es ist vielleicht das einzige Bilderbuch, das man seinen Kleinen kaum geben mag, weil man es lieber selber behielte, und um das man die Kinder beneiden kann wie um ihre hellen Augen und ihre unbekümmert spielende Fröhlichkeit. *(1908)*

Cuno Amiet

Es ist immer mißlich und kommt immer schief heraus, wenn man von den »Aufgaben« der Kunst redet, von dem, was die Kunst und der Künstler eigentlich »sollen«. Der Künstler »soll« überhaupt nicht; der wirkliche Künstler erfüllt seine Aufgabe niemals aus dem Bewußtsein eines Sollens heraus, sondern triebhaft, indem er einfach tut, wozu seine Natur ihn antreibt.

Fragt man aber dennoch, wozu nun denn die Künstler in der Welt seien, so kann man etwa diese beiden Gründe oder Rechtfertigungen nennen: Der Künstler erfüllt innerhalb der Menschheit das Amt eines Bekenners und Jasagers; er spricht seine Freude an der Erscheinungswelt aus, und macht auch die, denen er sein Werk mitteilt, dadurch froh. Weit darüber hinaus aber hat der Künstler, wie jeder geistige und über das Mittelmaß hinaus feinorganisierte Mensch, auch seine Bedeutung für die Zukunft der Menschheit. Jeder solche eigenartige, feine, zarte, temperamentvolle, unruhige Mensch, wie Künstler es sind, stellt einen Versuch der Menschheit zu neuen Möglichkeiten dar, und je mehr der Künstler dies ahnt und in seinen Werken ausspricht, desto stärker wird seine Wirkung sein, wenn auch vielleicht nicht im Augenblick. So hat Goethe, etwa in der Iphigenie, Menschen dargestellt, welche auf eine neue, edle, wunderbare Art reden und handeln, wie man sie in der Gegenwart nicht antrifft – aber vielleicht wird es irgend später einmal solche Menschen geben, wird diese Harmonie einmal Wirklichkeit werden, und Goethes Phantasie war kein Spiel, sondern ein Vorausbilden dieser Zukunft. Oder Dostojewski, der größte neuere Dichter – auch seine Figuren sind, trotz aller detaillierten Realistik, die sie wie reine Studien nach dem Leben erscheinen läßt, keineswegs bloß Nachbilder, sondern weit mehr Vorbilder, Vorahnungen, Traumbilder einer Seelenzukunft.

In unsrer modernen bürgerlichen Welt, welche freilich zurzeit in den Fundamenten zittert, stellt der Künstler außerdem eine Art Ersatzfigur dar, und es werden ihm vom Bürger Funktionen zugeschrieben und übertragen, welche eigentlich Sache eines jeden Menschen wären, infolge vielfachen Verfalls aber von der Mehrzahl der bürgerlichen Menschen vernachlässigt werden. Der Künstler stellt innerhalb unsrer Gesellschaft eigentlich den einzigen Menschentyp dar, welcher unbekümmert und unter weitgehender Duldung durch die Gesellschaft, sich selber lebt, seiner eigenen Natur treu ist, und so ein Gebot erfüllt, das jedem Menschen ins Herz geschrieben ist, dessen Ruf aber für die meisten im trüben Kampf um das Tägliche erstickt.

Diese Hauptzüge im Bild des Künstlers finden wir alle bei Cuno Amiet stark ausgeprägt. Sein Ausgangspunkt und Urtrieb ist die Freude an der sichtbaren Welt, eine helle, oft unbändige, gesunde, überzeugende Freude. Dazu hat er in seiner Art, zu sehen und die Welt in sich zu erleben, manche zukünftige, neue, auffallende Züge an sich; sein Blick schafft die Welt um, lockt Farbe aus dem Grau, ahnt Sonne auch in der Dämmerung. Und schließlich, was vielleicht die Hauptsache ist: Amiet geht seinen eigenen Weg; er ist auf kein Soll, auf kein Programm eingeschworen, sondern tut, was seine Natur von ihm verlangt. Nicht jeder wird seine Art verstehen, nicht jeder wird ihm überall nachfühlen können. Jeder aber, der seine Bilder ansieht, wird bald empfinden: Hier läuft ein eigenartiger Mensch durch die Welt, mit sehr frohen, lebendigen Augen, beglückt von jedem Blick in die Welt, und immer voll triebhafter Lust, seine Augen-Erlebnisse darzustellen, seinen Jubel hinauszusingen.
Amiet erlebt die Welt stets als Farbe. Er sieht nicht das Skelett der Dinge, sondern jeder Blick in die Welt hinein zeigt ihm das unendliche Fluten und Spielen des Farbigen. Farbe ist flüchtig, Farbe ist Leben, ist Oberfläche, ist zarteste, dünnste, sensibelste Haut der Dinge, und so lösen sich die Dinge in Amiets besten Bildern ganz in Farbe auf. Ein

solches Bild stellt nicht mehr einen Wald, einen Garten, einen Berg dar, sondern sucht dem tausendfältigen Roman des Lichtes zu folgen, das im Augenblick des Erlebens auf dieser Fläche seine farbigen Spiele trieb. Viele seiner Bilder, vielleicht die besten, haben etwas Wehendes, Hinschwimmendes, zuckend Bewegtes.

Wie sehr Amiet dies Momentane, diese Bewegtheit als wesentlich malerisch empfindet, dafür zeugt der Umstand, daß er neuestens auch an plastische Arbeit gegangen ist – nicht um etwa auch in die Plastik die lebendige Unruhe seiner Malerei zu tragen, sondern im Gegenteil, um hier doppelt streng, doppelt sachlich das Bleibende, die feste Form zu verfolgen.

Als Techniker betrachtet, ist Amiet immer ein Sucher geblieben. Er hat keine Formeln, kein Rezept, kein endgültiges Gesetz der Darstellung für sich gefunden. Er probiert, er tastet, er spielt; aber nicht das Finden ist ihm die Hauptsache, sondern das schöne Unterwegssein, die immer und immer wieder erneute Freude daran, das eigentlich Unfaßbare doch zu fassen, das ewig Gleitende für einen Augenblick zu belauschen, ihm mit erregten Fingern nachzutasten und etwas von seinem Schmelz und seiner Magie aufzubewahren. Malen ist für ihn kein Handwerk und noch weniger eine Wissenschaft, sondern vor allem ein Genuß, ein gesteigertes Lebensgefühl im zitternden Bemühen um das unendlich Flüchtige der farbigen Erscheinung. Er malt nicht in erster Linie, um gute Bilder in die Welt zu setzen, sondern um zu malen, denn Malen ist ihm ein unbeschreiblicher Genuß.

Damit sind die Möglichkeiten und auch die Grenzen seiner Kunst angedeutet. Amiet ist kein Vollender; er führt nicht eine bestimmte Kunstart zum konsequenten Ende, wie es etwa Hodler getan hat. Er ist vielmehr ein Entzückter als ein Wissender, und er stammelt oft, wo ein anderer redet. Aber seine Kunst, die der Abgeschlossenheit entbehrt, ist dafür voll von Möglichkeiten, von Ahnungen, von Zukunft. Er setzt nicht Grenzen, sondern erweitert sie.

Amiet, im Jahre 1868 in Solothurn geboren, mit den grauen

Fäden im schwarzen Haar, ist jünger als mancher, der dem Alter nach sein Sohn sein könnte. Er ist nicht an einem Ziel angelangt, er ist noch immer unterwegs. Denn er malt nicht um des Bildes, sondern um des Malens willen. Er malt so, wie der Vogel singt, nicht um ein möglichst fertiges und einwandfreies Lied zu erzielen, sondern weil Singen ihn freut und weil das schöne Leben so kurz ist.
Daß er dennoch ein Meister, ja manchmal ein Virtuose ist, zeigen viele seiner Bilder. Alle aber zeigen etwas, was mehr ist als Meisterschaft: eine ungebrochene Liebe, ein innig hingegebenes Gefühl, ein Ergriffensein vom Zauber der farbigen Welt. *(1919)*

Ernst Morgenthaler

Auf seiner kräftigen Gestalt hat Ernst Morgenthaler einen großen, kräftigen, schweren Kopf sitzen, einen Berner Kopf, aber nicht einen von jenen, welche dem Gesicht wenig Raum lassen, er hat vielmehr ein großes und großflächiges Gesicht, und dieses Gesicht, ursprünglich gleich der ganzen Gestalt auf Festigkeit und Ruhe angelegt, hat sich zu einem sensiblen Organ entwickelt und spiegelt sein inneres Leben ausdrucksvoll wider. Es spiegelt auch die Zweipoligkeit, die Problematik seines Inneren, und eine ihm besonders geläufige Gebärde ist das Emporziehen der Brauen, wobei die gerunzelte Stirn sich verkleinert und Brauen und Schopf sich zu vereinigen bestrebt sind: es ist der charakteristische Ausdruck des Staunens – aber nicht eines nur nach außen gewandten und nur neugierigen Staunens, sondern zugleich eines Insichversinkens und Nachsinnens, ja Grübelns. So wie die Differenzierung und Problematik dieses Gesichts in Widerspruch steht zu Morgenthalers ganzer, kraftvoll derber Gestalt und Rasse, so wie der bei ihm so häufig zu sehende Ausdruck des Erstaunens sich zugleich auch nach innen wendet und zum Ausdruck des Grübelns wird, so ist das ganze Wesen und Leben dieses Künstlers durchzuckt und durchspielt vom lebendigen Hin und Wider widersprüchiger Kräfte, und gerade darauf beruht die Wucht und die Aktivität dieses Wesens. Wir kennen diese selbe Zweipoligkeit und Widersprüchigkeit aus vielen, aus fast allen Künstlerbildnissen und Selbstbildnissen unserer Zeit, und möchten sie an Morgenthaler nicht missen. Es wäre kein Plus, sondern ein Verlust, wenn seiner gesunden, bäurisch kraftvollen Natur die Brechung durch Zweifel, durch Nachdenklichkeit und durch den schweren Kampf seiner Jugendjahre fehlen würde, wenn seine Lebenskraft und Lebenslust nicht auch den Schatten, den Kampf und die Trauer mit umfaßte. Doch möchten wir keineswegs ein abstraktes psychologisches Porträt zu zeichnen unternehmen, wären dazu auch nicht befugt. Statt dessen sei ein kurzer, nur andeutender Überblick über die Werdezeit des Künstlers versucht, in der Hoffnung, es werde sich daraus für jene Leser, welche von seinem Leben nichts wissen, mancher Aufschluß ergeben.

Die Herkunft Morgenthalers ist keine verwickelte und komplizierte, er ist von beiden Eltern her der Abkömmling alter Bauerngeschlechter. Er ist am 11. Dezember 1887 in Kleindietwil bei Huttwil im Unteremmental geboren. Das Heimatdorf seines Vaters und seiner Mutter, Ursenbach, war ganz in der Nähe, kaum eine halbe Stunde entfernt, nur war der Vater kein Bauer mehr, sondern hatte als einziges von vielen Geschwistern studiert und war Ingenieur geworden, hatte die Eisenbahn nach Huttwil gebaut und saß nun als Eisenbahndirektor in der Gegend seiner Väter. Die ersten zehn Jahre seiner Jugend, die Kleindietwiler Dorfjahre, waren ein Paradies, eine frohe und wohlgeborgene Kindheit im Schutz der Heimat, die nicht nur aus Landschaft und Dorf, aus Feld, Wald und Kirchturm bestand, sondern auch aus den uralten Quellen der Mundart und Sitte, und diese zehn glücklichen Jahre haben, zusammen mit dem Erbe von den Ahnen her, genügt, um dem jungen Menschen die feste Prägung der Stammesart mitzugeben und ihn zwar nicht vor der Vielfältigkeit und Problematik der Welt, wohl aber vor dem Aufgehen in einem heimatlosen Internationalismus zu schützen. Die Welt, die der Knabe hier kennenlernte und die vorerst für ihn die einzige Welt und Wirklichkeit bedeutete, war eine ländliche und bäuerliche, sie war auch eine patriarchalisch durch Sitte geordnete, und außer der Statur, dem Temperament und der Mundart hat er im väterlichen Haus auch ein waches Gewissen und Verantwortlichkeitsgefühl fürs Leben mitbekommen, das er im späteren Kampf um den Sinn seines Lebens wohl ebensooft als Hemmung wie als Stütze mag empfunden haben. Die Dorfschule machte keine Schwierigkeiten, und schon hier in der Kinderheimat machte er auch die erste Bekanntschaft mit einer großen, zauber-

kräftigen und tröstlichen Macht, mit der Musik: in einem Nachbardorf gab es einen Photographen, der dem kleinen Morgenthaler die ersten Violinstunden erteilte.
Es existieren zwei Lichtbilder, welche uns einen lebendigen Eindruck von der Familie geben. Das erste, eine Daguerrotypie auf Glas, zeigt Morgenthalers Großvater mit seiner Frau und einem sehr anmutigen, etwa sechsjährigen Töchterchen, der spätern Mutter des Malers. Der Großvater ist ein stattlicher, würdig dasitzender Mann mit einem prachtvollen, klugen, scharfgeschnittenen Gesicht, einem festen, bedeutenden Gesicht mit schöner, großer Stirn und beobachtendem, klugem, denkerischem Blick und Ausdruck; sein Kopf hat etwas Eigenwilliges, ja Trotziges. Die Großmutter, in der Emmentaler Tracht, mit sorgfältig vergoldeter Kette und goldglänzendem Ehering, erscheint sanft und duldend, zart und fein das kleine Mädchen, beide mit rund vorgewölbten Backenknochen, wie man sie in der Gegend des öfteren antrifft. Dieser Großvater, für den schon sein Bild Respekt und Interesse erweckt, war Bauer gleich allen Vorfahren, aber er war auch eine Art von Künstler; er hatte die Liebhaberei, sich in müßigen Stunden mit dem Zeichnen kleiner Bilder und Bilderfolgen zu vergnügen, Märchen mit Drachen und Rittern, eine Folge von Zeichnungen, die das Leben und die Taten von Wilhelm Tell darstellen, und andere solche Sachen. Es wird in der Familie noch heute ein kleines Buch mit Zeichnungen von seiner Hand aufbewahrt.
Das zweite Familienbild, wohl um dreißig Jahre später, zeigt die Eltern des Malers mit ihren fünf Kindern; einer der Brüder Ernsts, ein leidenschaftlicher Zeichner, sieht besonders wach und begabt aus, er starb im Alter von sechzehn Jahren. Der Vater sitzt würdig, ein Herrscher, inmitten der Seinen, sanft und bescheiden neben ihm die Mutter, der kleine Ernst aber hockt mit halboffenem Mäulchen dick und naiv zur Rechten, gesund und eher etwas dösig, und scheint noch nicht die leiseste Ahnung davon zu haben, daß je etwas

anderes aus ihm werden könne als ein fester, gesunder und vergnügter Bauernbub.
Das patriarchalische Verhältnis zum Vater, den sein Sohn später, leider erst in der Zeit seines Alters und Hinsiechens, einigemal gemalt hat, hat unerschüttert bis zu des Vaters Tode sich erhalten, der Sohn hat bis zuletzt an ihm einen unbedingt zuverlässigen Freund und Ratgeber gehabt, und daß der Vater die Begabung und die Kunst des Sohnes zwar zu schätzen, doch nicht völlig zu erkennen und zu beurteilen imstande war, hat diesem schönen, würdigen Verhältnis nicht zu schaden vermocht. Als erster und bisher einziger aus seiner Familie hatte der Vater studiert, als Ingenieur, als Beamter und als Politiker war er das Muster eines aufrechten, gediegenen und pflichtbewußten Mannes. Seine Weltanschauung war eine aufgeklärte und liberale. Der Religion und Kirche fragte er wenig nach, dafür liebte er seine Heimat, den Kanton Bern, in einer gläubigen Hingabe und Dienstbereitschaft. Zwei kleine Züge aus seiner letzten Lebenszeit erlauben einen Blick in seine Seele. Als er alt und nicht mehr arbeitsfähig war, sehnte er sich nach dem Tode und war ungeduldig, ja ungehalten darüber, daß er noch unnütz herumsitzen solle, aber seine Natur hielt länger stand als er gedacht hatte, er mußte noch viel Geduld lernen, bis er sterben konnte. Als nun einmal in seiner letzten Zeit wieder der März und der Frühling kamen, die er nicht mehr zu erleben geglaubt hatte, brummte er ein wenig darüber und zitierte den alten Bauernspruch:

Was der Märzen nicht will,
Nimmt vielleicht der April.

Und in seinem Testament hat er gewünscht, man möge seine Leiche verbrennen und die Asche dann in Bern von der Nydeckbrücke hinab in die Aare streuen, »so fahre ich noch ein letztesmal durch den Kanton Bern hinab«. Es kam zwar nicht zur Ausführung dieses letzten Auftrags, aber er ist für ihn bezeichnend.

Den Glauben seiner Heimat und seiner Vorfahren, den Christenglauben, den Ernst Morgenthaler vom Vater nicht eingetrichtert bekam, lernte er auf sanfte Weise von seiner Mutter; sie war ohne viel Kirchengehen fromm und lehrte die Kinder Gebete und Lieder, noch bis ans Ende seiner Knaben- und Jünglingszeit blieb dem Sohn das abendliche Gebet vor dem Einschlafen Gewohnheit und Bedürfnis.
Früh aber erfuhr er auch, daß es hinter dem Glauben auch einen Aberglauben, hinter dem Christentum ein Heidentum gebe. Bei den Großeltern saß er etwa am Abend mit den Knechten und Mägden und hörte da Geschichten von Dämonen und unseligen Geistern erzählen, bei denen ihm die Haare zu Berge standen und bei denen er vor innerem Frieren und Grausen die Knie an sich zog.
Es ist in diesen ersten zehn Lebensjahren unserem Freunde ein reiches und ungebrochenes Leben beschieden gewesen, er sog mit allen Wurzeln in der heimatlichen Erde, wo man nicht bloß jeden Menschen kennt, sondern auch jedes Stück Vieh, jeden Hund und jede Katze, und wo jede Hofstatt, jeder Bach in den Wiesen und jeder alte Baum eine Sprache und ein Gesicht haben. Morgenthaler hat uns gelegentlich ein wenig davon erzählt, und es seien noch zwei Erlebnisse dieser frühesten Zeit berichtet. Da war, als Ernst noch ein Röckchen trug und etwa zwei Jahre alt war, einmal nachts ein schweres Gewitter, und der Vater weckte das ganze Haus, alle mußten aufstehen und vollständig angekleidet in die Stube kommen, damit man gerüstet sei, falls der Blitz ins Haus schlage. Den kleinen Sohn trug der Vater auf seinem Arm, und der Kleine sah und hörte mit Entsetzen vor den Fenstern die Blitze zucken und die Donner krachen, die Bäume sich verzweifelt im Sturm und Regen biegen und zur Erde bücken. Das Kind glaubte, jetzt müsse alles untergehen und es könne nie mehr hell und gut und freundlich werden auf der Welt. Da kamen, dicht neben ihm, aus dem Mund des Vaters die ruhigen Worte: »Es kann sein, daß morgen früh schon wieder die Sonne scheint.« Man ging, als das

Ärgste vorbei war, wieder ins Bett, und als am Morgen richtig die Sonne am blauen Himmel stand und das Haus und die Bäume und alles noch vorhanden waren, dachte er mit einem Schauer von Ehrfurcht an die nächtlichen Worte des Vaters.

Das andere ist ein Erlebnis der Augen gewesen. Es gab beim Dorf eine kleine Fabrik, die aber dem Knaben riesengroß erschien, und es führte zu dieser Fabrik eine Straße, die hatte etwas Besonderes an sich, etwas was zugleich reizvoll und unheimlich war: diese Straße nämlich war nicht weiß wie die Landstraßen und nicht braun oder rosig wie die Feldwege, sondern schwarz, vermutlich war sie mit irgendeiner Art von Schlacke oder Abfallprodukt belegt. Vom Vaterhause aus konnte man die Fabrik sehen, und nun war es in der Jahreszeit der kurzen Tage jeden Tag ein gewaltiges Lichtwunder, wenn am Abend, zur Zeit wo es draußen blau wurde, plötzlich alle die vielen Fenster der Fabrik aufstrahlten, einen Palast aus Lichtvierecken darstellend.

Alles, was eine glückliche Kindheit einem Menschen zu schenken und ins Leben mitzugeben vermag, umgab den Knaben hier in der Heimat. Indessen pflegt das Paradies sich erst dann als Paradies zu erkennen zu geben, wenn wir aus ihm vertrieben worden sind. Diesen Bruch mit dem Gewohnten und Liebgewordenen, diesen Verlust des unschuldigen Glückes mußte Morgenthaler in seinem zehnten Jahr erleben, und es zeigte sich bei dieser ersten Probe, daß er kein gewandter Jongleur der Anpassung, sondern durch seine zähe Treue und Anhänglichkeit in der Tiefe seines Wesens gebunden und verpflichtet war; die Trennung vom Dorf und der Kinderheimat wurde ein wahres Leid und Unglück für ihn, und hat tiefe Schatten über seine ganze Jugend geworfen.

Sein Vater war bernischer Regierungsrat geworden und die Familie nach Bern übersiedelt, und die Stadt erwies sich für den Knaben auf lange Zeit als eine fremde, unheimliche, ja feindselige Welt. Der Dorfbub in seinen halblangen Hosen aus Bauerntuch kam sich zwischen den städtisch gekleideten, gewandteren und gelegentlich spottenden neuen Schulkameraden rückständig und minderwertig vor und fühlte sich tief unglücklich; und es wurde auch als ein Schmerz und Stachel mehr empfunden, daß hier in Bern sogar die geliebte und verehrte Mutter in ihrer Emmentaler Tracht gelegentlich von den Städtern mit spottlustigen Augen betrachtet wurde. Und das Schlimmste war die Schule, das Gymnasium. Hier war nicht nur alles neu und ungewohnt und voll großer Anforderungen; hier waren auch die beiden älteren Brüder Ernsts zur Schule gegangen, und er bekam immer wieder zu hören, was für begabte, geschickte und strebsame Buben das doch gewesen seien, während er selber die Geduld der Lehrer auf so harte Proben stellte. Er hat sich durch das Gymnasium tapfer, aber mühsam und oft höchst unfroh durchgekämpft.

In jenen Schuljahren hat sich der Knabe und Jüngling eine gründliche Brechung und Niederlage seines angeborenen, gesunden Selbstgefühls und Selbstvertrauens erworben; aber wie noch heute eine gutartige Bescheidenheit und eine offene Bereitschaft zum Anerkennen anderer zu seinen Eigenschaften gehört, so hat er sich damals keineswegs etwa als verkanntes Genie gefühlt. Er litt ganz einfach und aufrichtig unter seinem Unvermögen, es dem verehrten Vater und den begabten älteren Brüdern gleichzutun und seinen Platz in den Ordnungen der Schule und der bürgerlichen Welt zu finden.

Als diese Fron nun endlich abverdient und die Maturitätsprüfung bestanden war, zeigte dieses Problem der Einordnung neue und kompliziertere Seiten. Es war jetzt die Frage, was aus ihm werden solle, und er wußte darauf keine Antwort. Der Vater forderte ihn auf, sich ein Studium zu wählen, etwa das der Jurisprudenz, aber davor graute ihm so sichtlich, daß auch der Vater sich darein ergab und sich weiter nach einem Beruf für seinen Sohn umsah. Da führte ihn ein Zufall mit einem Bekannten zusammen, dessen Sohn sich für die Seidenfabrikation ausgebildet und jetzt einen Posten in Japan hatte. Davon erzählte er dem Sohn, in der Meinung, dies könnte am Ende auch für ihn ein gangbarer Weg sein. Der Jüngling hörte zu, und das Zauberwort »Japan« schlug wie ein Blitz bei ihm ein. Japan! Das war genau die Entfernung von Bern und von allem Gewesenen, die er sich wünschte, und hatte überdies die Verlockung von Weltweite und Exotik. Er sagte sofort ja zu diesem Vorschlag, und war nun von neuem auf einem Wege, der sich nach Jahren als Sackgasse erweisen sollte.

Daß er ein Künstler oder zum Künstler berufen sei, war ihm niemals in den Sinn gekommen. In dem Kreis, dem er durch Geburt und Erziehung angehörte, spielt die Kunst keine Rolle, man wußte kaum von ihr. Zwar hat Morgenthaler schon als Schüler in Bern viel gezeichnet, einfach weil ihm das Freude machte und weil das Fabulieren mit Bleistift oder Feder ihm inmitten der Schulmisere Stunden der Erquikkung und des Vergessens brachte; daß er damit aber ein Talent bekunde und übe, daß er vielleicht Künstler sein oder werden könnte, daran zu denken lag ihm fern.

Er hat sich also für Japan entschieden, und es zeigte sich, daß es ein weiter und dornenvoller Weg dorthin war. Er sollte die Seidenwebschule besuchen, dazu wurde erst eine praktische Lehrzeit erfordert, und so gab man ihn in Bern in eine Seidenspinnerei, wo er im Fabriksaal mitarbeiten und sich gewaltig langweilen mußte. Im Hof der Spinnerei stand ein Baum, zu dem blickte er oft aus einem der obersten Stockwerke hinunter, sah den Vormittagsschatten des Stammes schwarz und still am Boden liegen, und bedachte mit Seufzen, wie unendlich lang es dauern würde, bis dieser Schatten ein Abendschatten werden und ihm den Feierabend anzeigen werde. Aber er dachte an Japan und hielt durch, wurde dann auch in die Seidenwebschule in Zürich aufgenommen und führte dort dasselbe bedrückte Leben eines, der fehl am Ort ist, zwei Jahre lang. Weder die fleißigen und strebsamen Arbeitersöhne noch die weltmännischen Fabrikantensöhne,

die seine Mitschüler waren, kamen ihm nah. Doch schuf er sich einen kleinen Trost: er gründete mit einigen Kameraden ein kleines Schülerorchester.
Als diese Schule absolviert war, sollte also endlich der Schritt ins wirkliche, praktische Leben getan werden. Es fand sich eine Stelle im Büro der Seidenfabrik Thalwil, da saßen in zwei großen Räumen fleißige Kaufleute und Buchhalter an ihren Tischen und Pulten, aber es gab da Lehrlinge, die um manche Jahre jünger und doch schon viel gewandter waren als er, und wenn er an heiteren Tagen durch die Fenster den See blauen und die weißen Segel sich wiegen sah, wurde ihm eng ums Herz, und Japan schien noch um nichts näher gerückt. Sein Chef aber war ein verständiger und gütiger Mann, er schien etwas von den Nöten des jungen Angestellten zu ahnen, jedenfalls nahm er ihn eines Tages mit zu sich nach Hause, und hier wartete ein Ereignis auf den jungen Mann: die erste lebendige Begegnung mit der Kunst. Die Frau des Chefs war eine Sängerin von Ruf, Morgenthaler kam nun des öfteren in dies freundliche Haus, und die Frau, sein dankbares Verständnis fühlend, machte ihn am Flügel mit den schönsten Opern bekannt. Er genoß es freudig und dankbar, aber das Dasein im Büro gewann dadurch eher ein noch graueres Gesicht. Zu Hause war indessen die Mutter gestorben, der Vater war nach Burgdorf gezogen, einigemale klagte ihm der Sohn, wie unnütz er sich in diesem Beruf vorkomme, aber es leuchtete ihm selber ein, daß man Begonnenes auch durchführen müsse, er biß auf die Zähne und ließ es sich sauer werden.
In dem nüchternen Büro der Seidenfabrik gab es nur einen Gebrauchsgegenstand, der etwas Heiteres und Verführerisches an sich hatte, nämlich eine Sammlung roter, blauer, grüner und anderer Farbstifte, deren man zu gewissen büromäßigen Signaturen bedurfte, und es traf Morgenthaler, daß die Farbstifte und das Hantieren mit ihnen ihm anvertraut wurden. Und eines Tages stellte der Bürovorstand fest, seit dieser junge Mann sie in Verwahrung habe, brauche man

dreimal soviel Stifte als früher. Mit diesen Stiften hat Morgenthaler in jedem freien Augenblick gezeichnet und gemalt, hat alle seine Kollegen porträtiert und karikiert, und jene spielerischen, erzählenden Griffelkünste getrieben, die er schon in Bern als Schüler begonnen hatte, und die ihn bald darauf zum bekannten Mitarbeiter des »Nebelspalter« machten. Ohne Schule und Vorbild, ohne Ehrgeiz, aber hingegeben wie ein Kind an sein Spiel zeichnet er seine kleinen Blätter, und was er da zeichnet, ist nicht eine »schöne«, eine klassische und ideale Welt, sondern es ist die Welt seines eigenen Innern, einer kräftigen und trotzigen, aber auch schwer niedergedrückten und leidenden Seele. Er liebt die Nacht und den Mond, nicht die Sonne und den Tag, er liebt an den Menschen und in der Natur das Leidende, das schwer Ringende, das Verborgene, Geplagte, auch das Krumme, Groteske und Dämonische, nicht das Gefällige, Normale und Angenehme. Das Chaos seiner zeichnerischen Phantasien entspricht genau dem Chaos in seinem Gemüt, das sich alle Wege zum Glück und zur Freiheit verbaut sieht außer diesem einen, dem Glück des einsamen Dichtens mit dem Zeichenstift. Aber auch jetzt ist sein eigenes Talent kein Phänomen für ihn, er weiß nichts davon, er zeichnet leidenschaftlich, aber rechenschaftslos, wie ein anderer Melodien pfeift oder Seifenblasen bläst. Die Kunstübung wird zwar mit Leidenschaft betrieben, sie wird als Trost genossen, nicht aber als Weg und Aufgabe erkannt.

Er las in der Zeitung von einem am Albis erfrorenen Landstreicher. Die Geschichte bewegte ihn, er zeichnete ein Blatt, da liegt ein abgekämpft aussehender Mann im Schnee, von drei Raben umflattert, durch die Äste eines großen Baumes blicken Mond und Sterne. Er zeichnet zwei verstümmelte Männer – das Blatt sieht heute aus wie eine Anklage gegen den Krieg, ist aber schon aus dem Jahre 1912 –, der eine schleppt sich elend an Krücken weiter, der andere steht in Hemd und Hose da, die rechte Hand in der Hosentasche, vom linken Arm ist nur noch ein kurzer, knollig abgebundener Oberarmstumpf da, blöde glotzt er in die leere, weite Landschaft und wartet auf den sich nachschleppenden Kameraden; am Wegrand steht ein frommer Bildstock, der kleine struppige Hund der Verstümmelten ist angelegentlich damit beschäftigt, am Fuße des Bildstockes sein Wasser zu lassen. Der Hund wartet auf den Einarmigen, der Einarmige wartet auf den Gelähmten, in einer weiten Krümmung verliert sich der Weg ins Endlose. Oder er zeichnet einen Bettler, der nachts auf einer Parkbank schläft, und auch dies Blatt ist eingesponnen in eine tiefe Melancholie und Trostlosigkeit, und auf allen ähnlichen Blättern fühlt man: es ist nicht nur das Mitleid des Zeichners mit dem Elend und der Not anderer, das ihm den Stift führt, sondern es ist sein eigenes, als trostlos und sinnlos empfundenes Sichhinschleppen auf einem endlosen Weg, das er darstellt. Einmal steigert diese Darstellung eigener innerer Zustände sich in einem Blatt zu folgender Phantasie: ein Gefangener hockt, in den Block gespannt, elend zusammengekauert, Arme und Beine eingepflöckt, mit dem Rücken gegen eine Seelandschaft mit untergehender Sonne und ziehenden Segeln, und daneben sitzt ein grinsender Genießer, hat ein feistes Ferkel bei sich, dem schon Messer und Gabel im Rücken stecken, und schwingt einen vollen Humpen Bier höhnisch dem Gefangenen entgegen: darunter steht: Prosit! Unter jenem schlafenden alten Bettler aber steht geschrieben:

Vater, laß die Engelein
Über meinem Bette sein.

Auf ein anderes Blatt hat er als Text einen Vers aus dem einstigen Nachtgebet gezeichnet, das er nun nicht mehr betet und dessen er sich angesichts einer trostlosen und lieblosen Welt mit bitterem Hohn erinnert.

Der Maler hat auch später noch ähnliche Sachen gezeichnet. Aber das »Literarische« dieser späteren Blätter erscheint eher lyrisch als erzählend, und es sind die Träger der Stimmung nicht mehr so absichtlich und naiv in den Vordergrund gesetzt und überbetont. Es gibt zum Beispiel aus dem Jahr 1922 eine Zeichnung – Morgenthaler hat sie auch lithographiert – mit einer Schneelandschaft. Auch hier geht ein Mann, und er scheint ein Verwandter jener Vaganten und Krüppel von einst, aber er ist winzig klein, und wenn er auch die Einsamkeit und Kälte der Landschaft betonen hilft, so geht doch nicht von ihm die Stimmung aus, sondern von den Bäumen, die unterm Schnee mit unheimlich gewundenen Schlangenarmen um sich greifen, und das Geschehnis, das hier erzählt wird, ist kein menschliches: ein schwarzer Vogel hat sich soeben vom gekrümmten Ast eines Baumes erhoben und fliegt davon, und unter ihm stäubt vom erleichterten Zweig eine Schleierfontäne von pulvrigem Schnee.

Inzwischen war die Sängerin, die sich seiner so freundlich angenommen hatte und die er sehr bewunderte, instinktiv zu der Überzeugung gelangt, daß ein Künstler in ihm stecke. Doch dachte sie dabei keineswegs an die Malerei, sondern an ihre eigene Kunst, die Musik. Unter ihrem Einfluß begann Morgenthaler intensiv Musik zu treiben, mit unzulänglichen Mitteln, ohne bedeutende Lehrer, mit einer billigen Schülergeige, ohne genügende Zeit zum Studium (denn die Arbeit im Büro ging ja weiter), aber mit einer zähen, geduldigen, jede Bequemlichkeit sich versagenden Hingabe übte er Violine und lernte Klavierspielen, er stand meistens um fünf Uhr auf, und wie die Morgenstunden bis zur Bürozeit, so gab er die Abendstunden nach Büroschluß für seine Übungen hin. Nur allmählich wurde ihm klar, daß er, schon über die Zwanzig hinaus, für eine Virtuosenlaufbahn zu spät begonnen habe, aber der Geige blieb er treu, und später hat er in Zürich an dem bekannten Musiker Herbst einen Violinlehrer gefunden, den er trotz seiner Boheme-Allüren herzlich verehrte und in dessen origineller Person ihm zum erstenmal die Besessenheit des Künstlers vor Augen trat, der nicht an sich, sondern nur an seine Kunst denkt. Vorläufig aber kämpfte unser Freund in Thalwil sich weiter durch die überfüllten und doch sinnlos scheinenden Tage, und während der Gedanke an eine Musikerlaufbahn sich mehr und mehr zum Traum verdünnte, warf er sich mit erneutem Eifer aufs Zeichnen. Und jetzt schickte er auch zum erstenmal etwas von seinen Blättern weg, und siehe, der »Nebelspalter« ging darauf ein und konnte sie brauchen, und in allen den Jahren, die ihn noch von seinem eigentlichen Beruf und seiner Künstlerfreiheit trennten, betrieb Morgenthaler, neben dem Beruf und den anderen Studien her, diese Mitarbeiterschaft als satirischer und erzählender Zeichner. Es brachte ein Taschengeld, und es brachte bald sogar schon eine Art von Ruhm; als Zeichner des »Nebelspalter« war er in der Schweiz eine nicht unbekannte Persönlichkeit, noch ehe er den ersten Kunstunterricht erhalten und noch ehe ihm richtig klargeworden war, daß er ein Künstler sei. Als er den ersten Maler – es war E. Stiefel – im Haus seines Chefs kennengelernt hatte, suchte er ihn auf und bat ihn um ein Urteil über seine Versuche. Sie wurden anerkannt, und Stiefel gab ihm in der Folge auch eine Zeitlang Zeichenunterricht. Diese Thalwiler Periode hat vier Jahre gedauert. An ihrem Ende war der Traum von Japan erloschen, erreicht war nichts als jene Mitarbeiterschaft am »Nebelspalter«, und noch immer war kein Weg gefunden, keine Richtung eingeschlagen, noch nicht einmal die Wahl zwischen Musik und bildender Kunst war getroffen. Er lebte eine Weile in Zürich, bei Stiefel lernte er den Maler Fritz Burger aus Berlin kennen, der forderte ihn auf, als Malschüler zu ihm nach Berlin zu kommen, eine kleine Weile saß er dort zwischen lauter jungen Amerikanerinnen, wieder war es nicht das Rechte, trüb und gequält lief er in der Riesenstadt herum, zeichnete viel, aber mit dem Malen war es nichts. Die große Stadt gefiel ihm, vielmehr es entsprach seiner damaligen Stimmung, sich so im Grau der endlosen Straßen zu verlieren. Das viele Umherstreifen in Berlin brachte ihm die städtische, vorstädtische und proletarische Welt näher, er liebte und zeichnete ihre Gestalten, zu ihnen

fühlte er sich gehörig, sie waren seinesgleichen und seine Brüder, nicht die schwatzenden Girls in Burgers Atelier.
Nach der Rückkehr erfolgte eine Aussprache mit dem Vater, der sich schon daran gewöhnte, in Ernst sein Sorgenkind zu sehen, und der seinen Neigungen und Versuchen zwar nicht mit vollem Verständnis entgegenzukommen vermochte, ihn aber auch nie im Stich gelassen hat. Das Sorgenkind war jetzt in seinem Entschluß, das Zeichnen und Malen gründlich zu erlernen, fest geworden und nicht mehr zu erschüttern, aber über den Weg und die Methode war er mehr als je im ungewissen. Der Vater vereinfachte die Fragestellung, indem er feststellte, daß es für einen jungen Menschen, der fürs Zeichnen begabt war, nur einen einzigen staatlich und bürgerlich anerkannten Beruf gebe, den des Zeichenlehrers. Er willigte also ein, daß der Sohn (er war mittlerweile schon über die Mitte der Zwanzig hinaus) noch einmal von vorne anfange, aber es müsse auf dem vorgeschriebenen Wege geschehen, an dessen Ende die Zeichenlehrerprüfung stand. So wurde er Schüler der Kunstgewerbeschule Zürich. Es wurde ihm ein Eichenblatt oder ein Ahornblatt vorgelegt, und der Lehrer wollte ihn dazu bringen, ein sauberes, ideales, vollkommenes Eichen- oder Ahornblatt zu zeichnen; aber der hartnäkkige Schüler hielt sich nicht an das Idealbild im Kopf des Lehrers, sondern an das einmalige, individuelle Blatt, das da vor ihm lag, und ging nicht dem Idealbild, sondern gerade den Abweichungen, Verkrümmungen und eigensinnigen Formlaunen seiner Vorlage nach. Er fühlte bald, daß er auch hier keine Erfolge zu erhoffen habe, und ergab sich dumpf in sein Schicksal; aber an seinem privaten Zeichnen, Erzählen und Karikieren hielt er mit zäher Treue fest.
Da findet im Kunsthaus eine große Amiet-Ausstellung statt, die den jungen Zeichner sehr ergreift und bewegt. Es waren nicht die Inhalte dieser Bilder, die ihn so bewegten, und über die Art der Malerei sich fachmännische Gedanken zu machen, war er noch nicht in der Lage; aber was ihn als großes Erlebnis anfaßte und anrief, war das Ganze: das Wunder,

hier Säle und Kabinette, Wand um Wand, mit den Werken eines einzigen, eines noch lebenden Malers bedeckt zu sehen, eine ganze farbige Welt, freudig ausgestrahlt und entfaltet aus einer einzigen Hand, einem einzigen Willen und Temperament, ihre eigene Gesetzlichkeit in sich tragend. Wie ein Posaunenstoß rief ihn das wach, und als er sich vom ersten rauschhaften Eindruck des Erlebnisses erholt und besonnen hat, da erinnert er sich, daß dieser Maler Amiet nicht nur ein Landsmann, sondern durch seine Frau sogar eine Art von Vetter oder Onkel sei; es gab da gemeinsame Tanten und Ahnen, jedenfalls wußte Morgenthaler von einem seiner Onkel, daß dieser Amiet kenne und als Verwandter von ihm begrüßt worden sei. An diesen Onkel wandte er sich mit der Bitte, ihn zu Amiet zu begleiten, dem er eine kleine Auswahl von Zeichnungen mit der Bitte um ein Urteil vorlegen wolle. Der Onkel war dafür keineswegs begeistert, er sperrte sich und riet dringend ab. Aber er wurde bezwungen und kam mit, man meldete sich in der Oschwand an, und zur verabredeten Stunde saß man beklommen mit Herrn und Frau Amiet im Vorraum des großen Ateliers, trank schwarzen Kaffee und bemühte sich, Konversation zu machen; man redete von allem möglichen, bloß von den Zeichnungen des jungen Menschen und seinem Anliegen mochte niemand anfangen, und die Stunde war schon fast herum, als Amiet selber nach den Blättern fragte, die er ihm habe zeigen wollen. Da packte er sie aus und sah zu, wie Amiet Blatt um Blatt in die Hände nahm, die Stirne kraus zog und kleine Augen machte, aber bei einem der Blätter, einer phantastischen Karikatur, brach der Gefürchtete in ein schallendes Gelächter aus, und die Sache war gewonnen. Amiet ließ sich erzählen, von der Zeichnerei in Thalwil und Berlin, von der Kunstgewerbeschule und dem Zeichenlehrerexamen, und meinte, er solle sich das aus dem Kopf schlagen und aufs Malen losgehen, er sei bereit, ihn als Schüler aufzunehmen.

Im Frühjahr 1914 kam Morgenthaler als Schüler zu Amiet, denn dessen Wort ließ auch der Vater gelten, und war voll heiligen Eifers, jetzt ganz und gar der Kunst zu gehören. Als er im Schüleratelier zum erstenmal vor der Staffelei steht und den Ölpinsel in den Fingern hat, ergreift ihn noch einmal eine wahre Angst vor dem, auf was er sich da einläßt, flehentlich wendet er sich an Amiet mit der Bitte, ihm doch ein wenig über die Technik des Ölmalens Auskunft zu geben. Da lacht Amiet und sagt: »Was Technik! Streicht Ihr Gelb hin, wo Ihr Gelb seht, anders mache ich's auch nicht.« Es klang befreiend einfach, und wenn es sich auch später zeigen sollte, daß es nicht immer so gewiß festzustellen sei, ob man nun eigentlich Gelb sehe oder was anderes, so half ihm die Ermunterung doch einen guten Schritt vorwärts. Er war jetzt endlich dort, wo er hingehörte, nur war es nicht ein Ort und eine Heimat, sondern es war ein Weg, ein Weg ohne Ende, lang genug für ein Menschenleben. Er ist auf diesem Weg geblieben, hat gekämpft und Fortschritte gemacht, hat gesucht und geirrt, und hat das Rezept zum richtigen Malen so wenig gefunden wie das Rezept zum Lebensglück, sondern sucht, strebt, leidet und freut sich weiter, sieht Glaube mit Zweifel, Erfolg mit Mißerfolg, Heiterkeit mit Schatten wechseln, und wird nicht müde, den Tücken des Malens und den Tücken des Lebens seinen Eigensinn und seine Geduld, seinen Trotz und seine Demut entgegenzusetzen.
Die anderthalb Jahre auf der Oschwand haben ihn aber nicht nur mit der Ölfarbe und mit den Freuden und Tücken des Malens bekannt gemacht. Sondern bald nach seinem Einzug, und als er am wenigsten daran dachte, sich etwas anderem als der Kunst und Arbeit hinzugeben, erschien eine Schülerin aus Bern, seine spätere Frau Sascha, und so wurde die Oschwander Zeit ihm doppelt bedeutungsvoll und ergebnisreich, es nahmen dort Entwicklungen, Verhältnisse und Verpflichtungen ihren Anfang, die ihn bis heute begleitet und sein Leben und Wesen mitgestaltet haben. Aber diese Wege weiterzuverfolgen, ist nicht unsre Aufgabe, es soll keine Bio-

graphie aus diesem Geleitwort werden. Was wir zeigen wollten, war die Herkunft und den Jugendkampf des Künstlers, sein langes und mühsames Suchen, sein langsames Erwachen zum Begreifen seiner selbst, seiner Aufgabe, seiner Begabungen und Möglichkeiten. Ihm ist das Finden zu sich selbst nicht leicht geworden, und gewiß ist es nicht bloß die Schwere und Dumpfheit von der unglücklichen Schulzeit her gewesen, was den Weg so lang und schwer gemacht hat. Er kam aus einer Welt, in welcher die Kunst keinen Platz hatte, er hatte nicht nur die Unlust einer bäuerlich-bürgerlichen Tradition gegen das Abenteuer einer Künstlerlaufbahn gegen sich, sondern er hatte im eigenen Blut und Herzen Widerstände zu überwinden. Das Talent war da, von Anfang an, und es war ja nicht das erstemal, daß dieser Funke in der Familie aufglühte. Aber dem Enkel war es nicht mehr wie einst dem Großvater vergönnt, inmitten eines bäuerlichen Lebens sich dieser Begabung als eines hübschen Spiels zu erfreuen, wofür man von den Nachbarn belächelt und auch bewundert wird, und welches Spiel und Feierabendvergnügen bleiben darf. Betrachtet man, von jenem Umzug der Eltern nach Bern an, die Jugendgeschichte Morgenthalers, so kann man sich des Eindrucks nicht erwehren, es habe ein tiefes Heimweh und Zurückverlangen nach den schlichten Quellen des heimatlichen Lebens seiner Ahnen diese ganze Jugend beherrscht, so daß die Stadt, das Gymnasium, die Gelehrsamkeit, das Suchen und Erlernen eines Berufs – daß dies alles von einem innersten Instinkt als verfehlt und sinnlos empfunden wurde. Das resignierte Sichabmühen vor Aufgaben, zu denen er sich nicht begabt und berufen fühlte, die tiefe Sehnsucht, von dem allem weg in ein fernes »Japan« zu kommen, in eine andere Welt zu kommen, und zugleich das Nichtwissen und Nichtwissenwollen vom eigenen Talent, das lange Herumtasten, die Ehrfurcht vor Vater und Herkunft, Sitte und Ordnung, das alles zeigt deutlich, wie ungewöhnlich schwer hier ein begabter Mensch das Vertrauen und die Verwegenheit zur eigenen Persönlichkeit findet, es zeigt die gewaltige Stärke des Blutes, der Sitte und Tradition, und wäre eine leidvolle und am Ende unerfreuliche Geschichte, wenn nicht zuletzt eben doch die Geburt, die schwere, gelungen wäre. Und aus dieser Vorgeschichte des Künstlers bringt er ein ungewöhnliches Maß an Verantwortlichkeitsgefühl mit: Widerstände und Mauern von solcher Stärke durchbricht man nicht um des Spaßes willen. Und wessen Persönlichkeit sich so schwer und kämpfend von seinen Herkünften losgelöst hat, der neigt nicht dazu, seine teuer erkaufte Freiheit und Verantwortlichkeit an irgendein Schema und Programm, an eine Schule, eine Richtung, eine Clique hinzugeben. Derselbe Morgenthaler, der so manche Jahre neben der Kunst und auch neben dem Leben her zu leben schien, ist von der Zeit an, wo er dem inneren Ruf Folge geleistet und seinen Weg unter die Füße genommen hat, nicht mehr leicht zu blenden und zu bestechen; er, der manche Jahre lang ein Mißverhältnis zwischen seinem Alter und seiner Stellung im Leben empfunden und sich zuweilen vor Jüngeren geniert hatte, steht jetzt auf einmal erstaunlich fest, und wird auch schon bald manchem jüngeren Kollegen zur Stütze. Er ist ein Mann geworden.

Wir sind am Ende unserer Erzählung; das weitere Leben unsres Freundes entzieht sich vorläufig noch einer biographischen Darstellung. Einer Gestalt aber wollen wir noch kurz gedenken, jenes merkwürdigen Mannes, der sich einmal in einem Gedicht so vorgestellt hat:

> Ich bin der kuriose Dichter Hans Morgenthaler.
> Jawohl! Der Vetter von Ernst, dem bekannten Maler.

Hans Morgenthaler, ein entfernter Vetter des Malers und vier Jahre jünger als er, hat in seinem Leben und Wesen einige Ähnlichkeit mit ihm, übrigens war auch er gelegentlich ein Liebhaber des Spielens mit dem Zeichenstift. Gleich seinem Vetter, mußte der Dichter Hans einsam und unverstanden (unverstanden von seiner Umgebung und anfangs auch von sich selber) unter Qualen eine feste, unüberwindlich scheinende Schicht von Erbschaften, von bäuerlicher und bürgerlicher Tradition durchstoßen, um sich selber zu finden. Bei ihm ging es nicht den stillen, verschwiegenen Weg wie bei Ernst, bei ihm ging es in wilden Anläufen und Explosionen; wir haben kaum je einen hochbegabten Menschen gekannt, der so sehr seine ganze Kraft und Begabung dazu verwandt hätte, sich selber zu quälen und zu zerstören. Was bei seinem Vetter sich in der Stille abwickelte und schließlich harmonisch ausklang, das geschah bei Hamo in leidenschaftlichen Zuckungen, in Revolten und Ausbrüchen, bis die aus Siam mitgebrachte Lungenkrankheit ihn wegnahm. Verglichen mit seinem Malervetter, erscheint Hamo als ein pathologisches Genie. Doch findet man beim Vergleich manche Verwandtschaft und Ähnlichkeit. Sie sind beide den Weg eines edlen Eigensinns gegangen, und sie haben beide aus ihren eigenen Leiden her ein Mitgefühl für das Menschenleid, und besonders für das Leid der Outsider und Ungewöhnlichen mitgebracht. Während der Jünglingsjahre kannten die beiden sich kaum. Als aber Hamo jenes schwere Bergunglück erlebt hatte, bei dem er sich die Hände erfror, als er in Zürich im Spital lag und ihm die Finger beider Hände abgenommen werden mußten, da trieb es den Verwandten zu ihm; er suchte ihn auf, fand einen sehr wortkargen, sein Leid verbeißenden und eher ungemütlichen Patienten, ließ sich aber nicht abschrecken, denn er verstand ihn, sondern suchte ihn weiter auf, und sie sind gute Freunde geworden. Als manche Jahre später das letzte Stadium von Hamos Leidenszeit begann und man eines Tages den verbitterten Einsiedler in ein Irrenhaus gesperrt hatte, ohne daß jemand sich für ihn wehrte, hat Ernst sich seiner angenommen, hat ihn aus der Anstalt herausgeholt, ihn in Ascona untergebracht und ihm so das letzte, schön und glücklich ausklingende Jahr seines Lebens mit verschaffen helfen.

Den bei Amiet begonnenen Weg ist Morgenthaler in München, in Genf und Hellsau, in Zürich und Paris weitergegangen, den Weg von der fabulierenden Zeichnung zur Malerei, und nicht selten bekam er Stimmen zu hören, die ihn vor diesem Wege warnten. Die Malerei, so wurde ihm zuweilen von wohlmeinenden Ratgebern gesagt, sei ja eine schöne Sache, aber am Ende gebe es Leute genug, die sich mit Landschaften oder Stilleben abquälten, und nur bei sehr wenigen, nur bei zwei oder drei vom Hundert, lohne sich diese Quälerei; dagegen gebe es nicht gar so viele Künstler, denen das muntere, poetische oder witzige Zeichnen als Naturgabe so wie ihm mitgegeben worden sei, und er täte besser, wenn er diese schöne Gabe pflegen würde, statt sich jahrelang zu mühen, um schließlich vielleicht doch bloß ein Auch-Maler zu werden. In München aber sprach er einmal bei Th. Th. Heine vor und zeigte ihm eine Auswahl seiner Zeichnungen. Heine führte ihn in ein großes Atelier, zeigte auf merkwürdige Bilder großen Formats, die dort herumstanden, und warnte den jungen Kollegen aufs eindringlichste davor, sich der Karikatur- und Witzblattzeichnerei hinzugeben, es verbaue einem den Weg zur echten Kunst und sei ihm selber zum Fluch geworden.
Morgenthalers Kampf um die Malerei ist noch immer nicht zu Ende. Es war weniger ein Kampf um eine bestimmte Art von Technik und malerischer Kultur als ein Kampf um die Ausdrucksmittel für seine individuelle Begabung. Man mag wohl da und dort in seinem Werk die Spuren fremder Einflüsse wahrnehmen, das Ziel aber war und ist ihm immer die Befreiung seiner selbst. Er sieht die Welt und erlebt das Leben auf seine Art, auf eine problematische und widersprüchliche, aber höchst intensive Art; es ist ihm nicht gegeben, es sich leicht zu machen. Er kehrt auch immer einmal wieder zum Erzählen zurück, und man hat bei vielen seiner Bilder das Gefühl, daß er da nicht bloß ein malerisches, nicht bloß ein Augenerlebnis gehabt hat, sondern auch ein persönlich-menschliches, ein Erlebnis des Geistes und Herzens.

Und es scheint uns gar nicht unmöglich, daß seine Malerei heimlich immer wieder den Weg zum Erzählen oder Bekennen sucht, vielleicht sogar einmal wieder ganz in ihn einmünden wird. So kräftig er auf reine Augenerlebnisse reagieren kann, vielleicht packt und interessiert ihn das Menschliche und Seelische doch mehr als die Abenteuer des Lichtes und die zauberischen Spiele der Farben. Aber er hat das Erzählen längst auf eine neue, malerische Art gelernt. Und wie er als Maler nicht einer Schule und einem Programm verhaftet ist, so sieht er auch die seelischen, die menschlichen, die sozialen Inhalte nicht mit dem Blick einer parteimäßig oder literarisch festgelegten Anschauung, sondern persönlich, jedesmal neu.
Nicht eine ruhende und harmonische Welt ist es, die in diesen Bildern Gestalt findet, sondern eine unruhige, bewegte. Wie auf der Winterlandschaft von Küsnacht aus dem Jahre 1927 aus dem Schnee sich die Stämmchen und Stämme der Reben und Bäume wie Schlangen winden und schrauben, der Himmel voll wehender Unruhe ist und die Dampfschwalbe wie auf der Flucht gegen das Ufer strebt, während ihr der Wind die schwarze Rauchfahne wegreißt, so geht es auf vielen Bildern Morgenthalers wild und heftig zu, manchmal wie schmerzlich-zornig, manchmal beinah rauflustig, eine Freude am Bewegten, Werdenden und Gebärenden ist überall zu spüren, oft auch eine innere Unrast, ein Gejagtsein vom Zwang des Darstellenmüssens.
Heute wird niemand mehr ihm den Rat geben, zum Zeichnen zurückzukehren. Wer auch nur wenige seiner Bilder kennt, der kann nicht daran zweifeln, daß das legitime Ausdrucksmittel für diesen Künstler die Malerei ist, das zeigt sowohl die eigenwillige, originelle Farbigkeit seiner Werke wie der breite, saftige Strich seiner Malerhandschrift. Doch hat sich der einstige Geschichtenerzähler nie gewaltsam und endgültig vom »Literarischen« losgesagt, um sich etwa einer puritanischen Nur-Malerei hinzugeben. Er hat eine ganze Reihe rein malerischer Bilder gemalt, gewiß Bilder, deren

Entstehung und Gestaltung rein vom Angeregtsein durch ein malerisches Problem bestimmt ist. Wir möchten übrigens die Hingabe eines Künstlers an rein malerische Probleme, auch wenn sie asketisch und fanatisch betrieben wird, keineswegs geringer achten als jede andere Art der Hingabe. Werturteile wären hier töricht. Wir möchten nur konstatieren, daß wir in der Mehrzahl von Morgenthalers Bildern neben der Leidenschaft des Malens auch eine Glut und Leidenschaft des Erlebens, des Fühlens und Mitfühlens finden, und daß diese rein menschliche Fähigkeit zur Hingabe uns ebenso notwendig zu ihm zu gehören scheint wie sein malerisches Talent und Können. So wie er immer wieder nach Zeiten des Nur-Malens zum »Erzählen« zurückkehrt, nur jedesmal mit reiferem Ausdruck und gewachsener Sicherheit (es sei an das Eisenbahnbild und das Trauerhaus von 1935/36 erinnert), so finden seine Freunde auch immer wieder in einem gewissen Teil seines Werkes einen dichterischen, einen bekennerischen, ja einen autobiographischen Charakter, wir sehen in diesen uns doppelt werten Bildern das Letzte versucht, was dem Künstler in unserer Zeit möglich sein mag: die Darstellung seiner höchsten, seiner seelischen Erlebnisse in symbolischen Gestaltungen. Das erste, früheste Bild dieser Art, das wir von ihm kennen, ist die »Verkündigung« von 1921.

Mehr möchten wir zu Morgenthalers Malerei nicht sagen; wir lieben diesen Maler, nicht weil er dieser oder jener uns sympathischen Richtung angehört, uns an diese oder jene ähnlich gerichteten Meister erinnert; sondern weil er ein Eigensinniger, ein Kämpfer um den Sinn seines Daseins, seiner Begabung, seiner Triebe und Kräfte ist, einer, der dem Eingereihtwerden Widerstand leistet. Es ist nicht unsere Sache, seinem Werk einen Rang anzuweisen und eine lange oder ewige Dauer zu versprechen. Er ist jetzt fünfzig Jahre alt geworden, und seit er damals auf dem Kleindietwiler Familienbild mit halboffenem Mündchen in die Welt geglotzt hat, hat mancher Wind ihn umweht und ihm den

Staub von den Flügeln geblasen. Es führt kein Weg nach Kleindietwil und in die warme Geborgenheit der Heimat und Ahnenwelt zurück; das weiß er längst, und er ist seit seinem Erwachen tapfer vorwärtsgegangen auch da, wo es kein Vergnügen war. Er wird, so glauben wir, auch als Maler seine Entwicklung nie für abgeschlossen halten. Er hat verhältnismäßig spät seinen Beruf gefunden, und er hat für den Platz, den er jetzt innehat, reichlich bezahlt. Aber er hat auch Freunde und Helfer gefunden, und es ist ihm erspart geblieben, im Kampf um die Verwirklichung seiner selbst sich verbluten zu müssen wie sein Vetter Hamo. Von Rasse, Familie und Kindheit her sind ihm Kräfte geblieben, nicht nur Kräfte des Trotzes, sondern auch der Heiterkeit und Lebensfreude, die der Problematik des Künsterlebens die Waage halten. Wir freuen uns seiner und seines Werkes und wünschen ihm an äußerem und innerem Frieden so viel, als ein Künstler zum Schaffen bedarf. *(1936)*

Der schwarze König

Ein Gedenkblatt für Georg Reinhart

Was Georg Reinharts Freunde an ihm gehabt und in ihm gesehen haben, das müßte, ein vielfarbiger Strauß von Zeugnissen und Erinnerungen, einmal in einem Buch gesammelt werden. Ich glaube, man würde über die Mannigfaltigkeit der Bildnisse, die von diesem lieben und bedeutenden Mann in den Köpfen und Herzen seiner Freunde sich bewahrt haben, ebenso erstaunt sein wie über den Gleichklang von Hochachtung, Liebe und Zartheit, ja Zärtlichkeit, der vermutlich in diesen so verschiedenen Zeugnissen zu spüren sein müßte. Ein Beitrag zu einem solchen Gedächtnisbuch soll in dieser Aufzeichung gegeben werden. Das postulierte Buch müßte aber auch aus Georg Reinharts Briefen und aus seiner schönen, im Jahr 1931 in hundert Exemplaren gedruckten Selbstbiographie »Aus meinem Leben« reichlich schöpfen.

Seine Kinder nannten ihn den »Schwarzen König«, und der Name ist ihm auch im engeren Freundeskreis geblieben. Er paßte gut zu ihm, denn es war stets ein Klang und Duft von Geheimnis um ihn, wie auch sein wunderschönes Haus voll von Geheimnissen war, von lang verborgen Gehaltenem, das nur den Nächsten allmählich zugänglich wurde, von Dingen mit doppelter und vielfacher Bedeutung. Die enge gewundene Treppe aus seinem Studio ins unterirdische Geheimste und Allerheiligste hinab, zur goldenen Maya und dem alten Gong, nach Indien und China, wird jedem Eingeweihten eine so teure wie märchenhafte Erinnerung sein wie die Geheimnisse bei den Kakteen des großen Gewächshauses. Mich haben diese exotischen Neigungen und Beziehungen mit ihren sinnlichen Manifestationen in Bildwerken, in Gong- und Flötenmusik oft an die ähnlich mit Geheimnis und Bedeutung geladene Atmosphäre in den Stuben meines Calwer Großvaters erinnert, wie ich sie in der »Kindheit des Zauberers« skizziert habe.

Es fehlt nur ein kleines Mehr an Kraft, Zeit und Gesundheit, so würde ich mich daranwagen, ein Bildnis des Schwarzen Königs zu entwerfen, wobei mir wohl bewußt wäre, daß es ein Bildnis unter vielen wäre, daß ich in dem überaus reichen Leben dieses Freundes, der in sehr vielen Bezirken des Lebens und der Gesellschaft zu Hause war, nur eine seiner Funktionen wirklich erlebt und erschöpfend kennengelernt hatte, die des Kunst- und Künstlerfreundes und Mäzens. Aber an solche Aufgaben darf ich nicht mehr gehen, es ist dazu zu spät geworden. Ich begnüge mich damit, ein paar Erlebnisse und Dokumente dem zur Verfügung zu stellen, der vielleicht einmal sich an diese lockende Aufgabe machen wird.

Aus Reinharts Briefen wähle ich einen vom Sommer 1933, in dem er sich für die Übersendung meines Märchens »Vogel« bedankt. Der Brief ist auf vier von den kleinen Blättchen seines kostbaren chinesischen Goldpapiers geschrieben und lautet:

Der Vogel ist gesichtet worden, und zwar am 27. dieses Monats im Garten des Schwarzen Königs. Letzterer, der der Vogelsprache kundig ist, hat sich über eine Stunde aufs angenehmste mit ihm unterhalten und sich von ihm allerlei über das Montagsdorf und die sonderbaren Käuze und anderen Vögel, die dort wohnen, erzählen lassen. – Nachdem der Schwarze König den Vogel mit indischen Körnern und einem Whisky Soda gestärkt, nahm letzterer seinen Flug nach unbekanntem Ziele auf, jedoch nicht ohne sich einige Federchen auszurupfen, die er dem Schwarzen König als Dank und zum Andenken überreichte. Dieser weiß sie nicht besser aufgehoben als in den Händen seines Freundes Pictor, dem er sie hiemit mit den herzlichsten Grüßen übersendet.

Malepartus, 27. Juli 1933

Ich, der König

(Zwei blaugestreifte Häherfederchen sind beigeheftet.)

Und noch ein ähnliches Briefchen. Es kam im Januar 1937 aus dem Engadin und war die Antwort auf mein damals entstandenes Gedicht »Seifenblasen«:
Lieber Herr Hesse, Ihr schönes Gedicht mit der kleinen Tessiner Landschaft geschmückt ist mir hieher ins Engadin nachgesandt worden und hat mich herzlich erfreut. Nehmen Sie dafür meinen aufrichtigen Dank! Zwar habe ich weder als Jüngling ein genialisches Jugendwerk noch als Greis ein nach Weisheit duftendes Alterswerk geschaffen, aber dennoch empfinde ich die Wahrheit Ihres Gedichtes sehr lebhaft und deutlich; denn als Knabe verstand ich es, schöne Seifenblasen zu blasen, die für mich eine fast magische Bedeutung hatten, und als Jüngling – wie ich zu rauchen anfing – verlegte ich mich auf die Kunst des Ringleinblasens, welche Ringlein mir auch mehr bedeuteten als bloße Produkte unvollkommener Verbrennung pflanzlicher Stoffe. Und wenn ich heute als alter Mann noch mit Begeisterung auf dem Eise meine Kreise ziehe, so bin ich mir bewußt, daß zum richtigen Zustandekommen dieser Bogen, Schlingen und Spiralen dieselben Kräfte am Werke sind, die im Weltraum draußen den Planeten ihre Bahnen vorschreiben. So erkennt sich also das ewige Licht lächelnd auch in diesen Spielereien.

Herzlich Ihr

(statt der Unterschrift ist ein schlittschuhlaufender Schwarzer König gezeichnet).

Unser Austausch war immer ein wenig humoristisch gefärbt, Spaß und Spiel gehörten zu unsrem Freunde und seinen Lebensäußerungen und hielten oft dem Ernst auf eine großartige Art die Waage, so wie sein festes, grundernstes Gesicht jede Art des Lächelns kannte, vom kindlich heitern bis zum spottgeladenen, vom asiatisch meditativen bis zum melancholischen eines lyrischen Pierrot. Er war auch ein Meister der Maske und konnte sich, als Bettler oder Schlangenbeschwörer verkleidet, eine ganze Ballnacht unerkannt unter lauter

Freunden bewegen. Und unter den kleinen Geschenken, mit denen wir uns zu Zeiten zu überraschen liebten, gab es zuweilen sehr genau ausgedachte und treffsichere Kleinkunstarbeiten von seiner geschickten Hand. Einmal schickte er mir, als Anspielung auf den Demian, auf einem farbigen Karton mit ornamentierter Goldrandleiste, eine Klebearbeit: einen jungen, langhalsigen Vogelkopf, eines Straußen oder Emu etwa, der aus dem zackigen Rande eines Rieseneies ragte, mit der Legende: »Der Vogel kämpft sich aus dem Ei.« Oder er schickte mir, ebenfalls Klebekunst auf Karton, ein geheimnisvoll tibetanisch anmutendes Bild: unter mattgolden leuchtender Tiara und prachtvoll reichem Brokat-Skapulier ein priesterlich ernstfreundliches Gesicht, das man erst beim zweiten oder dritten Blick als sein eigenes erkannte.

Und so wie er jeden Brief sofort genau und schlagfertig beantwortet hat, hat er manchmal auch, und mit besonderem Spaß, eine kleine Freundesgabe blitzschnell mit einer Gegengabe erwidert. Gelegentlich übten wir den Spaß des Schenkens und Gegenschenkens wie ein Ballspiel, wobei wir uns um möglichste Schnelligkeit der Erwiderung bemühten. Ein Fall dieser Art ist mir in besonders lebhafter Erinnerung. Es war im Jahr 1937, ich hatte ihm ein neu entstandenes Gedicht geschickt, es lautet:

Chinesisch

Mondlicht aus opalener Wolkenlücke
Zählt die spitzen Bambusschatten peinlich.
Malt der hohen Katzenbuckelbrücke
Spiegelbild aufs Wasser rund und reinlich.

Bilder sind es, die wir zärtlich lieben,
Auf der Welt und Nacht lichtlosem Grunde
Zaubrisch schwimmend, zaubrisch hingeschrieben,
Ausgelöscht schon von der nächsten Stunde.

Unterm Maulbeerbaum der trunkene Dichter,
Der den Pinsel wie den Becher meistert,
Schreibt der Mondnacht, die ihn hold begeistert,
Wehende Schatten auf und sanfte Lichter.

Seine raschen Pinselzüge schreiben
Mond und Wolken hin und all die Dinge,
Die dem Trunkenen vorübertreiben,
Daß er sie, die flüchtigen, besinge,
Daß er sie, der Zärtliche, erlebe,
Daß er ihnen Geist und Dauer gebe.

Und sie werden unvergänglich bleiben.

Alsbald kam als Dank und Antwort eine Rolle an, die enthielt eine sorgfältigst ausgeführte große Tuschzeichnung von der Hand des Freundes, und auf der Zeichnung war alles zu sehen, was meine Verse in Worten dargestellt hatten. Ich war von der köstlichen Gabe so entzückt, daß ich den Ball sofort zurückschlug mit den Versen: »Bruchstück aus dem nur in Fragmenten erhaltenen ›Sagenkreis vom Schwarzen König‹, einem chinesischen Legendengedicht aus der Zeit der Dynastie Sung«:

Schwer war's, den Schwarzen König zu beschenken.
Wie Ballspielmeister spiegelschnell die Schläge
Des Gegenspielers ihm zurückzuschlagen
Verstehn, so wußte der an Geist und Herzen Rege
Empfangene Gaben, statt bloß Dank zu sagen,
Verwandelt an den Geber rückzulenken.

Es wird erzählt: He He, der Dichter, schenkte
Dem König ein Gedicht von Mond und Nacht.
Der König nimmt, liest, freut sich; Schalkheit lacht
Aus seinen dunklen Augen, sinnend streift er
Zurück den Ärmel und zum Pinsel greift er,

Taucht ein, setzt an, und malt mit Meisterzügen
Den Mond, die Nacht, den Bambus und die Brücke
Und alles, was He Hes Gedicht besungen,
Vollendet hin, die lichte Wolkenlücke,
Das Schachbrettmuster hingetuschter Lichter,
Und seitwärts sitzend malt er He, den Dichter.
Und alles, was der König pinselt, zeigt sich
Den Versen seines Freundes ebenbürtig.
Er reicht He He das Blatt und lächelt würdig.

Der Dichter staunt begeistert und verneigt sich.

Ach, wir haben manchen guten Spaß miteinander gehabt! In Georg Reinharts Briefen blätternd, fand ich auch den Durchschlag des Briefes, mit dem ich ihm in eben jenem Jahr 1937 zum sechzigsten Geburtstag gratuliert habe. Mit ihm will ich mein Gedenkblatt beschließen:

Zum 10. Januar 1937

Lieber Herr Reinhart
Zu Ihrem sechzigsten Geburtstag bekommen Sie ohne Zweifel so viele Briefe, daß man Ihnen einen Gefallen tut, wenn man seinen Glückwunsch kurz faßt.
Aber sagen möchte ich Ihnen bei diesem Anlaß doch, daß ich in meinem Leben Ihr Dasein und die Freundschaft mit Ihnen für ein Glück und einen hohen Wert halte, und zwar nicht bloß darum, weil Sie mir in der gefährdetsten Zeit meines Lebens so freundlich durchgeholfen haben. Natürlich gehört dies mit dazu, und wenn ein reicher Mann mit einem ärmeren befreundet ist, so wird und muß das irgendwie auch in der Form des Geldes zum Ausdruck kommen. Aber das ist ja bloß ein Teil meiner Beziehung zu Ihnen und meiner Freundschaft und Dankbarkeit für Sie. Ich bin Ihnen dankbar und habe Freude daran, daß es Sie gibt und daß ich Sie kenne, einfach weil Sie so sind wie Sie sind, weil Sie ein

Mann der Welt und der größten Geschäfte sind, der dennoch von diesen Geschäften nicht aufgefressen und von der Welt nicht nivelliert worden ist, sondern sein Gesicht und seinen Charakter, seine Liebhabereien und seine Talente behalten und gepflegt und sich in seinem Hause eine so schön ausstrahlende Zukunft geschaffen hat.

Sie werden das alles und noch viel mehr in diesen Tagen in vielen Formen und von vielen Seiten zu hören bekommen. Es wird ohne Zweifel von Ihnen mit einem etwas sarkastischen Lächeln beantwortet werden. Trotzdem glaube ich nicht, daß es Sie nicht dennoch auch freut, es einmal von Ihren Freunden gesagt zu bekommen, wie gern sie Sie haben.

Ich denke Ihrer an Ihrem Geburtstag und wünsche Ihnen und Ihrem ganzen Haus noch manche Jahre eines Nachsommers im Sinne A. Stifters. Das Altwerden ist ja nicht bloß ein Abbauen und Hinwelken, es hat, wie jede Lebensstufe, seine eigenen Werte, seinen eigenen Zauber, seine eigene Weisheit, seine eigene Trauer, und in Zeiten einer einigermaßen blühenden Kultur hat man mit Recht dem Alter eine gewisse Ehrfurcht erwiesen, welche heut von der Jugend in Anspruch genommen wird. Wir wollen das der Jugend nicht weiter übelnehmen. Aber wir wollen uns doch nicht aufschwatzen lassen, das Alter sei nichts wert.

Meine Frau schließt sich meinen Glückwünschen und Grüßen an. Von Herzen alles Freundliche und Schöne wünscht Ihnen Ihr *(1955)*

[Bundesfeier in Bremgarten]

Eines der schönsten Erlebnisse war die Bundesfeier in Bremgarten, dicht war da der magische Kreis um uns geschlossen. Von den Schloßherren Max und Tilli empfangen, hörten wir Othmar im hohen Saale auf dem Flügel Mozart spielen, fanden den Park von Papageien und andern sprechenden Tieren bevölkert, hörten am Springbrunnen die Fee Armida singen, und mit wehender Locke nickte das schwarze Haupt des Sterndeuters Longus neben dem lieben Antlitz Heinrichs von Ofterdingen. Im Garten schrien die Pfauen, und Louis unterhielt sich auf Spanisch mit dem gestiefelten Kater, während Hans Resom, erschüttert durch seine Einblicke in das Maskenspiel des Lebens, eine Wallfahrt an das Grab Karls des Großen gelobte. Es war eine der Triumphzeiten unsrer Fahrt: wir hatten die Zauberwelle mitgebracht, sie spülte alles fort, die Eingeborenen huldigten auf Knien der Schönheit, der Schloßherr trug ein Gedicht vor, das von unsern Abendtaten handelte, dicht gedrängt um die Schloßmauern lauschten die Tiere des Waldes, und im Flusse bewegten sich blinkend in feierlichen Zügen die Fische und wurden mit Backwerk und Wein bewirtet.
Gerade diese besten Erlebnisse lassen sich eigentlich nur dem erzählen, welcher selbst von ihrem Geist berührt war; sie klingen in meiner Darstellung arm und vielleicht töricht; aber jeder, der die Tage von Bremgarten miterlebt und gefeiert hat, wird mir jede Einzelheit bestätigen und durch hundert schönere ergänzen. Wie beim Mondaufgang aus den hohen Bäumen die Schweife der Pfauen schimmerten, und am beschatteten Ufer zwischen den Felsen die emportauchenden Wasserfrauen süß und silbern glänzten, und einsam unterm Kastanienbaume beim Brunnen der hagere Don Quixote stand und die erste Nachtwache hielt, indessen überm Schloßturm die letzten Leuchtkugeln des Feuerwerks so sanft in die Mondnacht sanken, und mein Kollege Pablo, mit Rosen bekränzt, vor den Mädchen die persische Rohr-

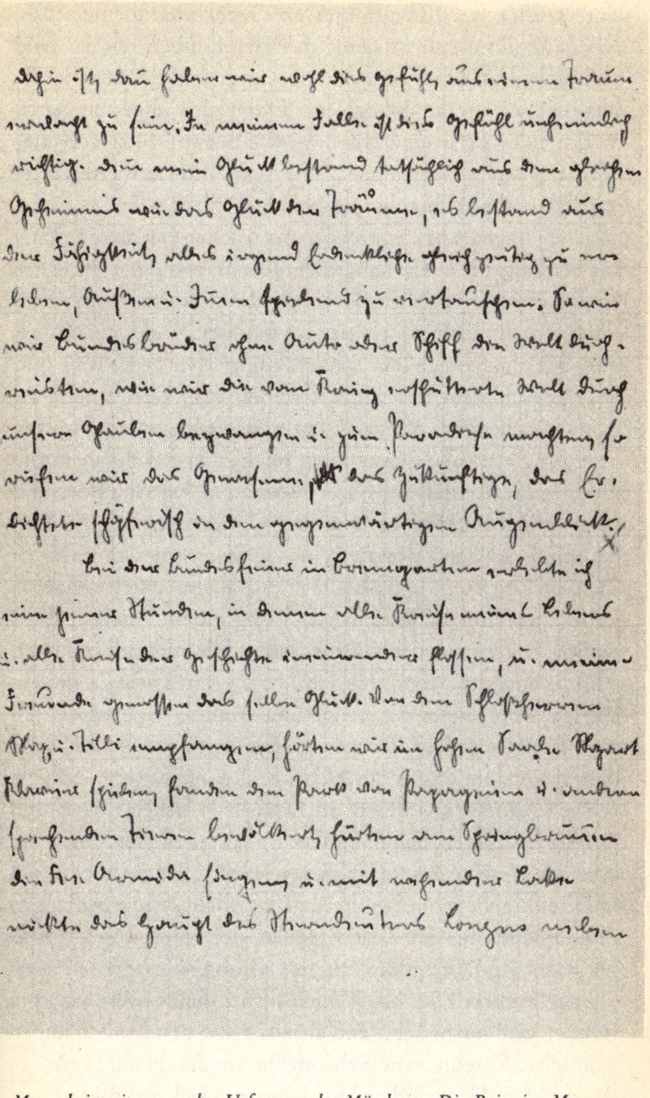

Manuskriptseiten aus der Urfassung des Märchens »Die Reise ins Morgenland«, das 1932 u. d. T. »Die Morgenlandfahrt« erschien.

flöte spielte, wird mir immer im Gedächtnis bleiben. Oh, wer von uns hätte gedacht, daß der Zauberkreis so bald zerbrechen, daß fast alle von uns – und auch ich, auch ich! – uns wieder in die klanglosen Öden der abgestempelten Wirklichkeit verirren würden, so wie Beamte und Ladendiener nach einem Gelage oder Sonntagsausflug sich ernüchtert wieder in den Alltag der Geschäfte ducken!

In jenen Tagen war keiner von uns solcher Gedanken fähig. Im Schloßturm von Bremgarten duftete mir der Flieder ins Schlafzimmer, durch die Bäume hindurch hörte ich den Fluß rauschen, durchs Fenster stieg ich in tiefer Nacht, von Glück und Sehnsucht trunken, schlich am wachenden Ritter und an eingeschlafenen Zechern vorüber zum Ufer hinab, zu den rauschenden Wassern, zu den weißen leuchtenden Meerjungfern, und sie nahmen mich mit sich hinab in die mondkühle Kristallwelt ihrer Heimat, wo sie unerlöst und träumerisch mit den Kronen und Goldketten ihrer Schatzkammern spielen. Monate schienen mir in der funkelnden Tiefe zu vergehen, und als ich emportauchte und tief durchkühlt ans Ufer schwamm, da klang noch immer Pablos Rohrflöte fern aus den Gärten, und noch immer stand hoch am Himmel der Mond. Ich sah Leo mit zwei weißen Pudeln spielen, sein kluges Knabengesicht strahlte vor Freude. Ich fand Longus im Gehölze sitzen, ein pergamentenes Buch auf den Knien, in das er griechische und hebräische Zeichen schrieb: Worte, aus deren Buchstaben Drachen flogen und farbige Schlangen sich bäumten. Er sah mich nicht, er malte versunken seine bunte Schlangenschrift, lange blickte ich über seine gebeugten Schultern in das Buch, sah die Schlangen und Drachen aus den Zeilen quellen, sich wälzen, sich lautlos ins nächtliche Gebüsch verlieren. »Longus«, sagte ich leise, »lieber Freund!« Er hörte mich nicht, meine Welt war ihm fern, er war versunken. Und abseits unter den Mondbäumen wandelte Anselm, eine Schwertlilie in der Hand, verloren starrte er und lächelnd in den violetten Kelch der Blüte.

Etwas, was ich schon mehrmals auf unsrer Fahrt beobachtet

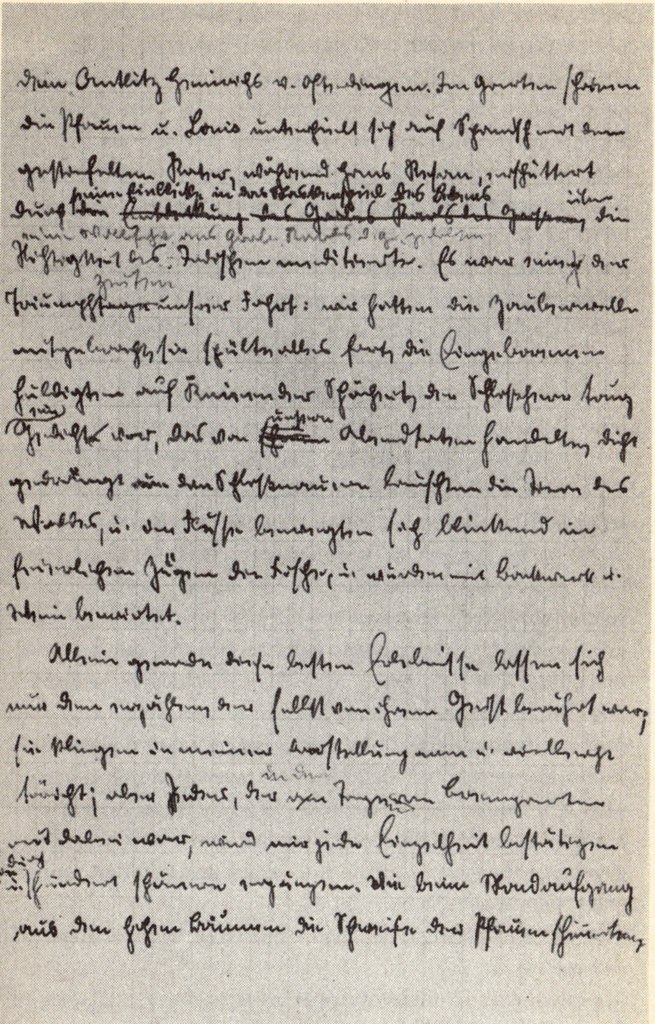

hatte, ohne doch richtig darüber nachgedacht zu haben, fiel mir in den Bremgartner Tagen wieder auf, wunderlich und ein wenig schmerzlich. Es waren unter uns viele Künstler, viele Maler, Musikanten, Dichter, es war der glühende Klingsor da und der unstete Hugo Wolf, der wortkarge Lauscher und der glänzende Brentano – aber mochten auch diese Künstler, oder einige von ihnen, sehr lebendige und liebenswerte Gestalten sein, so waren die von ihnen erdachten Figuren doch ohne Ausnahme viel lebendiger, schöner, froher und gewissermaßen richtiger und wirklicher als die Dichter und Schöpfer selber. Pablo saß da in entzückender Unschuld und Lebenslust mit seiner Flöte, sein Dichter aber schlich schattenhaft, vom Monde halb durchschienen, am Ufer hin und suchte Einsamkeit. Flackernd und ziemlich betrunken lief Hoffmann zwischen den Gästen hin und wider, viel sprechend, klein, koboldisch, und auch er war, wie sie alle, an Gestalt nur halbwirklich, nur halbvorhanden, nicht ganz dicht, nicht ganz echt, während der Archivar Lindhorst, zum Spaße den Drachen spielend, mit jedem Atemzug Feuer schnob und Kraft aushauchte wie ein Automobil. Ich fragte den Diener Leo, warum das wohl so sei, daß die Künstler manchmal nur wie halbe Menschen erschienen, während ihre Bilder so unwiderleglich lebendig aussähen. Leo sah mich an, verwundert über meine Frage. Dann ließ er den Pudel los, den er auf dem Arm getragen hatte, und sagte: »Bei den Müttern ist es auch so. Wenn sie die Kinder geboren und ihnen ihre Milch und ihre Schönheit und Kraft mitgegeben haben, dann werden sie selber unscheinbar, und es fragt niemand mehr nach ihnen.«

»Das ist aber traurig«, sagte ich, ohne eigentlich viel dabei zu denken.

»Ich denke, es ist nicht trauriger als alles andre auch«, sagte Leo, »es ist vielleicht traurig, und es ist auch schön. Das Gesetz will es so.«

»Das Gesetz?« fragte ich neugierig. »Was ist das für ein Gesetz, Leo?«

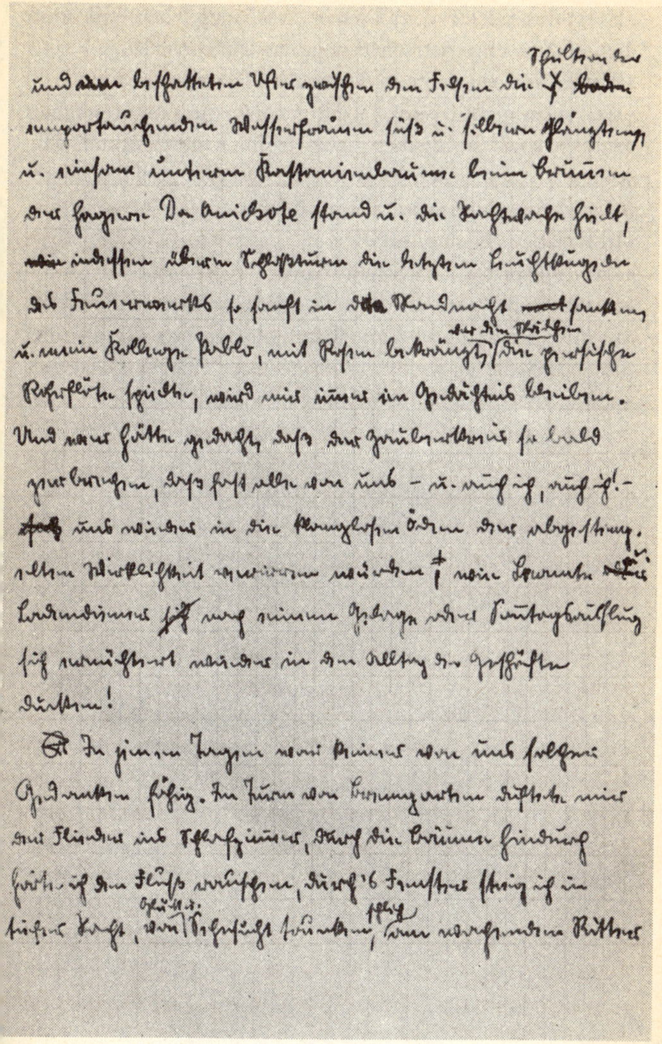
und die beschatteten Ufer zwischen den Felsen die Schultern der
emportauchenden Wasserfrauen süß u. silbern schimmerten
u. einsam unter dem Kastanienbaum beim Brunnen
der hagere Don Quichote stand u. die Nachtwache hielt,
wie indessen über den Schloßtürmen die letzten Leuchtkugeln
des Feuerwerks so sanft in die Mondnacht sanken
u. mein Kollege Pablo, mit Rosen bekränzt, vor den Mädchen die persische
Schalmei spielte, wird mir immer im Gedächtnis bleiben.
Und wer hätte gedacht, daß der Zauberkreis so bald
zerbrochen, daß fast alle von uns – u. auch ich, auch ich! –
uns wieder in die klanglosen Öden der abgestemp-
elten Wirklichkeit verlieren würden, wie Beamte u.
Ladendiener nach einem Gelage oder Sonntagsausflug
sich ernüchtert wieder in den Alltag des Geschäftes
ducken!

In jenen Tagen war keiner von uns solcher
Gedanken fähig. In den Turm des Bremgartner duftete mir
der Flieder ins Schlafzimmer, durch die Bäume hindurch
hörte ich den Fluß rauschen, durch's Fenster stieg ich in
tiefer Nacht, von Glück u. Sehnsucht trunken, schlich am wachenden Ritter

»Es ist das Gesetz vom Dienen. Was lange leben will, muß dienen. Was aber herrschen will, das lebt nicht lange.«
»Warum streben dann so viele nach Herrschaft?«
»Weil sie es nicht wissen. Es gibt wenige, die zum Herrschen geboren sind, sie bleiben dabei fröhlich und gesund. Die andern aber, die sich bloß durch Streberei zu Herren gemacht haben, die enden alle im Nichts.«
»In welchem Nichts. Leo?«
»Zum Beispiel in den Sanatorien.«
Ich verstand wenig davon, und dennoch blieben die Worte mir im Gedächtnis, und im Herzen blieb mir ein Gefühl, daß dieser Leo allerlei wisse, daß er vielleicht mehr wisse als wir andern, die scheinbar seine Herren waren.

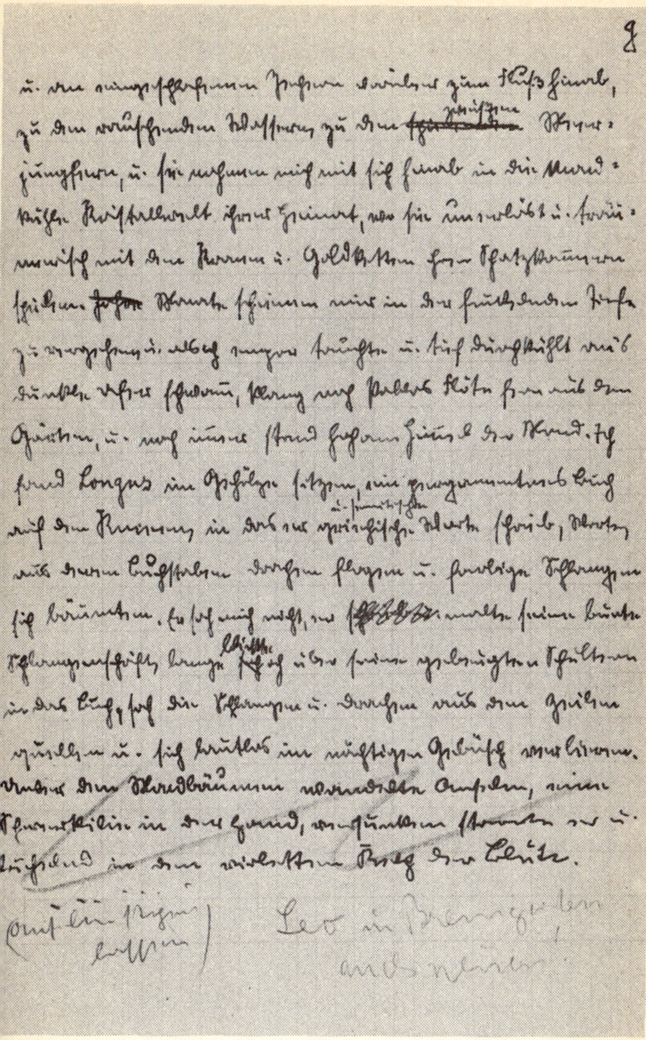

Quellennachweise

Alemannisches Bekenntnis: Geschrieben im Herbst 1919 als Vorwort zum »Alemannenbuch«. Bern 1919. Aufgenommen in H. Hesse, »Eigensinn«. Autobiographische Schriften. Herausgegeben von Siegfried Unseld. Frankfurt am Main 1972.

Die Eidgenossenschaft: Geschrieben im April 1938 für die Zeitschrift »Civitas Nova«, Lugano. Aufgenommen in H. Hesse, »Politik des Gewissens«. Herausgegeben von Volker Michels. Frankfurt am Main 1977.

[»Hier hatte ich mich durchgekämpft...«]: Passagen aus dem Gedenkblatt »Beim Einzug in ein neues Haus«, geschrieben Ende Mai 1931. Erstpublikation im Sommer 1931 als Privatdruck. Aufgenommen in H. Hesse, »Gedenkblätter«, Berlin 1937.

[Am Vierwaldstätter See]: Passagen aus »Hinterlassene Schriften und Gedichte von Hermann Lauscher«. Herausgegeben von Hermann Hesse, Basel 1901. Aus H. Hesse, »Peter Camenzind«, Berlin 1904 und aus H. Hesse, »Bilderbuch«, Berlin 1926 (»Drei Zeichnungen«).

Am Gotthard: Geschrieben 1905. Aufgenommen in H. Hesse, »Die Kunst des Müßiggangs«. Herausgegeben von Volker Michels. Frankfurt am Main 1973.

Eine Wandererinnerung: Revidierte Fassung von »Sommerreise«, entstanden im August 1905. Vervollständigter Abdruck in »Neue Freie Presse«, Wien vom 29.6.1932. Aufgenommen in H. Hesse, »Kleine Freuden«. Herausgegeben von Volker Michels. Frankfurt am Main 1977.

Wintertage in Graubünden: Geschrieben 1905/06. Erstdruck in »Neues Wiener Tagblatt« vom 11.2.1906. Hier die spätere Fassung aus der »Münchner Zeitung« 1909/10. Aufgenommen in H. Hesse, »Kleine Freuden«. Frankfurt am Main 1977.

Reisebilder: Geschrieben im Herbst 1906. Erstdruck in »Neues Wiener Tagblatt« vom Januar 1907. Aufgenommen in H. Hesse, »Kleine Freuden«, Frankfurt am Main 1977.

[Der große Horizont]: Auszug aus der Betrachtung »Im Flugzeug«. Geschrieben im März 1913. Erstdruck in »Kölnische Zeitung« vom 21.3.1913. Aufgenommen in H. Hesse, »Die Kunst des Müßiggangs«. Frankfurt am Main 1973.

Winterausflug: Erstdruck in »Neues Wiener Tagblatt« vom 26.1.1913. Aufgenommen in H. Hesse, »Die Kunst des Müßiggangs«, Frankfurt am Main 1973.

Landesausstellung: Erstdruck in »Die Zeit«, Wien am 3.7.1914. Aufgenommen in H. Hesse, »Die Welt im Buch«. Bd. 2. Rezensionen und Aufsätze 1911-1916. Herausgegeben von Volker Michels. Frankfurt am Main 1990.

Vor einer Sennhütte im Berner Oberland: Geschrieben 1914. Erstdruck in »Licht und Schatten« 4, Berlin 1914. Aufgenommen in H. Hesse, »Bilderbuch«. Erweiterte Neuauflage Mai 1958.

[Wanderung in den Tessin]: Drei Betrachtungen, geschrieben 1918, aus H. Hesse, »Wanderung«, Berlin 1920.

Kirchen und Kapellen im Tessin: Erstdruck in »Schweizerland«, Chur 1920. Aufgenommen in H. Hesse, »Die Kunst des Müßiggangs«. Frankfurt am Main 1973.

Winterbrief aus dem Süden: Geschrieben im Dezember 1919. Erstdruck in »Das Tage-Buch«, Berlin vom Februar 1920. Aufgenommen in H. Hesse, »Bilderbuch«, Berlin 1926.

Tessiner Sommerabend: Erstdruck in »Simplicissimus«, München vom 5.10.1921. Aufgenommen in H. Hesse, »Bilderbuch«, Berlin 1926.

Madonna d'Ongero: Erstdruck in »Neue Zürcher Zeitung« vom 12.8.1923. Aufgenommen in H. Hesse, »Bilderbuch«, Berlin 1926.

Madonnenfest im Tessin: Erstdruck in »Vossische Zeitung«, Berlin vom 2.12.1924. Aufgenommen in H. Hesse, »Bilderbuch«, Berlin 1926.

Rückkehr aufs Land: Geschrieben 1927. Erstdruck in »Kölnische Zeitung« vom 1.5.1927 u.d.T. »Ins Gebirge verirrt«. Aufgenommen in H. Hesse, »Die Kunst des Müßiggangs«, Frankfurt am Main 1973.

Winterferien: Geschrieben im Januar 1928. Erstdruck in »Kölnische Zeitung« vom 9.2.1928. Aufgenommen in H. Hesse, »Die Kunst des Müßiggangs«, Frankfurt am Main 1973.

[Arosa]: Antwort auf eine Rundfrage der »Neuen Zürcher Zeitung« anläßlich des 50. Jubiläums des Kurortes Arosa in »Neue Zürcher Zeitung« vom 21.4.1934. Aufgenommen in H. Hesse, »Kleine Freuden«, Frankfurt am Main 1977.

Wahlheimat: Geschrieben 1928. Erstdruck in der »Neuen Zürcher Zeitung« vom 20.4.1930. Aufgenommen in H. Hesse, »Die Kunst des Müßiggangs«, Frankfurt am Main 1973.

Basler Erinnerungen: Erstdruck in »National-Zeitung«, Basel vom 4.7.1937 u.d.T. »Ein paar Basler Erinnerungen«. Aufgenommen in H. Hesse, »Die Kunst des Müßiggangs«, Frankfurt am Main 1973.

Beschreibung einer Landschaft: Geschrieben im Herbst 1946. Erstdruck in »Die Neue Rundschau«, Stockholm vom April 1947. Aufgenommen in H. Hesse, »Späte Prosa«, Berlin 1951.

[Aus dem »Rigi-Tagebuch«]: Passage aus »Rigi-Tagebuch«. Erstdruck in »Neue Schweizer Rundschau«, Zürich vom September 1946. Aufgenommen in H. Hesse, »Späte Prosa«, Berlin 1951.

Erlebnis auf einer Alp: Geschrieben im August 1947. Erstdruck in »Neue Zürcher Zeitung« vom 14.8.1947. Aufgenommen in H. Hesse, »Beschwörungen«, Frankfurt am Main 1955.

Zwei August-Erlebnisse: Gekürzte Fassung aus der 1948 u.d.T. »Notizen aus diesen Sommertagen« geschriebenen Erinnerung. Erstdruck in »National-Zeitung«, Basel vom 8.8.1948. Aufgenommen in H. Hesse, »Kleine Freuden«, Frankfurt am Main 1977.

Im Auto über den Julier: Geschrieben im August 1949. Aufgenommen in H. Hesse, »Die Gedichte«, Frankfurt am Main 1977.

Engadiner Erlebnisse: Erstdruck in »Neue Schweizer Rundschau«, Zürich 1953/54. Aufgenommen in H. Hesse, »Beschwörungen«, Frankfurt am Main 1955.

Vierzig Jahre Montagnola: Geschrieben 1960. Erstdruck in der »Neuen Zürcher Zeitung« vom 26.5.1962. Aufgenommen in H. Hesse, »Kleine Freuden«, Frankfurt am Main 1977.

[Rede, gehalten am 1. Juli 1962 ...]: Hier erster Abdruck der Rede in italienischem Wortlaut.

Ein Schweizer Dichter: Erstdruck in »Basler Nachrichten« vom 7.3.1914. Aufgenommen in H. Hesse, »Die Welt im Buch«. Bd. 2 Rezensionen und Aufsätze 1911-1916. Frankfurt am Main 1990.

Robert Walser: Erstdruck in »Der Tag«, Berlin vom 28.4.1909. Aufgenommen in H. Hesse, »Die Welt im Buch«. Bd. 1. Rezensionen und Aufsätze 1900-1910. Herausgegeben von Volker Michels. Frankfurt am Main 1988.

Erinnerungen an Othmar Schoeck: Geschrieben 1935. Erstdruck in »Die Neue Rundschau«, Berlin vom Dezember 1936. Aufgenommen in H. Hesse, »Gedenkblätter«, Berlin 1937.

Erinnerung an Albert Welti: Teildruck der Einführung zu dem Band »Albert Welti. Gemälde und Radierungen«, Berlin 1917. Aufgenommen in H. Hesse, »Gedenkblätter«. Erinnerungen an Zeitgenossen. Erweiterte Ausgabe Frankfurt am Main 1984.

Zum 50. Geburtstag Ernst Kreidolfs: Erstdruck in »Münchner Zeitung« vom 7.2.1913. Aufgenommen in H. Hesse, »Die Welt im Buch« Bd. 2. Rezensionen und Aufsätze 1911-1915. Frankfurt am Main 1990.

Die Bilderbücher von Ernst Kreidolf: Erstdruck in »Neue Zürcher Zeitung« vom 14.12.1908. Aufgenommen in H. Hesse, »Die Welt im Buch«. Bd. 1. Rezensionen und Aufsätze 1900-1910. Frankfurt am Main 1988.

Cuno Amiet: Erstdruck als Vorwort zum Katalog der Amiet-Ausstellung der Kunsthalle Bern, 1919.

Ernst Morgenthaler: Erstdruck als Geleitwort zum Band H. Hesse, »Ernst Morgenthaler«, Zürich/Leipzig 1936. Aufgenommen in H. Hesse, »Gedenkblätter«, Berlin 1937.

Der schwarze König: Erstdruck in »Neue Zürcher Zeitung« vom 9.9.1955. Aufgenommen in H. Hesse, »Gedenkblätter«. Erinnerungen an Zeitgenossen. Erweiterte Ausgabe, Frankfurt am Main 1984.

[Bundesfeier in Bremgarten]: Passage aus H. Hesse, »Die Morgenlandfahrt«, Berlin 1932.

Zeittafel

1877 geboren am 2. Juli in Calw/Württemberg als Sohn des baltischen Missionars und späteren Leiters des »Calwer Verlagsvereins« Johannes Hesse (1847-1916) und dessen Frau Marie verw. Isenberg, geb. Gundert (1842-1902), der ältesten Tochter des namhaften Indologen und Missionars Hermann Gundert.

1881-1886 wohnt Hesse mit seinen Eltern in Basel, wo der Vater bei der »Basler Mission« unterrichtet und 1883 die Schweizer Staatsangehörigkeit erwirbt (zuvor: russische Staatsangehörigkeit).

1886-1889 Rückkehr der Familie nach Calw (Juli), wo Hesse das Reallyzeum besucht.

1890-1891 Lateinschule in Göppingen zur Vorbereitung auf das Württembergische Landesexamen (Juli 1891), der Voraussetzung für eine kostenlose Ausbildung zum ev. Theologen im »Tübinger Stift«. Als staatlicher Schüler muß Hesse auf sein Schweizer Bürgerrecht verzichten. Deshalb erwirbt ihm der Vater im November 1890 die württembergische Staatsangehörigkeit (als einzigem Mitglied der Familie).

1891-1892 Seminarist im ev. Klosterseminar Maulbronn (ab Sept. 1891), aus dem er nach 7 Monaten flieht, weil er »entweder Dichter oder gar nichts werden wollte«.

1892 bei Christoph Blumhardt in Bad Boll (April-Mai); Selbstmordversuch (Juni), Aufenthalt in der Nervenheilanstalt Stetten (Juni-August). Aufnahme in das Gymnasium von Cannstatt (Nov. 1892), wo er

1893 im Juli das Einjährig-Freiwilligen-Examen (Obersekundareife) absolviert. »Werde Sozialdemokrat und laufe ins Wirtshaus. Lese fast nur Heine, den ich sehr nachahmte.« Im Oktober Beginn einer Buchhändlerlehre in Esslingen, die er aber schon nach drei Tagen aufgibt.

1894-1895 15 Monate als Praktikant in der Calwer Turmuhrenfabrik Perrot. Plan, nach Brasilien auszuwandern.

1895-1898 Buchhändlerlehre in Tübingen (Buchhandlung Heckenhauer).

1896 erste Gedichtpublikation in »Das deutsche Dichterheim«, Wien. Die erste Buchpublikation *Romantische Lieder* erscheint im Oktober 1898.

1899 Beginn der Niederschrift eines Romans *Schweinigel* (Manuskript noch nicht aufgefunden). Der Prosaband *Eine Stunde hinter Mitternacht* erscheint im Juni bei Diederichs, Jena. Im September Übersiedlung nach Basel, wo Hesse bis Jan.

1901 als Sortimentsgehilfe in der Reich'schen Buchhandlung beschäftigt ist.

1900 beginnt er für die »Allgemeine Schweizer Zeitung« Artikel und Rezensionen zu schreiben, die ihm mehr noch als seine Bücher »einen gewissen lokalen Ruf machten, der mich im gesellschaftlichen Leben sehr unterstützte«.

1901 Von März bis Mai erste Italienreise.

Ab August 1901 (bis Frühjahr 1903) Buchhändler im Basler Antiquariat Wattenwyl.

Die *Hinterlassenen Schriften und Gedichte von Hermann Lauscher* erscheinen im Herbst bei R. Reich.

1902 *Gedichte* erscheinen bei Grote, Berlin, seiner Mutter gewidmet, die kurz vor Erscheinen des Bändchens stirbt.

1903 Nach Aufgabe der Buchhändler- und Antiquariatsstellung zweite Italienreise, gemeinsam mit Maria Bernoulli, mit der er sich im Mai verlobt. Kurz davor Abschluß der Niederschrift des *Camenzind*-Manuskripts, das Hesse auf Einladung des S. Fischer Verlags nach Berlin sendet. Ab Oktober (bis Juni 1904) u. a. Niederschrift von *Unterm Rad* in Calw.

1904 *Peter Camenzind* erscheint bei S. Fischer, Berlin. Eheschließung mit Maria Bernoulli und Umzug nach Gaienhofen am Bodensee (Juli) in ein leerstehendes Bauernhaus. Freier Schriftsteller und Mitarbeiter an zahlreichen Zeitungen und Zeitschriften (u. a. »Die Propyläen«, d. i. »Münchner Zeitung«; »Die Rheinlande«; »Simplicissimus«; »Der Schwabenspiegel«, d. i. »Württemberger Zeitung«). Die biographischen Studien *Boccaccio* und *Franz von Assisi* erscheinen bei Schuster & Loeffler, Berlin und Leipzig.

1905 im Dezember Geburt des Sohnes Bruno.

1906 *Unterm Rad* (1903-1904 entstanden) erscheint bei S. Fischer, Berlin. Gründung der liberalen, gegen das persönliche Regiment Wilhelms II. gerichteten Zeitschrift »März« (Verlag Albert Langen, München), als deren Mitherausgeber Hesse bis 1912 zeichnet.

1907 *Diesseits* (Erzählungen) erscheint bei S. Fischer, Berlin. In Gaienhofen baut und bezieht Hesse ein eigenes Haus »Am Erlenloh«.

1908 *Nachbarn* (Erzählungen) erscheint bei S. Fischer, Berlin.

1909 im März Geburt des zweiten Sohnes Heiner.

1910 *Gertrud* (Roman) erscheint bei Albert Langen, München.

1911 im Juli Geburt des dritten Sohnes Martin.

Unterwegs (Gedichte) erscheint bei Georg Müller, München; Sept. bis Dez. Indienreise mit dem befreundeten Maler Hans Sturzenegger.

1912 *Umwege* (Erzählungen) erscheint bei S. Fischer, Berlin. Hesse verläßt Deutschland für immer und übersiedelt mit seiner Familie nach Bern in das Haus des verstorbenen, befreundeten Malers Albert Welti.

1913 *Aus Indien*. Aufzeichnungen einer indischen Reise, erscheint bei S. Fischer, Berlin.

1914 *Roßhalde* (Roman) erscheint im März bei S. Fischer, Berlin. Bei Kriegsbeginn meldet sich Hesse freiwillig, wird aber als dienstuntauglich zurückgestellt und 1915 der Deutschen Gesandtschaft in Bern zugeteilt, wo er von nun an im Dienst der »Deutschen Gefangenenfürsorge« bis 1919 Hunderttausende von Kriegsgefangenen und Internierten in Frankreich, England, Rußland und Italien mit Lektüre vesorgt, Gefangenenzeitschriften (z. B. die »Deutsche Internierten-zeitung«) herausgibt, redigiert und 1917 einen eigenen Verlag für Kriegsgefangene (»Verlag der Bücherzentrale für deutsche Kriegsgefangene«) aufbaut, in welchem bis 1919 22 von H. H. edierte Bände erscheinen.

Zahlreiche politische Aufsätze, Mahnrufe, offene Briefe etc. in deutschen, schweizerischen und österreichischen Zeitungen und Zeitschriften.

1915 *Knulp*. Drei Geschichten aus dem Leben Knulps (Teilvorabdruck bereits 1908), erscheint bei S. Fischer, Berlin. *Am Weg* (Erzählungen) erscheint bei Reuß & Itta, Konstanz.

Musik des Einsamen. Neue Gedichte, erscheint bei Eugen Salzer, Heilbronn.

Schön ist die Jugend (Erzählungen) erscheint bei S. Fischer, Berlin.

1916 Tod des Vaters. Gründung der »Deutschen Interniertenzeitung« und des »Sonntagsboten für die deutschen Kriegsgefangenen«.

1917 wird Hesse nahegelegt, seine zeitkritische Publizistik zu unterlassen. Erste pseudonyme Zeitungs- und Zeitschriftenpublikationen unter dem Decknamen Emil Sinclair. Niederschrift des *Demian* (Sept. bis Okt.). Beginnende Schizophrenie seiner Frau und Erkrankung des jüngsten Sohnes führen zu einem Nervenzusammenbruch Hesses. Erste psychotherapeutische Behandlung durch den C. G. Jung-Schüler J. B. Lang bei einer Kur in Sonnmatt bei Luzern.

1919 Die politische Flugschrift *Zarathustras Wiederkehr*. Ein Wort an die deutsche Jugend von einem Deutschen, erscheint anonym im Verlag Stämpfli, Bern.

Auflösung des Berner Haushalts (April). Trennung von seiner in einer Heilanstalt internierten Frau. Unterbringung

der Kinder bei Freunden. Im Mai Übersiedlung nach Montagnola/Tessin in die Casa Camuzzi, die er bis 1931 bewohnt.
Kleiner Garten. Erlebnisse und Dichtungen, erscheint bei E. P. Tal & Co., Wien und Leipzig.
Demian. Die Geschichte einer Jugend, erscheint bei S. Fischer, Berlin, unter dem Pseudonym Emil Sinclair.
Die Sammlung *Märchen* erscheint bei S. Fischer, Berlin.
Gründung und Herausgabe der Zeitschrift »Vivos voco«, Für neues Deutschtum (Leipzig und Bern).

1920 *Gedichte des Malers*. Zehn Gedichte mit farbigen Zeichnungen, und die Dostojewski-Essays u. d. T. *Blick ins Chaos* erscheinen im Verlag Seldwyla, Bern.
Klingsors letzter Sommer (Erzählungen) erscheint bei S. Fischer, Berlin; danach, ebenfalls bei S. Fischer, *Wanderung*. Aufzeichnungen mit farbigen Bildern vom Verfasser.
Zarathustras Wiederkehr, Neuauflage bei S. Fischer, diesmal unter Angabe des Autors.

1921 *Ausgewählte Gedichte* erscheinen bei S. Fischer, Berlin. Krise mit fast anderthalbjähriger Unproduktivität zwischen der Niederschrift des ersten und des zweiten Teils von *Siddhartha*. Psychoanalyse bei C. G. Jung in Küsnacht bei Zürich.
Elf Aquarelle aus dem Tessin erscheint bei O. C. Recht, München.

1922 *Siddhartha*. Eine indische Dichtung, erscheint bei S. Fischer, Berlin.

1923 *Sinclairs Notizbuch* erscheint bei Rascher, Zürich.
Erster Kuraufenthalt in Baden bei Zürich, das er fortan (bis 1952) alljährlich im Spätherbst aufsucht. Die Ehe mit Maria Bernoulli wird geschieden (Juni).

1924 Hesse wird wieder Schweizer Staatsbürger.
Bibliotheks- und Vorbereitungsarbeiten an seinen Herausgeberprojekten in Basel. Heirat mit Ruth Wenger, Tochter der Schriftstellerin Lisa Wenger.
Ende März Rückkehr nach Montagnola.
Psychologia Balnearia oder Glossen eines Badener Kurgastes, erscheint als Privatdruck; ein Jahr später als erster Band in der Ausstattung der »Gesammelten Werke in Einzelausgaben« u. d. T.:

1925 *Kurgast* bei S. Fischer, Berlin. Lesereise u. a. nach Ulm, München, Augsburg, Nürnberg (im November).

1926 *Bilderbuch* (Schilderungen über »Bodensee«, »Italien«, »Indien«, »Tessin« und andere Betrachtungen) erscheint bei S. Fischer, Berlin.

Hesse wird als auswärtiges Mitglied in die Sektion für Dichtkunst der Preußischen Akademie der Künste gewählt, aus der er 1931 austritt: »Ich habe das Gefühl, beim nächsten Krieg wird diese Akademie viel zur Schar jener 90 oder 100 Prominenten beitragen, welche das Volk wieder wie 1914 im Staatsauftrag über alle lebenswichtigen Fragen belügen werden.«

1927 *Die Nürnberger Reise* und *Der Steppenwolf* erscheinen bei S. Fischer, Berlin; gleichzeitig – zum 50. Geburtstag Hesses – die erste Hesse-Biographie (von Hugo Ball).

Auf Wunsch seiner zweiten Frau, Ruth, Scheidung der 1924 geschlossenen Ehe.

1928 *Betrachtungen* und *Krisis*. Ein Stück Tagebuch, erscheinen bei S. Fischer, Berlin, letzteres in einmaliger, limitierter Auflage.

1929 *Trost der Nacht*. Neue Gedichte, erscheint bei S. Fischer, Berlin, *Eine Bibliothek der Weltliteratur* als Nr. 7003 in Reclams Universalbibliothek bei Reclam, Leipzig.

1930 *Narziß und Goldmund* (Erzählung) erscheint bei S. Fischer, Berlin.

1931 Umzug innerhalb Montagnolas in ein neues, ihm auf Lebzeiten zur Verfügung gestelltes Haus, das H. C. Bodmer für ihn gebaut hat.

Eheschließung mit der Kunsthistorikerin Ninon Dolbin, geb. Ausländer, aus Czernowitz.

Weg nach innen. Vier Erzählungen (»Siddhartha«, »Kinderseele«, »Klein und Wagner«, »Klingsors letzter Sommer«), erscheint als preiswerte und auflagenstarke Sonderausgabe bei S. Fischer, Berlin.

1932 *Die Morgenlandfahrt* erscheint bei S. Fischer, Berlin.

1932-1943 Entstehung des *Glasperlenspiels*.

1933 *Kleine Welt* (Erzählungen aus »Nachbarn«, »Umwege« und »Aus Indien«, leicht bearbeitet) erscheint bei S. Fischer, Berlin.

1934 Hesse wird Mitglied des Schweizerischen Schriftstellervereins (zwecks besserer Abschirmung von der NS-Kulturpolitik und effektiverer Interventionsmöglichkeiten für die emigrierten Kollegen).

Vom Baum des Lebens (Ausgewählte Gedichte) erscheint im Insel Verlag, Leipzig.

1935 *Fabulierbuch* (Erzählungen) erscheint bei S. Fischer, Berlin.

Politisch erzwungene Teilung des S. Fischer Verlags in einen reichsdeutschen (von Peter Suhrkamp geleiteten) Teil und den Emigrationsverlag von Gottfried Bermann Fischer, dem die NS-Behörden nicht erlauben, die Verlagsrechte am Werk Hermann Hesses mit ins Ausland zu nehmen.

1936 läßt Hesse dennoch seine Hexameterdichtung *Stunden im Garten* in Bermann Fischers Exil-Verlag in Wien erscheinen.

Im September erste persönliche Begegnung mit Peter Suhrkamp.

1937 *Gedenkblätter* und *Neue Gedichte* erscheinen bei S. Fischer, Berlin.

Der lahme Knabe, ausgestattet von Alfred Kubin, erscheint als Privatdruck in Zürich.

1939-1945 gelten Hesses Werke in Deutschland für unerwünscht. »Unterm Rad«, »Der Steppenwolf«, »Betrachtungen«, »Narziß und Goldmund« und »Eine Bibliothek der Weltliteratur« dürfen nicht mehr nachgedruckt werden.

Die von S. Fischer begonnenen »Gesammelten Werke in Einzelausgaben« müssen deshalb in der Schweiz, im Verlag Fretz & Wasmuth, fortgesetzt werden.

1942 Dem S. Fischer Verlag, Berlin, wird die Druckerlaubnis für *Das Glasperlenspiel* verweigert.

Die Gedichte, erste Gesamtausgabe von Hesses Lyrik, erscheinen bei Fretz & Wasmuth, Zürich.

1943 *Das Glasperlenspiel*. Versuch einer Lebensbeschreibung des Magister Ludi Josef Knecht samt Knechts hinterlassenen Schriften. Herausgegeben von Hermann Hesse, erscheint bei Fretz & Wasmuth, Zürich.

1944 Die Gestapo verhaftet Peter Suhrkamp, Hesses Verleger.

1945 *Berthold*, ein Romanfragment, und *Traumfährte* (Neue Erzählungen und Märchen) erscheinen bei Fretz & Wasmuth, Zürich.

1946 *Krieg und Frieden* (Betrachtungen zu Krieg und Politik seit dem Jahr 1914) erscheint bei Fretz & Wasmuth, Zürich. Danach können Hesses Werke auch in Deutschland wieder gedruckt werden, zunächst im »Suhrkamp Verlag vorm. S. Fischer« (ab 1951 dann im Suhrkamp Verlag, Frankfurt am Main).

Goethe-Preis der Stadt Frankfurt am Main.

Nobel-Preis für Literatur.

1950 Hesse ermutigt und ermöglicht Peter Suhrkamp, einen eigenen Verlag zu gründen, der im Juli eröffnet wird.

1951 *Späte Prosa* und *Briefe* erscheinen bei Suhrkamp, Frankfurt am Main.

1952 *Gesammelte Dichtungen* in sechs Bänden als Festgabe zu

Hesses 75. Geburtstag erscheinen bei Suhrkamp, Frankfurt am Main.

1954 *Piktors Verwandlungen*. Ein Märchen, faksimiliert, erscheint bei Suhrkamp, Frankfurt am Main.
Der *Briefwechsel: Hermann Hesse – Romain Rolland* erscheint bei Fretz & Wasmuth, Zürich.

1955 *Beschwörungen*. Späte Prosa/Neue Folge, erscheint bei Suhrkamp, Frankfurt am Main.
Friedenspreis des Deutschen Buchhandels.

1956 Stiftung eines Hermann-Hesse-Preises durch die Förderungsgemeinschaft der deutschen Kunst Baden-Württemberg e. V.

1957 *Gesammelte Schriften* in sieben Bänden erscheinen bei Suhrkamp, Frankfurt am Main.

1959 Tod Peter Suhrkamps und Übernahme des Verlags durch Siegfried Unseld.

1961 *Stufen*, alte und neue Gedichte in Auswahl, erscheint bei Suhrkamp, Frankfurt am Main.

1962 *Gedenkblätter* (um fünfzehn Texte erweitert gegenüber der 1937 erschienenen Ausgabe) erscheint bei Suhrkamp, Frankfurt am Main.
9. August: Tod Hermann Hesses in Montagnola.

Hermann Hesse
im Suhrkamp Verlag und Insel Verlag

Gesammelte Schriften in sieben Bänden. Leinen und Leder

Gesammelte Briefe in vier Bänden. Unter Mitwirkung von Heiner Hesse herausgegeben von Ursula und Volker Michels. Leinen

Gesammelte Werke. Werkausgabe in den suhrkamp taschenbüchern in zwölf Bänden. st 1600

Gesammelte Erzählungen. Geschenkausgabe mit farbigem Dekorüberzug in Schmuckkassette. Sechs Bände.

Die Romane und die großen Erzählungen. Jubiläumsausgabe mit farbigem Dekorüberzug in Schmuckkassette. Acht Bände.

Hermann Hesse Lesebücher

Jedem Anfang wohnt ein Zauber inne. Lebensstufen. Zusammengestellt von Volker Michels. Paperback

Eigensinn macht Spaß. Individuation und Anpassung. Zusammengestellt von Volker Michels. Paperback

Wer lieben kann, ist glücklich. Über die Liebe. Zusammengestellt von Volker Michels. Paperback

Die Hölle ist überwindbar. Krisis und Wandlung. Zusammengestellt von Volker Michels. Paperback

Das Stumme spricht. Herkunft und Heimat. Natur und Kunst. Zusammengestellt von Volker Michels. Paperback

Die Einheit hinter den Gegensätzen. Religionen und Mythen. Zusammengestellt von Volker Michels. Paperback

Einzelausgaben

Aus Indien. Aufzeichnungen, Tagebücher, Gedichte, Betrachtungen und Erzählungen. Neu zusammengestellt und ergänzt von Volker Michels. st 562

Aus Kinderzeiten. Gesammelte Erzählungen Band 1. 1900-1905. Zusammengestellt von Volker Michels. st 347

Bäume. Betrachtungen und Gedichte. Mit Fotografien von Imme Techentin. Zusammenstellung der Texte von Volker Michels. it 455

Bericht aus Normalien. Humoristische Erzählungen, Gedichte und Anekdoten. Herausgegeben und mit einem Nachwort von Volker Michels. st 1308

Berthold. Erzählung. st 1198

Beschreibung einer Landschaft: Schweiz. Herausgegeben und mit einem Vorwort versehen von Siegfried Unseld. Leinen

Der Bettler. Zwei Erzählungen. Mit einem Nachwort von Max Rychner. st 1376

14/1/8.91

Hermann Hesse
im Suhrkamp Verlag und Insel Verlag

Briefe an Freunde. Rundbriefe 1946-1962. Zusammengestellt von Volker Michels. st 380

Casanovas Bekehrung und Pater Matthias. Zwei Erzählungen. st 1196

Dank an Goethe. Betrachtungen, Rezensionen, Briefe. Mit einem Essay von Reso Karalaschwili. Neu zusammengestellt von Volker Michels. it 129

Demian. Die Geschichte von Emil Sinclairs Jugend. BS 95 und st 206

Emil Kolb. Erzählung. st 1202

Der Europäer. Gesammelte Erzählungen Band 3. 1909-1918. Zusammengestellt von Volker Michels. st 384

Franz von Assisi. Mit Fresken von Giotto und einem Essay von Fritz Wagner. it 1069

Freunde. Erzählung. st 1284

Gedenkblätter. Erinnerungen an Zeitgenossen. Neu durchgesehen und um Texte aus dem Nachlaß ergänzt von Volker Michels. st 963

Gedichte des Malers. Zehn Gedichte mit farbigen Zeichnungen. it 893

Die Gedichte. 1892-1962. 2 Bde. Neu eingerichtet und um Gedichte aus dem Nachlaß erweitert von Volker Michels. st 381

Gertrud. Roman. st 890

Das Glasperlenspiel. Versuch einer Lebensbeschreibung des Magister Ludi Josef Knecht samt Knechts hinterlassenen Schriften. Leinen und st 79

Glück. Späte Prosa. Betrachtungen. BS 344

Die Heimkehr. Erzählung. st 1201

Hermann Lauscher. Mit frühen, teils unveröffentlichten Zeichnungen und einem Nachwort von Gunter Böhmer. it 206

Heumond. Erzählung. st 1194

Im Garten. Betrachtungen und Gedichte. Zusammengestellt und mit einem Nachwort von Volker Michels. Mit zahlreichen Abbildungen. it 1329

In der alten Sonne. Erzählung. st 1378

Innen und Außen. Gesammelte Erzählungen Band 4. 1919-1955. st 413

Iris. Ausgewählte Märchen. BS 369

Italien. Schilderungen, Tagebücher, Gedichte, Aufsätze, Buchbesprechungen und Erzählungen. Herausgegeben und mit einem Nachwort von Volker Michels. st 689

Josef Knechts Lebensläufe. BS 541

Karl Eugen Eiselein. Erzählung. st 1192

Kinderseele. Erzählung. st 1203

14/2/8.91

Hermann Hesse
im Suhrkamp Verlag und Insel Verlag

Kindheit des Zauberers. Ein autobiographisches Märchen. Handgeschrieben, illustriert und mit einer Nachbemerkung versehen von Peter Weiss. it 67

Kindheit und Jugend vor Neunzehnhundert. Hermann Hesse in Briefen und Lebenszeugnissen. 1. Band: 1877-1895. Ausgewählt und herausgegeben von Ninon Hesse. Leinen und st 1002

Kindheit und Jugend vor Neunzehnhundert. Hermann Hesse in Briefen und Lebenszeugnissen. 2. Band: 1895-1900. Herausgegeben von Ninon Hesse. Fortgesetzt und erweitert von Gerhard Kirchhoff. Leinen und st 1150

Klein und Wagner. Novelle. st 116

Kleine Freuden. Verstreute und kurze Prosa aus dem Nachlaß. Herausgegeben und mit einem Nachwort von Volker Michels. st 360

Klingsors letzter Sommer. Erzählung mit farbigen Bildern vom Verfasser. BS 608

Klingsors letzter Sommer. Erzählung. st 1195

Knulp. Drei Geschichten aus dem Leben Knulps. BS 75

Knulp. Drei Geschichten aus dem Leben Knulps. Mit dem Fragment ›Knulps Ende‹. Mit sechzehn Steinzeichnungen von Karl Walser. it 394

Knulp. st 1571

Krisis. Ein Stück Tagebuch. BS 747

Die Kunst des Müßiggangs. Kurze Prosa aus dem Nachlaß. Herausgegeben und mit einem Nachwort von Volker Michels. st 100

Kurgast. Aufzeichnungen von einer Badener Kur. st 383

Ladidel. Erzählung. st 1200

Der Lateinschüler. Erzählung. st 1193

Legenden. Zusammengestellt von Volker Michels. BS 472 und st 909

Lektüre für Minuten. Gedanken aus seinen Büchern und Briefen. Herausgegeben von Volker Michels. Paperback und st 7

Lektüre für Minuten. Neue Folge. Gedanken aus seinen Büchern und Briefen. Herausgegeben von Volker Michels. st 240

Das Lied des Lebens. Die schönsten Gedichte. Paperback

Eine Literaturgeschichte in Rezensionen und Aufsätzen. Herausgegeben von Volker Michels. st 252

Die Märchen. Zusammengestellt von Volker Michels. st 291

Magie der Farben. Aquarelle aus dem Tessin. Mit Betrachtungen und Gedichten zusammengestellt und mit einem Nachwort versehen von Volker Michels. it 482

Magie des Buches. Betrachtungen. BS 542

14/3/8.91

Hermann Hesse
im Suhrkamp Verlag und Insel Verlag

Die Marmorsäge. Zwei Erzählungen. st 1381

Mein Glaube. Eine Dokumentation: Betrachtungen, Gedichte, Rezensionen und Briefe. Auswahl und Nachwort von Siegfried Unseld. BS 300

Mit der Reife wird man immer jünger. Betrachtungen und Gedichte über das Alter. Herausgegeben von Volker Michels. Großdruck. it 2311

Mit Hermann Hesse durch das Jahr. Mit Reproduktionen von 13 aquarellierten Federzeichnungen von Hermann Hesse. Paperback

Mit Hermann Hesse durch Italien. Ein Reisebegleiter durch Oberitalien. Mit farbigen Fotografien. Herausgegeben von Volker Michels. it 1120

Mit Hermann Hesse reisen. Betrachtungen und Gedichte. Herausgegeben von Volker Michels. it 1242

Die Morgenlandfahrt. Eine Erzählung. BS 1 und st 750

Musik. Betrachtungen, Gedichte, Rezensionen und Briefe. Mit einem Essay von Hermann Kasack. Herausgegeben von Volker Michels. st 1217

Narziß und Goldmund. Erzählung. BS 65 und st 274

Die Nürnberger Reise. st 227

Peter Camenzind. Erzählung. st 161

Piktors Verwandlungen. Ein Liebesmärchen, vom Autor handgeschrieben und illustriert, mit ausgewählten Gedichten und einem Nachwort versehen von Volker Michels. it 122

Politik des Gewissens. Die politischen Schriften. 1914-1962. 2 Bände. Vorwort von Robert Jungk. Herausgegeben von Volker Michels. Leinen und st 656

Politische Betrachtungen. Ausgewählt von Siegfried Unseld. BS 244

Robert Aghion. Erzählung. st 1379

Roßhalde. Roman. st 312

Schmetterlinge. Betrachtungen, Erzählungen, Gedichte. Zusammengestellt und mit einem Nachwort versehen von Volker Michels. it 385

Schön ist die Jugend. Erzählung. st 1380

Schriften zur Literatur. Band 1. Leinenkaschiert

Schriften zur Literatur. Band 2. Leinenkaschiert

Siddhartha. Eine indische Dichtung. BS 227 und st 182

Sinclairs Notizbuch. Mit aquarellierten Federzeichnungen des Verfassers. BS 839

Die späten Gedichte. Mit einer Nachbemerkung. IB 803

Die Stadt. Ein Märchen, ins Bild gebracht von Walter Schmögner. it 236

14/4/8.91

Hermann Hesse
im Suhrkamp Verlag und Insel Verlag

Der Steppenwolf. Aquarelle von Gunter Böhmer. BS 869

Der Steppenwolf. Erzählung. st 175

Stufen. Ausgewählte Gedichte. BS 342

Stunden im Garten. Zwei Idyllen. Mit teils farbigen Zeichnungen von Gunter Böhmer. IB 999

Tessin. Betrachtungen und Gedichte. Mit ca. 32 Aquarellen des Verfassers. Herausgegeben und eingeleitet von Volker Michels. Leinen

Tractat vom Steppenwolf. Nachwort von Beda Allemann. es 84

Unterm Rad. Roman in der Urfassung. Herausgegeben und mit einem Essay von Volker Michels. Illustrationen Gunter Böhmer. Leinen und BS 981

Unterm Rad. Erzählung. st 52

Der verbannte Ehemann oder Anton Schievelbeyn's ohnfreywillige Reisse nacher Ost-Indien. Handgeschrieben und illustriert von Peter Weiss. Mit einem erstmals veröffentlichten Opernlibretto von Hermann Hesse. it 260

Die Verlobung. Gesammelte Erzählungen Band 2. 1906-1908. st 368

Der vierte Lebenslauf Josef Knechts. Zwei Fassungen. Mit einem Nachwort von Theodore Ziolkowski. Herausgegeben von Ninon Hesse. st 1261

Vom Baum des Lebens. Ausgewählte Gedichte. Mit einem Nachwort von Volker Michels. IB 454

Von guten Büchern. Rezensionen aus den Jahren 1900-1910. Herausgegeben von Volker Michels in Zusammenarbeit mit Heiner Hesse. Leinen

Von Wesen und Herkunft des Glasperlenspiels. Die vier Fassungen der Einleitung zum Glasperlenspiel. Herausgegeben und mit einem Essay »Zur Entstehung des Glasperlenspiels« von Volker Michels. st 382

Walter Kömpff. Erzählung. st 1199

Wanderung. Aufzeichnungen mit farbigen Bildern vom Verfasser. BS 444

Die Welt der Bücher. Betrachtungen und Aufsätze zur Literatur. Zusammengestellt von Volker Michels. st 415

Der Weltverbesserer und Doktor Knölges Ende. Zwei Erzählungen. st 1197

Der Zwerg. Ein Märchen. Mit Illustrationen von Rolf Köhler. it 636

Der Zyklon. Zwei Erzählungen. st 1377

14/5/8.91

Hermann Hesse
im Suhrkamp Verlag und Insel Verlag

Briefe

Ausgewählte Briefe. Erweiterte Ausgabe. Zusammengestellt von Hermann Hesse und Ninon Hesse. st 211

Hermann Hesse – Rudolf Jakob Humm. Briefwechsel. Herausgegeben von Ursula und Volker Michels. Leinen

Hermann Hesse – Thomas Mann. Briefwechsel. Herausgegeben von Anni Carlsson (1968), erweitert von Volker Michels (1975), mit einem Vorwort von Prof. Theodore Ziolkowski, aus dem Amerikanischen übersetzt von Ursula Michels-Wenz. Leinen und BS 441

Hermann Hesse – Peter Suhrkamp. Briefwechsel 1945-1959. Herausgegeben von Siegfried Unseld. Leinen

Aquarelle

Hermann Hesse – Kalender auf das Jahr 1992. Zwölf Monatsbilder und Deckblatt mit farbigen Reproduktionen von Aquarellen Hermann Hesses in Originalformat.

Schallplatte

Hermann Hesse – Sprechplatte. Langspielplatte

Hermann Hesse liest ›Über das Alter‹. Zusammengestellt von Volker Michels. Langspiel-Sprechplatte

Materialien, Literatur zu Hermann Hesse

Hermann Hesse. Sein Leben in Bildern und Texten. Mit einem Vorwort von Hans Mayer. Herausgegeben von Volker Michels. Leinen und it 1111

Hermann Hesse. Leben und Werk im Bild. Mit dem ›kurzgefaßten Lebenslauf‹ von Hermann Hesse. it 36

Wie gut, ihn erlebt zu haben! Hermann Hesse in Augenzeugenberichten. Herausgegeben von Volker Michels. Leinen und st 1865

Materialien zu Hermann Hesse, »Demian«. 1. Band: Entstehungsgeschichte. Herausgegeben von Volker Michels. st 1947

Materialien zu Hermann Hesses ›Das Glasperlenspiel‹. Erster Band. Texte von Hermann Hesse. Herausgegeben von Volker Michels. st 80

Materialien zu Hermann Hesse ›Das Glasperlenspiel‹. Zweiter Band. Texte über das Glasperlenspiel. Herausgegeben von Volker Michels. st 108

Materialien zu Hermann Hesses Siddhartha. Erster Band. Texte von Hermann Hesse. Herausgegeben von Volker Michels. st 129

Texte über Siddhartha. Zweiter Band. Herausgegeben von Volker Michels. st 282

14/6/8.91

Hermann Hesse
im Suhrkamp Verlag und Insel Verlag

Materialien zu Hermann Hesses ›Der Steppenwolf‹. Herausgegeben von Volker Michels. st 53

Über Hermann Hesse. Erster Band (1904-1962). Herausgegeben von Volker Michels. st 331

Über Hermann Hesse. Zweiter Band (1963-1977). Herausgegeben von Volker Michels. st 332

Hermann Hesses weltweite Wirkung. Internationale Rezeptionsgeschichte. Band 1. Herausgegeben von Martin Pfeifer. st 386

Hermann Hesses weltweite Wirkung. Internationale Rezeptionsgeschichte. Band 2. Herausgegeben von Martin Pfeifer. st 506

Hermann Hesses weltweite Wirkung. Internationale Rezeptionsgeschichte. Band 3. Herausgegeben von Martin Pfeifer. st 1927

Hugo Ball: Hermann Hesse. Sein Leben und sein Werk. st 385

Emmy Ball-Hennings: Briefe an Hermann Hesse. Herausgegeben und eingeleitet von Annemarie Schütt-Hennings. st 1142

Ralph Freedman: Hermann Hesse. Autor der Krisis. Eine Biographie. Aus dem Amerikanischen von Ursula Michels-Wenz. Kartoniert

Marie Hesse: Ein Lebensbild in Briefen und Tagebüchern. Mit einem Essay von Siegfried Greiner. Mit frühen Lithographien von Gunter Böhmer. it 261

Adrian Hsia: Hermann Hesse und China. Darstellung, Materialien und Interpretation. Gebunden und st 673

Gisela Kleine: Zwischen Welt und Zaubergarten. Ninon und Hermann Hesse: Leben im Dialog. st 1384

Joseph Mileck: Hermann Hesse. Dichter, Sucher, Bekenner. Biographie. Aus dem Amerikanischen übersetzt von Jutta und Theodor A. Knust. st 1357

Martin Pfeifer: Hesse-Kommentar zu sämtlichen Werken. st 1740

Siegfried Unseld: Begegnungen mit Hermann Hesse. st 218

Siegfried Unseld: Hermann Hesse. Werk und Wirkungsgeschichte. Revidierte und erweiterte Fassung der Ausgabe von 1973. Mit zahlreichen Abbildungen. Leinen und it 1112

14/7/8.91

Erzählungen von Hermann Hesse in den suhrkamp taschenbüchern

Aus Kinderzeiten. Gesammelte Erzählungen Band 1. 1900-1905. Zusammengestellt von Volker Michels. st 347

Bericht aus Normalien. Humoristische Erzählungen, Gedichte und Anekdoten. Herausgegeben und mit einem Nachwort von Volker Michels. st 1308

Berthold. Erzählung. st 1198

Der Bettler. Zwei Erzählungen. Mit einem Nachwort von Max Rychner. st 1376

Casanovas Bekehrung und Pater Matthias. Zwei Erzählungen. st 1196

Emil Kolb. Erzählung. st 1202

Der Europäer. Gesammelte Erzählungen Band 3. 1909-1918. Zusammengestellt von Volker Michels. st 384

Freunde. Erzählung. st 1284

Die Heimkehr. Erzählung. st 1201

Heumond. Erzählung. st 1194

In der alten Sonne. Erzählung. st 1378

Innen und Außen. Gesammelte Erzählungen Band 4. 1919-1955. st 413

Karl Eugen Eiselein. Erzählung. st 1192

Kinderseele. Erzählung. st 1203

Klingsors letzter Sommer. Erzählung. st 1195

Knulp. st 1571

Ladidel. Erzählung. st 1200

Der Lateinschüler. Erzählung. st 1193

Die Marmorsäge. Zwei Erzählungen. st 1381

Die Morgenlandfahrt. Eine Erzählung. st 750

Narziß und Goldmund. Erzählung. st 274

Peter Camenzind. Erzählung. st 161

Robert Aghion. Erzählung. st 1379

Schön ist die Jugend. Erzählung. st 1380

Unterm Rad. Erzählung. st 52

Die Verlobung. Gesammelte Erzählungen Band 2. 1906-1908. st 368

Der vierte Lebenslauf Josef Knechts. Zwei Fassungen. Mit einem Nachwort von Theodore Ziolkowski. Herausgegeben von Ninon Hesse. st 1261

Walter Kömpff. Erzählung. st 1199

Der Weltverbesserer und Doktor Knölges Ende. Zwei Erzählungen. st 1197

Der Zyklon. Zwei Erzählungen. st 1377

15/1/3.90

Hermann Hesse
Briefe

Hermann Hesse. Gesammelte Briefe in vier Bänden. In Zusammenarbeit mit Heiner Hesse herausgegeben von Volker Michels
1. Band: 1895-1921. Ln. 628 S.
2. Band: 1922-1935. Ln. 600 S.
3. Band: 1936-1948. Ln. 600 S.
4. Band: 1949-1962. Ln. 528 S.

Ausgewählte Briefe. Zusammengestellt von Ninon und Hermann Hesse. 398 S. st 211

Briefe an Freunde. Rundbriefe 1956-1962. Herausgegeben von Volker Michels. 262 S. st 380

Briefwechsel
Hermann Hesse – Thomas Mann. Herausgegeben von Anni Carlsson und Volker Michels. 314 S. BS 441
Hermann Hesse – Peter Suhrkamp. Briefwechsel 1945-1959. Herausgegeben von Siegfried Unseld. 507 S. Leinen
Hermann Hesse – Rudolf Jakob Humm. Herausgegeben von Ursula und Volker Michels. 344 S. Leinen

Kindheit und Jugend vor 1900. Hermann Hesse in Briefen und Lebenszeugnissen 1877-1895. Herausgegeben von Ninon Hesse. 598 S.
Kindheit und Jugend vor 1900. Hermann Hesse in Briefen und Lebenszeugnissen 1895-1900. Herausgegeben von Ninon Hesse und Gerhard Kirchhoff. 688 S.
(Beide Bände in Leinen und Kassette)

»Hesse war einer unserer gewissenhaftesten Briefschreiber. In der deutschen Briefliteratur unseres Jahrhunderts ist die Feder Hermann Hesses ohne Zweifel eine der am wenigsten prätentiösen. Er gibt sich von einer immer wieder in Erstaunen setzenden menschlichen Nähe und Eindringlichkeit, einer unermüdbar scheinenden Lebhaftigkeit der Anteilnahme.« *Karl Krolow*

16/1/5.91